MANUEL

DE

L'HISTOIRE DE LA PHILOSOPHIE.

TOME SECOND.

Ouvrages de M. V. Cousin

QUI SE TROUVENT CHEZ LES MÊMES ÉDITEURS.

COURS DE L'HISTOIRE DE LA PHILOSOPHIE, par M. V. Cousin, 3 forts vol. in-8, comprenant : *Introduction à l'Histoire de la Philosophie*. 1 fort vol. in-8, en 14 livraisons (Cours de 1828). . . . . 11 fr.

HISTOIRE DE LA PHILOSOPHIE DU XVIIIe SIÈCLE. 2 vol. in-8, en 24 livraisons (Cours de 1829). Prix de chaque vol. . . . . 9 fr.

FRAGMENS PHILOSOPHIQUES, 1826. 1 vol. in-8. . . . . 7 fr. 50 c.

NOUVEAUX FRAGMENS PHILOSOPHIQUES, pour servir à l'histoire de la philosophie ancienne. 1 vol. in-8, 1828. . . . . 7 fr. 50 c.

OEUVRES COMPLÈTES DE PLATON, traduites du grec en français, accompagnées de notes, et précédées d'une introduction sur la philosophie de Platon. 5 vol. in-8; le sixième est sous presse. Prix du vol. . . 9 fr.

PROCLI PHILOSOPHI PLATONICI OPERA, e codd. Mss. biblioth. reg. Parisiensis, nunc primum edidit, lectionis varietate et commentariis illustravit V. Cousin. 6 vol. in-8. . . . . 42 fr.

OEUVRES COMPLÈTES DE DESCARTES, avec des augmentations importantes de Lettres nouvelles, et la traduction de plusieurs ouvrages jusqu'ici non traduits, 11 vol. in-8, avec planches. Prix du vol. . . . . . 8 fr.

LEÇONS DE PHILOSOPHIE de M. *Laromiguière*, jugées par M. *Victor Cousin* et M. *Maine de Biran*, 1829. 1 vol. . . . . 3 fr. 50 c.

IMPRIMERIE DE A. BARBIER,
RUE DES MARAIS S.-G. N. 17.

MANUEL

DE L'HISTOIRE

DE LA PHILOSOPHIE,

TRADUIT DE L'ALLEMAND DE TENNEMANN,

PAR V. COUSIN,

PROFESSEUR A LA FACULTÉ DES LETTRES DE L'ACADÉMIE DE PARIS.

TOME SECOND.

PARIS.

PICHON ET DIDIER,
LIBRAIRES-COMMISSIONNAIRES, SUCCESSEURS DE BÉCHET AINÉ,
QUAI DES AUGUSTINS, N° 47.

SAUTELET ET Cie, RUE DE RICHELIEU, N° 14.

1829.

MANUEL
DE L'HISTOIRE
DE LA PHILOSOPHIE.

TROISIÈME PARTIE.

TROISIÈME PÉRIODE.

PHILOSOPHIE MODERNE.

Opposition à la Scholastique par le retour et les combinaisons des divers systèmes antiques depuis le XVe siècle jusqu'à la fin du XVIe.

§ 275.

CE système exclusif, suivant lequel l'esprit humain prétendait fonder la philosophie par des définitions et des combinaisons logiques sous l'empire d'un principe étranger, l'autorité, et d'après les idées d'Aristote, adoptées sans examen, la scholastique, en un mot, avait fourni sa destinée; les querelles des deux partis contraires avaient fait déchoir son autorité : les nominalistes portaient aux principales bases de l'édifice dogmatique des atteintes assez peu ménagées, et l'on commençait à sentir vaguement le besoin de consolider la science, et de lui donner un nouvel aliment par l'observation de la nature, et à l'aide d'une étude plus soignée des langues. Chez les mystiques, surtout, un sentiment plus profond et plus inquiet réclamait une nourriture intellectuelle plus forte que ne pouvaient la lui offrir une creuse dialectique et des formules pédantesque. Ce n'était point toutefois de ce côté qu'une révolution complète pouvait s'opérer.

§ 276.

L'esprit humain fourvoyé s'était fait une trop longue habitude de cet emploi spéculatif d'idées traditionnelles pour pouvoir y renoncer aisément. Aussi voit-on encore dans ce nouvau mouvement, la pensée, entraînée par la méthode dominante, se porter bien moins vers la recherche de ses propres principes, des lois de la connaissance et de ses objets, que s'attacher à déduire et à développer les conséquences d'idées déjà admises. Peu exercée à observer le lien systématique des connaissances, accoutumée à confondre entre elles des notions puisées à des sources diverses, elle ne pouvait découvrir le vice de ses procédés ; et ainsi se prolongeait l'empire des anciennes pratiques. Un attachement pédantesque aux idées d'Aristote, le défaut de connaissances positives, l'absence du goût et d'une culture suffisante des langues; avant tout, l'autorité redoutable de la hiérarchie, un attachement servile aux décisions traditionnelles sanctionnées par l'Église, disposition universelle des esprits, sauf un petit nombre de glorieuses exceptions, enfin, le zèle jaloux veillant assidûment à la conservation du dogmatisme héréditaire, tous ces appuis de la scholastique dûrent maintenir long-temps encore sa domination, même après que quelques partis philosophiques ou quelques individus isolés eurent commencé à se révolter contre le joug imposé à la raison.

§ 277.

Il se passa néanmoins sur la scène extérieure un certain nombre d'événemens importans qui, de près ou de loin, amenèrent un changement complet dans la constitution politique et ecclésiastique de l'Europe, ébranlèrent les soutiens de la philosophie dominante, en renversèrent même une partie, et par là produisirent dans le monde philosophique et savant une révolution féconde en grands résultats. Ces événemens sont : les croisades, l'invention de l'imprimerie, la conquête de Constantinople, la découverte d'un Nouveau-Monde, la réformation et les conséquences plus ou moins immédiates de ces mêmes faits, telles que la formation d'une classe moyenne et d'une opinion publique, le pouvoir temporel raffermi par l'affaiblissement du pouvoir spirituel, l'ordre politique assis sur des bases plus fixes, les connaissances expérimentales agrandies, l'acquisition de modèles et de ressources nouvelles par la renaissance de la littérature classique grecque et romaine, ainsi que le perfectionnement des langues modernes de l'Europe. Alors se fit sentir à la conscience humaine le besoin plus pressant d'une philosophie qui pût en tous sens la satisfaire, et les esprits réclamèrent une plus haute instruction ; encore fallut-il d'abord se livrer à des guides étrangers, et l'on eut recours aux chefs-d'œuvre de la Grèce et de l'ancienne Rome. Ces nouvelles études de la littérature classique amenèrent avec elles un sentiment plus délicat d'humanité et d'urbanité, le respect pour le libre esprit de recherche, la honte des habitudes serviles de l'intelligence ; enfin le mécontentement de l'état imparfait auquel la science était encore réduite, et l'ardeur pour l'améliorer.

§ 278.

A côté de ce mouvement que provoquaient et conduisaient ainsi des circonstances extérieures, le besoin de certaines âmes les portait à s'enquérir d'une sagesse supérieure qui fût révélée de Dieu. Car les habitudes morales et intellectuelles du monde moderne avaient fortement empreint les esprits de cette persuasion, que toute certitude, toute sagesse pleinement satisfaisante ne peut venir que de Dieu même directement. De là il s'ensuivit que la Bible et la Cabbale furent encore fréquemment invoquées comme sources philosophiques. Un préjugé dont les Pères de l'Église avaient hérité des Juifs, et la contradiction d'un grand nombre de systèmes rivaux favorisèrent et entretinrent cette soif d'une science mystérieuse et divine.

§ 279.

Il résulta de ces diverses causes que le monde s'enrichit d'une grande variété de connaissances offrant plus ou moins de solidité; les vues particulières et l'horizon sientifique s'étendirent; on se prit de prédilection pour certains systèmes de la philosophie grecque, et on disputa sur ces préférences; on en combina plusieurs, soit en totalité, soit en partie, pour les accommoder aux doctrines fondamentales du christianisme. De là, comparaison et jugement de ces systèmes, effort pour étendre et raffermir le terrain scientifique, surtout dans les connaissances naturelles, si imparfaites encore; d'un autre côté, penchant obstiné pour une science occulte, qui ne fût pas également accessible à chacun; enfin, travail pour fondre ensemble les idées de la raison et celles de l'entendement, la théologie et la philosophie, Platon et Aristote, en un même corps de doctrine.

Renaissance de la littérature classique des Grecs en Italie; conséquences qui en résultèrent immédiatement.

§ 280.

Lorsque les Grecs, chez qui une certaine culture intellectuelle n'avait jamais cessé d'être entretenue par les immortels ouvrages de leurs ancêtres (voyez § 254), vinrent solliciter, en Italie, des secours contre l'invasion menaçante des Turcs, et qu'ensuite un assez grand nombre d'entre eux y obtinrent, après la prise de Constantinople, un séjour plus tranquille que celui de leur patrie, ils apportèrent avec eux des connaissances, des trésors littéraires de toute espèce, et par là communiquèrent un nouvel esprit aux nations occidentales, préparées à en profiter (1). Parmi ces précieux débris de la Grèce

---

(1) Les savans grecs et italiens auxquels on doit la restauration de la littérature classique, sans appartenir proprement à la philosophie, ne laissent pas d'intéresser l'histoire littéraire de cette science. Les poètes *Dante Aligieri* (né en 1265, mort en 1321), *Francesco Petrarca* (né en 1304, mort en 1374), *Giovanni Boccaccio* (né en 1313, mort en 1375), et les deux maîtres de ce dernier, *Barlaam* et *Léonce Pilate*, tous deux de Calabre, propagèrent, dès avant la venue des Grecs, le goût de la littérature ancienne, et répandirent çà et là beaucoup d'idées philosophiques. Nous citerons encore parmi les Grecs, outre ceux que nous avons déjà nommés, *Emmanuel Chrysoloras* (mort en 1415), *Jean Argyropulus* (de Constan-

se trouvaient les œuvres de Platon et d'Aristote dans leur langue originale; la connaissance s'en répandit dans l'Italie et de là en Europe avec une rapidité singulière; les Grecs attachés aux deux écoles contraires, tels que *Georges Gemistius Plétho* (1), partisan des principes néoplatoniciens, et de l'autre

---

tinople, mort en 1486), commentateur d'Aristote, les deux *Lascaris* et *Démétrius Chalcondyle* (morts en 1511). Ces savans, et quelques autres encore, furent les premiers à enseigner la littérature grecque, et servirent utilement les études philosophiques, secondés par des Italiens ou d'autres occidentaux qui s'étaient formés à leurs leçons, par exemple: *Ambrosio Traversari* (mort en 1439), *Gianozzo Manetti* (né à Florence en 1396, mort en 1449), *Giov. Aurispa* (né en Sicile en 1369, mort en 1459), *Fr. Philelphe* (né à Tolentino en 1398, mort en 1481). Ces trois derniers voyagèrent en Grèce pour s'y procurer des manuscrits; *Guarini Guarino*, de Vérone (né en 1370, mort en 1460), *Laur. Valla* (voyez le § suivant), *Franc. Bracciolini* (né en 1380, mort en 1459), *Nic. Perotti* (mort en 1480), *Rodolphe Agricola*, *Jovien Pontanus* (morts en 1303), *Hermolao Barbaro*, *Ange Politien* (voyez § 282), *Marsile Ficin* (§ 286), *Philippe Beroalde* (mort en 1505), *J. Reuchlin* (§ 283).

Consultez Humphr. *Hodius*, De Græcis illustribus linguarum gr. litterarumque humaniorum restauratoribus. Lond. 1742, in-8. — *Heeren*, Hist. de l'étude de la littérature classique, t. II (all.). — Chph. Fr. *Bœrner*, De doctis hominibus græcis litterarum græcarum in Italia restauratoribus. Lips. 1750, in-8. — Chph. *Meiners*, Biographie des hommes célèbres (all.).

(1) De Constantinople; venu à Florence en 1438.

côté, *Georges Scholarius*, appelé depuis *Gennadius;* *Théodore de Gaza* (1), et surtout *Georges de Trébisonde* (2), voués à la doctrine d'Aristote, provoquèrent un vif débat (3) sur la prééminence entre ces deux philosophies, et toute la modération du cardinal *Bessarion* (4) put à peine tempérer la chaleur de cette querelle.

Georgii Gemistii Pletonis de Platonicæ atque Aristotelicæ philosophiæ differentia; gr. Ven. 1540, in-4.

Parmi ses autres ouvrages philosophiques, on compte : Libellus de Fato, ejusd. et Bessarionis epist. amœbœæ de eod. argumento cum vers. lat. H. S. *Reimari*. Lugd. B. 1722, in-8. De iv virtutib. cardinalib. gr. et lat. Adr. Occone interprete. Bas. 1552, in-8, et al. Voyez Fabric. Bibl. gr. t. x, p. 741.

(1) Venu en Italie vers 1430, mort vers 1478. Il était né à Thessalonique.

(2) Né dans l'île de Crète en 1395, professeur de littérature grecque en divers endroits de l'Italie, mort en 1484 ou 86.

Outre plusieurs commentaires, on a de lui l'ouvrage polémique : Comparatio Aristotelis et Platonis. Ven. 1523, in-8.

(3) Voyez à ce sujet une dissertation de *Boivin* dans les Mém. de l'Acad. des Inscr., t. ii, p. 775 seq.

(4) Né en 1395 à Trébisonde, venu à Florence en 1438, mort en 1472.

Voyez son ouvrage : In Calumniatorem Platonis; libb. iv. Ven. 1503 et 1516, dirigé contre les aristotéliciens. — Ejusd. epist. ad Mich. Apostolicum de præstantia Platonis præ Aristotele, etc.. gr. c. vers. lat., dans les Mém. de l'Acad. des Inscr., t. iii, p. 303.

Lutte contre la scholastique.

§ 281.

La première conséquence des nouvelles études grecques fut une déclaration de guerre contre la scholastique, provoquée par le mauvais goût des formes de cette dernière, et par la barbarie de son style, ainsi que par la différence entre les prétendues doctrines aristotéliques, et l'esprit véritable qui respire dans les écrits originaux. Les philologues *Hermolaus Barbarus* (1), traducteur d'Aristote, de Thémistius et de Dioscoride, et *Ange Politien* (2), furent les premiers à entrer en lice; *Laurent Valla* (3), et l'allemand *Rodolphe Agricola* (4) s'efforcèrent de déblayer le terrain de la logique, et de rendre son étude plus utile; ensuite vinrent *Henri Cornelius*

---

(1) Ermolao Barbaro, de Venise, né en 1454, mort en 1493.

(2) Proprement Angelo Ambrogini, ou Cino, dit *Poliziano*, né à Monte Pulciano en 1454, mort en 1494.

(3) Lorenzo Valla de Rome, né en 1408, mort en 1457.
Laurentii Vallæ opera. Basil. 1543, in-fol. — De dialectica contra Aristoteleos. Venet. 1499, in-fol. De voluptate et vero bono libb. III. Basil. 1519, in-4. De libero arbitrio. Ibid. 1518, in-4.

(4) Rudolph Husmann ou Hausmann, né à Bafflen, près de Groningue, 1443, mort en 1485.
Rudolphi *Agricolæ*, De inventione dialectica, lib. III, Colon. 1527, in-4. Ejusd. Lucubrationes. Basil. 1518, in-4; et Opera, cura Alardi. Colon. 1539, II voll. in-fol.

Agrippa de Nettesheim (voy. § 287), *Ulrich de Hutten* (1), *Érasme* (2) et son ami *J. L. Vives* (3), *Philippe Mélanchthon* (§ 292), *Jacobus Faber* (4), *Marius Nizolius* (5), *Jacq. Sadolet* (6) et *Jacq. Acontius* (7). Les attaques livrées à la scholastique par ces savans étaient fort différentes entr'elles, d'après les divers point de vue où ils se trouvaient placés et les diverses matières dont ils s'occupaient.

---

(1) Né en 1488, mort en 1523.

(2) Desiderius Erasmus, né à Rotterdam en 1467, mort en 1536.

Des. *Erasmi* Dialogi et Encomium Moriæ. Opera ed. Clericus. Lond. 1703. XI voll. in-fol.

(3) Né à Valence en 1492, mort en 1540.

Ludovici *Vives*, De causis corruptarum artium. Antuerp. 1531; et de initiis, sectis et laudibus philosophiæ. Id. de anima, et vita libb. III. Bas. 1538.—Opera Basil. 1555, II voll. in-fol.

(4) Jacques Le Fèvre, d'Étaples en Picardie, mort en 1537.

(5) De Bersello, mort en 1540.

Jac. *Nisolii* Antibarbarus, seu de veris principiis et vera ratione philosophandi contra Pseudo-Philosophos. Libb. IV. Parme, 1553, in-4. Ed. G. W. Leibnitz Francf. 1674, in-4.

(6) De Modène, mort en 1547.

Jac. Sadoleti Phædrus seu de laudibus philosophiæ, libb. II. In Opp. Mogunt. 1607, in-8. Patav. 1737, etc.

(7) Né à Trente, mort en 1566.

Methodus s. recta investigandarum tradendarumque artium ac scientiarum ratio. Bas. 1558, in-8.

Renouvellement des anciens systèmes.

§ 282.

La seconde conséquence de ces mêmes études fut que les systèmes antiques des Grecs et des Orientaux furent remis en lumière, et en cela se manifestait encore, d'une manière moins immédiate, l'opposition à la scholastique. On commença par le système de Platon et d'Aristote : les circonstances et les dispositions antérieures des esprits favorisaient cette préférence ; ensuite on s'occupa d'autres systèmes se rattachant à ceux-là. Ainsi, à la philosophie platonicienne vint se joindre la cabbale, la doctrine mosaïque, et la théosophie; à la philosophie d'Aristote, les systèmes ioniques et atomistiques. Le stoïcisme et le scepticisme trouvèrent d'abord peu de partisans. Cependant, comme il est impossible qu'aucun ancien système paraisse entièrement satisfaisant à une époque éloignée de son origine, comme ceux qu'on renouvela donnèrent lieu à de vives discussions, et que leurs défauts ne purent rester toujours cachés, on fut amené tantôt à en combiner plusieurs ensemble, tantôt à leur opposer des objections sceptiques. Le choix des systèmes, la défense ou l'attaque dont ils furent l'objet, furent déterminés d'après deux points de vue différens, l'un théologique, l'autre naturaliste, selon que chacun se proposait ou de fonder les principes de la théologie, ou d'étendre les découvertes des sciences naturelles.

I. *Platonisme renouvelé : la Cabbalistique, la Magie et la Théosophie.*

§ 283.

Voyez, outre les ouvrages indiqués au § 282, l'esquisse de l'hist. de la philosophie de *Buhle* (all.).

Ludw. Dankegott *Cramer*, Diss. de causis instauratæ sæc. xv, in italia philosophiæ platonicæ. Viteb. 1812, in-4.

La philosophie de Platon, accueillie d'abord en Italie par des imaginations ardentes, fut principalement favorisée par les Médicis (Cosme et Laurent) (1) à Florence, où elle excita un vif enthousiasme; mais plus encore sous les formes du néoplatonisme que dans sa simplicité primitive. Un motif qui servit à la recommander était la supposition gratuite, admise et répétée par plusieurs pères de l'Église, que cette doctrine dérivait de la philosophie et de la religion des Juifs, ce qui la faisait presque considérer comme sœur de la religion chrétienne (2). Le même préjugé fit rapporter les opinions cabbalistiques et mosaïques au platonisme. Ce dernier gagnait sans cesse de nouveaux partisans par le mécontentement qu'inspi-

---

(1) Will. *Roscoe*, The life of Lorenzo de Medici. Liverp. 1795, voll. in-4.

(2) Joh. *Pici*, Heptaplus, p. 1. Franc. Pici Epit., lib. iv, p. 882.

rait la philosophie toute logique de l'école, et le besoin d'une doctrine plus satisfaisante sur tout l'ensemble de l'esprit humain. Bientôt il s'allia avec le mysticisme, se trouva chargé de défendre les idées de la raison, de fortifier la croyance à l'immortalité de l'âme; servit de contre-poids au naturalisme des purs aristotéliciens, et malheureusement aussi d'aliment à la superstition (sauf l'astrologie, qu'il rejetait), principalement au sujet de l'influence des esprits surnaturels dans l'ordre du monde (1).

§ 284.

C. *Hartzheim*, Vita Nic. de Cusa. Trevir. 1730, in-8.

L'un de ceux qui abandonnèrent les premiers l'ornière de la scholastique fut le cardinal Nicolas *Cusanus* (2), esprit d'une rare sagacité, et mathématicien habile, très-attaché aux idées de Pythagore qu'il arrangeait et reproduisait d'une manière originale par le moyen des mathématiques. Il considérait Dieu, en tant qu'unité absolue, comme l'infiniment grand et l'infiniment petit, engendrant de sa propre essence l'égalité, et ce qui unit l'égalité à l'unité (le Fils et le Saint-Esprit). Il est, selon lui, impossible

---

(1) *Ficini*; Præfatio in Plotinum; *Pomponatius* de incantationibus, c. 1.

(2) Nicolaus Chrypffs de Cuss (d'où Cusanus) dans le pays de Trèves, né en 1401, mort en 1464.

de connaître directement cette unité absolue, parce que nous ne connaissons que par le moyen du nombre ou de la pluralité. En conséquence, il ne nous accorde sur Dieu que des notions incomplètes, obtenues à l'aide de symboles mathématiques. Quelle que soit l'inconséquence qu'on puisse reprocher à la manière dont il expose ces idées, et l'obscurité de celles qu'il y rattache au sujet du monde (l'infiniment grand rassemblé en un tout et devenu fini) et de l'unité dans laquelle se réunissent le créateur et la création; quelque malheureuse que soit sa tentative pour expliquer la Trinité et la formation du genre humain par ce théisme panthéiste, on ne laisse pas de rencontrer dans ses écrits (1), à côté de tout ce mysticisme, des vues profondes, mais sans développemens, sur la faculté de connaître. C'est ainsi qu'il observe que les principes de notre connaissance sont contenus dans nos idées de nombres (*ratio explicata*) et dans leurs rapports, que la vérité absolue est au-dessus de notre portée (*præcisio veritatis inattingibilis*, opinion qu'il appelait *docta ignorantia*), et qu'une connaissance vraisemblable est tout ce qui nous a été accordé. Aussi, en vertu de cette doctrine, s'exprimait-il avec un grand dédain sur la philosophie de l'école.

---

(1) Nicolai *Cusani* Opera. Paris, 1514, III voll. in-fol. Basil. 1565, III voll. in-fol. De docta ignorantia, t. III. Apologia doctæ ignorantiæ, lib. I.—De conjecturis, lib. II. De sapientia, libb. III.

§ 285.

Commentarius de Platonicæ philosophiæ post renatas litteras apud italos restauratione, sive Mars. Ficini vita autore Joh. *Corsio* ejus familiari et discipulo. Nunc primum in lucem eruit Angelus Maria Bandini. Pis. 1772.

J. G. *Schelhorn*, Comment. de vita, moribus et scriptis Marsilii Ficini, dans les amænitatt. litterar. t. 1, et : Ficini opera in 11 tomos digesta. Bas. 1561. Par. 1641 in-fol.

Biographie de J. Pic. comte de la Mirandole, dans *Meiners*, Biographie des savans célèbres, 2 vol. (all.); et : Pici opp. 1486. Bonon. 1496, in fol. Opera utriusque Pici. Bas. 1573 et 1601, 2 vol. in-fol.

L'exemple donné par Pléthon et Bessarion (§ 181) fut encore surpassé par *Marsile Ficin* (1), médecin de Florence, qui servit avec ardeur et avec talent la philosophie platonicienne, tant par ses traductions de Platon, Plotin, Jamblique, Proclus, etc., que par ses écrits originaux consacrés à l'éloge de cette philosophie. Cosme de Médicis (mort en 1464) se servit de lui pour fonder une académie platonique, vers 1460 (2). Mais Ficin envisageait le système académique du point de vue des néoplatoniciens,

---

(1) Né à Florence en 1433, mort en 1499.
(2) R. *Sieveking*, Hist. de l'Académie platonique de Florence. Gœtting. 1812, in-8 (all.).

en y mêlant quelques doctrines aristotéliciennes, et il regardait l'Hermès Trismégiste des Alexandrins, comme l'inventeur de la théorie des idées. Dans sa *Theologia platonica,* il exposa avec habileté un certain nombre d'argumens en faveur de l'immortalité de l'âme (1), et combattit l'hypothèse d'une source commune d'intelligence pour tous les hommes, imaginée par Averroes, et soutenue par les aristotéliciens. En général ses efforts avaient pour but de tirer parti du platonisme tel qu'il l'entendait, en faveur de la religion chrétienne. Son enthousiasme gagna Jean *Pic*, seigneur de la Mirandole (2), savant doué de talens supérieurs, mais d'une imagination exaltée. Il avait étudié la philosophie des scholastiques, et était fermement convaincu que celle de Platon était puisée dans les livres de Moïse, trésor commun de toutes les sciences et de tous les arts (3). De là le zèle qu'il mit à étudier les langues orientales, et particulièrement les livres Cabbalistiques, d'où il tira la plupart des thèses destinées à cette grande disputation publique qu'il avait annoncée à Rome, et qui ne put avoir lieu (4). De là encore son essai

---

(1) Theologia platonica s. de immortalitate animorum ac æterna felicitate, libb. vxiii. Id. in Opp., t. 1, Paris, 1641, in-fol.

(2) Comte et prince de Concordia, né en 1463, mort en 1494.

(3) Heptaplus, p. 1. Basil. 1601.

(4) Conclusiones dcccc, Rom. 1486, in-fol., Col. 1619, in-8.

d'une philosophie mosaïque dans son Heptaplus. Il mit en honneur la Cabbale pour laquelle il avait une extrême prédilection; il y voyait la sagesse de Dieu même, une véritable révélation, l'unique voie pour démontrer la divine mission de Jésus-Christ, et les mystères du christianisme; enfin il y supposait une entière harmonie avec la philosophie de Pythagore et de Platon (1). Son plan favori, mais qu'il n'eut pas le temps de réaliser, était de parvenir à faire voir l'accord des philosophies platonicienne et aristotélique (2). Dans sa vieillesse, durant laquelle il s'affranchit de plusieurs préjugés répandus de son temps, il composa une excellente réfutation des superstitions astrologiques. La réputation du comte de la Mirandole, ses ouvrages et ses nombreux amis concoururent à étendre le crédit de la philosophie platonicienne et cabbalistique. Son neveu, *J. Fr. Pic de la Mirandole* (tué en 1533), marcha sur ses traces, mais sans posséder tous ses talens; attaché plus exclusivement au pur mysticisme (3), il combattit à la fois la philosophie païenne et les scholastiques.

---

(1) Apol., p. 82—110—116.
(2) Joh. Pici epist. ad Ficin., t. 1, p. 753.
(3) On a de lui : De studio divinæ et humanæ sapientiæ. Edid. J. F. *Buddeus.* Hal. 1702, in-8. Examen doctrinæ vanitatis gentilium; de prænotionibus, dans les Opp. utriusque Pici, ci-dessus. Epp. ed. Chph. Cellarius. Jen. 1682, in-8.

§ 286.

Cabbalistique. Magie.

Buhle, Hist. de la philosophie cabbalistique, aux xve et xvie siècles, dans son Hist. de la philosophie moderne, II, 1. 360 suiv. (all.).

Jean *Reuchlin* (1), zélé promoteur de la philologie et de la littérature classique, voyagea en Italie, où ses relations avec Ficin et Pic l'attachèrent aux opinions pythagorico-platoniques, et à l'étude de la Cabbale (2), qu'il répandit en Allemagne par ses livres: *de verbo mirifico* (3); et *de arte cabbalistica* (4). — L'ouvrage extravagant du moine franciscain Fr. George *Zorzi* (5): *de harmonia mundi istius*; *cantica tria*, Venet. 1525, parut sans doute trop rempli de rêveries capricieuses et n'exerça pas autant d'influence que ceux de Henri *Cornelius Agrippa* de

---

(1) Il avait traduit son nom en *Capnio*; il était né en 1455 à Pforzheim, fut professeur à Tubingue, et mourut en 1522.

(2) Biographie de Reuchlin, dans l'ouvrage de *Meiners*, déjà cité 1re partie, n° 2. — Siegm. Friedr. *Gehres*, Vie de Jean Reuchlin, etc. Carlsruhe, 1815, in-8 (all.).

(3) Libri III, Bas. in-fol. (1494).

(4) Libri III, Hagen. 1517—1530, in-fol.

(5) Franciscus Georgius, dit Venetus, comme natif de Venise; il florissait au commencement du xvie siècle.

Nettesheim (1). Ce dernier joignait à un talent remarquable des connaissances de tous genres; mais son avidité de réputation et de richesse, et son attachement à des arts mystérieux donnèrent un caractère d'inconstance et d'indécision à sa vie ainsi qu'à ses travaux. Il donna, à Dôle, avec le plus grand succès, des leçons publiques sur l'ouvrage de Reuchlin, *de verbo mirifico*; d'après le conseil de *Tritheim*, qui était le plus fameux adepte de son temps, il composa son traité *de occulta philosophia* (2), système rempli des chimères d'une philosophie enthousiaste; dans ce livre, la magie, appelée le complément de la philosophie, et la clef de tous les secrets de la nature, est représentée sous ses trois formes de magie naturelle, céleste et religieuse ou cérémoniale, selon la diversité des trois mondes, corporel, céleste et intellectuel; là sont énumérées, avec un appareil scientifique purement extérieur, les forces cachées que les choses d'ici bas ont reçues de Dieu par l'entremise de l'esprit du monde. D'après cette manière de penser, il était naturel qu'Agrippa devînt fauteur du grand art de Raymond Lulle (§ 270), et il l'expliqua dans un commentaire. Cependant son humeur le jetait quelquefois dans des dispositions contraires, dans lesquelles il refusait toute confiance à la science humaine. C'est sans doute en de pareils momens qu'il composa la dissertation qu'il appelle

---

(1) Né à Cologne en 1486.
(2) Lib. I, 1531, libb. III, Colon. 1533, in-8.

cynique, c'est-à-dire mordante : *de incertitudine et vanitate scientiarum* (1). Ce livre, qui obtint en son temps un très-grand succès, présente tantôt des raisons sophistiques, tantôt d'excellentes vues sur les défauts réels des sciences : le but de l'auteur est de démontrer l'incertitude et la vanité de toute curiosité scientifique (2). Agrippa et son disciple Jean *Wier* rendirent un utile service en combattant la croyance à la sorcellerie. Après une vie très-aventureuse, Agrippa mourut, en 1535, à Grenoble.

§ 287.

Théosophie.

Le médecin et théosophe *Aureolus Theophraste Paracelse* (ainsi qu'il s'était surnommé emphatiquement) (3), associa la chimie et la thérapeutique au mysticisme néoplatonicien et cabbalistique. Charlatan original, avec beaucoup de connaissances pratiques et un coup-d'œil d'observateur assez pénétrant, d'ailleurs sans préparation ni études scientifiques, il

---

(1) Col. 1527, Paris, 1529. Antuerp. 1530, in-4.

(2) Voyez sur cet écrivain, *Meiners*, Biogr., etc., et *Schelthorn*, dans les Amænitates litt., t. 11, p. 553.
Ejus Opera in duos tomos digesta Lugd. B. sans date, in-8, réimpr. en 1550 et 1600.

(3) Ses noms véritables étaient Philippe Bombast de Hohenheim ; il naquit à Einsielden, en Suisse, en 1493, et mourut en 1541 à Salzbourg.

aspira à la réputation d'un réformateur de la médecine. Dans ce but, il crut devoir faire usage de la cabbale, qu'il s'efforça de rendre populaire et qu'il exposa avec une certaine vivacité d'imagination. Une lumière intérieure, une émanation de Dieu, ou de l'Être fondamental, l'harmonie universelle des choses, l'influence des astres sur le monde sublunaire, la vie de toute la nature, les élémens considérés comme des esprits auxquels les corps visibles servent d'enveloppe : telles sont les principales idées théosophiques et théurgiques développées au hasard dans Paracelse de mille manières différentes, et souvent en termes inintelligibles. Il se fait particulièrement un grand principe, d'un *archæum* mystérieux, prétendue harmonie entre le sel, le corps et la terre; le mercure, l'âme et l'eau; le soufre, l'esprit et l'air. Ses extravagances trouvèrent un bon nombre d'adhérens (1). — Comme mystique et théo-

---

(1) J. J. *Loes*, Theophraste Paracelse de Hohenheim, dissert., dans les *Studien* de Creuzer et Daub., t. 1 (all.). Cf. *Sprengel*, Histoire de la Médecine, IIIe partie (all.). Vie et Opinions des plus célèbres physiciens de la fin du XVIe et du comm. du XVIIe siècle, publ. par Thaddei Anselme *Rixner*, et Thaddei *Siber*, 1er cahier. Theophraste Paracelse, Sulzbach, 1819, in-8 (all.).

Phil. Theophrasti *Paracelsi* Volumen medicinæ paramirum. Argent. 1575, in-8. Et : Œuvres de Paracelse, publ. par Joh. *Huser*, Bas. 1589, x voll. in-4 (all.). Strasb. 1616—18, III voll. in-fol.

sophe, *Valentin Weigel* (1) suivit l'exemple de Paracelse et de Tauler (§ 275); mais les doctrines du premier furent surtout étudiées et propagées par la société des *Rose-Croix*, formée au XVII° siècle, probablement à l'occasion d'un poème satirique (2) du théologien Valentin *Andreæ* (né en 1586, mort en 1654).

§ 288.

Cardanus de vita propria; dans la 1re part. de ses Opp. éd. Car. *Spon*. Lugd. 1663, 10 vol. in-fol. — Voy. Bayle Dict. Sa vie par W. R. *Becker*, dans le journal trimestriel (*Quartalschrift*) de Canzler et Meiners, 3° année, troisième trimestre, 5° cahier, *Id*. dans les vies et opinions des physiciens célèbres, etc. 2° cah. Sultzbach, 1820, in-8 (all.).

---

(1) Né à Hayne en Misnie, 1533, ministre luthérien à Tschopau en Misnie, mort en 1588.

Hilliger, De vita fatis et scriptis Val. Weigelii, et *Foertsch* de Weigelio, dans les Miscell. Lips. t. x, p. 171.

Weigelii tractatus de opere mirabili; arcanum omnium arcanorum; le manche d'or, ou direction pour connaître toutes choses sans se tromper, etc., 1578, in-4 (all.), et 1616. Instruction et introduction pour étudier la théologie allemande; philos. myst., etc., 1571. Studium universale; nosce te ipsum s. theologia astrologizata. 1618, et autres années.

(2) Le Mariage chymique de Christian Rosenkreutz, 1603 (all.). *Du même* (Andreæ) : Réformation universelle du monde au moyen de la *fama fraternitatis* des rose-croix. Ratisb. 1614, in-8 (all.).

Jérome Cardan (1), célèbre médecin, naturaliste et mathématicien, se rapproche de Paracelse par ses singularités ; mais il lui est très-supérieur par les ressources de son instruction. Pendant sa jeunesse, une disposition valétudinaire, et une éducation tyrannique retardèrent le développement de son génie original, en même temps que les préjugés de l'astrologie et d'un prétendu démon familier lui donnèrent une fausse direction ; de là une foule de contradictions étranges dans sa vie et son caractère, ainsi que dans ses écrits, où l'on ne trouve aucune forme systématique, et qui traitent de toutes sortes de sujets (2). Tantôt il enseigne, tantôt il combat les superstitions de l'astronomie et de la cabbale, et il mêle des observations fines, des vues élevées et ingénieuses avec les folies les plus bizarres. Les théologiens de son temps, qui le censurent comme hétérodoxe, l'ont faussement accusé d'athéisme.

II. Renouvellement de la philosophie d'Aristote. Adversaires de cette philosophie.

§ 289.

Voyez l'ouvrage de J. *Launoy* de varia Arist. fort, etc. indiqué au § 243.

---

(1) Geronimo Cardano, né à Pavie en 1501, mort en 1576.
(2) Voyez particulièrement ses traités : De subtilitate, et rerum varietate.

W. L. G. Baron de *Eberstein*, Sur la constitution de la logique et de la métaphysique des purs Péripatéticiens. Halle. 1800, in-8 (all.).

La philosophie d'Aristote trouva cependant encore de nombreux défenseurs. Dès long-temps la scholastique avait accoutumé les esprits à une extrême vénération pour l'auteur de l'*Organum*, et les habitudes de l'éducation les disposaient à recevoir ses idées. Quand on posséda tous ses ouvrages dans le texte original, on s'empressa de les étudier, de les expliquer, de les traduire, d'en faire des extraits et des abrégés. Il se forma une nombreuse école de péripatéticiens parmi les théologiens et les médecins. Ces derniers, qui étaient plus portés vers le naturalisme, pouvaient sous ce manteau développer avec plus de sécurité diverses opinions particulières appartenant à la philosophie de la nature. La distinction de la vérité philosophique et de la foi de l'Église leur servait d'abri contre le zèle des orthodoxes, prompts à soupçonner l'hérésie. Les partisans d'Aristote se divisèrent, aux xve et xvie siècles, en deux partis principaux. Les *averroistes*, attachés à l'interprétation donnée par Averroës (§ 258), et les *alexandristes* ou successeurs d'Alexandre d'Aphrodise (§ 183). Ces deux partis attirèrent si vivement l'attention publique par leur débat sur le principe de la pensée, et l'immortalité, que le concile de Latran, en 1512, crut devoir trancher la querelle dans l'intérêt de l'orthodoxie.

§ 290.

Entre les plus célèbres péripatéticiens de l'Italie on distingue *Pierre Pomponat* (1) de Mantoue. L'attachement qu'il professait pour les doctrines d'Aristote ne l'empêcha pas d'apercevoir par lui-même une foule d'idées neuves, de discerner les côtés faibles du système aristotélique et de provoquer des recherches plus approfondies, par une discussion pleine de force et de sagacité sur divers sujets particuliers, tels que: l'immortalité de l'âme, la liberté, le destin, la providence et les enchantemens; ou, en d'autres termes, la question de savoir si les phénomènes merveilleux de la nature sont dûs à l'influence des esprits, comme le prétendaient les platoniciens, ou à celle des astres. Ayant avancé que, suivant Aristote,

---

(1) Né en 1462, mort en 1525 ou 1530.

Petri Pomponatii opera de naturalium effectuum admirandorum causis seu de incantationibus liber. Item de fato, libero arbitrio, prædestinatione, providentia Dei, libb. v, in quibus difficillima capita et quæstiones theologicæ et philosophicæ ex sana orthodoxæ fidei doctrina explicantur et multis raris historiis passim illustrantur per auctorem, qui se in omnibus canonicæ scripturæ sanctorumque Doctorum judicio submittit. Basil. Ven. 1525—1556—1567, in-fól.

Ejusd. Tractatus de immortalitate animæ. Bonon. 1516. Et aut. ann. La dern. édit. publ. par Chph. Gottfr. *Bardili* contient une notice sur la vie de Pomponat. Voyez encore : Jo. Gfr. *Olearii* Diss. de Petro Pomponatio. Jen. 1709, in-4.

il n'y a point de preuve qui démontre l'immortalité de l'âme, Pomponat s'attira une querelle violente et dangereuse dans laquelle il se défendit par la distinction entre la foi positive et la science naturelle. De son école sortirent plusieurs excellens esprits, tels que *Simon Porta* ou *Portius* (1), *Paul Jove* (2), *Jules Cæs. Scaliger* (3), qui devint aussi l'adversaire de Cardan (4), le cardinal *Gasparo Contarini*, et *Augustin Niphus* (5); ces deux derniers prirent part à la querelle suscitée à Pomponat et rappelée ci-dessus; l'espagnol Jean Genesius *Sepulveda* (6); enfin le paradoxal et libre penseur Lucilio Vanini (7), brûlé à Toulouse en 1619. Outre Pomponat, qui fut le chef des alexandristes péripatéticiens, cette

---

(1) Sim. Porta mourut en 1555.
(2) Paolo Giovio, né à Como en 1483, mort en 1552.
(3) Della Scala, né à Rippa en 1484, mort en 1559.
(4) Dans ses Exercitationes de subtilitate.
(5) Né en 1473, mort en 1546. — Libri vi, de intellectu et dæmonibus. Ven. 1492, in-fol. Et: Opera philos. Ven. 1559, vi voll. in-fol. Opusc. moralia et politica. Paris, 1645, in-4.
(6) Né en 1491, mort en 1572.
(7) Lucilio, ou Jules-César Vanini, était né à Naples en 1586.

Amphitheatrum æternæ providentiæ, etc. Ludg. 1615, in-8.

De admirandis naturæ, arcanis, etc., libb. iv. Paris, 1616, in-8.

Vie et malheurs, caractère et opinion de Lucilio Vanini, athée du xviie siècle, etc., par W. D. F. Leipz. 1800, in-8 (all.).

secte compta encore d'autres savans distingués non sortis de son école, savoir: Nicolas *Leonicus* dit *Thomæus* (1), Jacques *Zabarella* (2) qui s'écarta sur quelques points d'Aristote, Cæsar *Cremonini* (3) et François *Piccolomini*, etc. Du côté des averroistes, après Alexandre *Achillini* de Bologne (4), qu'on appelait le second Aristote, Marc-Antoine *Zimara* (5) de San Pietro dans l'état de Naples, et le fameux aristotélicien André *Cesalpini* (6), on ne rencontre que des noms moins célèbres. Cesalpini fit de l'averroisme un panthéisme formel, en représentant Dieu non comme la cause, mais comme le fond même du monde, comme la substance des choses, et l'intelligence active universelle comme formant une seule

---

(1) Né à Venise en 1457, mort en 1533.

(2) Né à Padoue en 1532, mort en 1589. — De inventione primi motoris. Fcf. 1618, in-4. Opp. philosophica ed. J. J. *Havenreuter*, Fcf. 1623, in-4.

(3) Cesare Cremonini, né à Centi, dans le duché de Modène, en 1552, mort en 1630.
Cæs. Cremonini liber de Pædia Aristotelis. — Diatyposis universæ naturalis Aristotelicæ philosophiæ. — Illustres contemplationes de anima. — Tractatus tres de sensibus externis, de internis et de facultate appetitiva.

(4) Alessandro Achillini, mort en 1512.

(5) Mort en 1532.

(6) Né à Arezzo en 1509, mort en 1603.
Andreæ Cesalpini Quæstion. peripateticæ. Libb. v. Venet, 1571, in-fol. Dæmonum investigatio peripatetica. Ven. 1593, in-4.

et même substance avec les âmes des hommes et des animaux. Il maintenait l'immortalité sur ce motif que la conscience est inséparable de la pensée. Il admettait aussi l'existence des démons.

§ 291.

Péripatéticiens en Allemagne.

Voy. la dissertat. de *Elswich* citée au § 243.

A. H. C. *Heeren*, Quelques mots sur les suites de la réformation par rapport à la philosophie. Dans la *Réformationsalmanach* de *Kayser*, 1819, p. 114. suiv.

Bien que *Luther* et *Mélanchthon* (1), au commencement de la réformation, eussent conçu un préjugé défavorable contre la philosophie d'Aristote, par le même mouvement qui leur avait fait rejeter la scholastique, tous deux cependant finirent par renoncer à cette prévention, et Mélanchthon, en particulier, ne se contenta pas de reconnaître l'indispensable nécessité d'une philosophie pour la théologie, mais encore il recommanda celle d'Aristote par-dessus toutes les autres, sans se borner à la dialectique (2). Une

---

(1) Né à Brëtten en 1497, mort en 1560.

(2) *Melanchthonis* Oratio de vita Aristotelis habita a. 1537, t. II declamatt., p. 381 sq., et t. III, p. 351 sqq. Dialectica, Viteb. 1534. Initiæ doctrinæ physicæ 1547; epitome philosophiæ moralis, Viteb. 1589; de anima 1540., in-8. Ethicæ doctrinæ elementa, Viteb 1550. Ces divers ouvrages, réimprimés

seule fois depuis la guerre fut déclarée à la philosophie (vers 1621) par Dan. *Hoffmann*, professeur de théologie à Helmstaedt, et ses deux disciples, J. Angelus *Werdenhagen* et Venceslas *Schilling* (1). La philosophie d'Aristote, prise à sa source même, dégagée des subtilités scholastiques qui furent, il est vrai, bientôt remplacées par d'autres, dût à l'autorité de Mélanchthon la faveur qu'elle obtint dans les universités protestantes, et on y voit paraître une foule d'abrégés et de commentaires sur Aristote, qui eurent du moins l'avantage de tenir en haleine les études rationnelles. Ici se présente, par exemple, Joachim *Camerarius*, mort à Leipsik en 1574. Ainsi se rétablit la domination d'Aristote, pour subsister jusque vers le milieu du xviie siècle. Le crédit que lui donnèrent l'esprit du temps et le suffrage d'un grand nombre d'hommes, alors célèbres, fut à peine ébranlé par quelques esprits indépendans qui osèrent s'écarter un peu des doctrines du maître, tels que Nicolas *Taurellus* (2), adversaire de Cesalpin.

---

plusieurs fois, et réunis dans ses Opp. ed. Caspar *Peucer*. Viteb. 1562, iv voll. in-fol.

(1) Dan. *Hofmann*, Qui sit veræ ac sobriæ philosophiæ in theologia usus? Helmst. 1581. Voyez Corn. *Martini* scriptum de statibus controversis, etc. Helmstadii agitatis inter Dan. Hofmannum et quatuor philosophos. Lips. 1620, in-12.

(2) Né à Mümpelgard en 1547, mort en 1606.
Nic *Taurelli* Philosophiæ triumphus. Basil, 1573, in-8. Alpes cœsæ (contre Cesalpin). Fcof. 1597, in-8. Discus-

TROISIÈME PARTIE.

Adversaires de la philosophie d'Aristote.

§ 292.

Cependant la doctrine aristotélique rencontrait de jour en jour de plus nombreux contradicteurs. Sans revenir sur les autres écoles en opposition plus ou moins directe avec celle d'Aristote, dont l'universalité contrariait leur propre développement, nous citerons, outre Nic. *Taurellus*, désigné ci-dessus, outre Franc. *Patrizzi* (§ 297), *Bruno*, *Berigard*, *Magnenus* (§ 323), *Telesio* (§ 296), et *Campanella* (§ 317), dont nous parlerons plus tard, Pierre *Ramus* (1), l'un des plus habiles contradicteurs du péripatétisme, et mathématicien distingué. Il s'engagea dans cette lutte par dégoût pour les subtilités de l'école, et tenta de mettre en crédit une philosophie plus populaire, mais il manquait du véritable

---

siones de mundo adv. Fr. Piccolominium. Amb. 1603, in-8. Marb. 1603, in-8. Discussiones de cœlo. Amb. 1603, in-8. Voyez Jac. G. *Feuerlin*, Diss. apologetica pro Nic Taurello, De rerum æternitate. Norimb. 1734, in-4. Comprenant aussi la Synopsis Aristotelis metaphysices.

(1) Proprement P. la Ramée, né d'une famille pauvre en Picardie l'an 1515, tué à Paris dans les massacres de la St.-Barthélemy en 1572.

Joh. Thom. *Freigii* Vita Petri Rami, à la suite des Audomari Talæi orationes. Marb. 1599. — Outre les ouvrages de Ramus indiqués aux § 143 et 146, voyez les notes suivantes 1 et 2.

esprit philosophique, et d'une intelligence assez approfondie des principes d'Aristote, qu'il combattait avec trop de passion, n'y voyant que des instrumens d'erreur. Il s'en prit d'abord à la logique (1), qu'il accusa d'être toute factice, sans ordre et sans clarté, et il en composa une nouvelle (2), plus appropriée à l'usage pratique, par laquelle il s'efforça de faire tomber celle d'Aristote. Il envisageait surtout la logique dans le sens de cette définition : *ars bene disserendi*. Au milieu des attaques de ses nombreux adversaires, qui n'épargnaient pas les violences contre lui, il se fit pourtant quelques partisans (qu'on appela *Ramistes*), surtout en Allemagne, en Angleterre et en Écosse ; entre autres ses deux disciples, Thom. *Freigius* de Fribourg (3) et Franc. *Fabricius*; Audomar *Talæus* (4) (*Talon*); Wilh. Ad. *Scribonius*, Gasp. *Pfaffrad* (5), Rud. *Goclenius* (6) qui a donné son nom au sorite régressif, éclectique et estimable psychologiste (7); Otto *Casmann*, disciple de ce

---

(1) Animadversiones in Dialecticam Aristotelis; libb. xx. Paris 1534, in-4.

(2) Institutiones dialecticæ; lib. 11. Paris, 1543, in-8, 1548. Scholæ dialecticæ in liberales artes. Bas. 1559, in-fol. Orationes apologeticæ. Paris, 1551, in-8, et al.

(3) Mort en 1583.

(4) Mort à Paris en 1562.

(5) Mort en 1622.

(6) Né à Corbach en 1547, mort à Marbourg en 1628.

(7) Ψυχολογία h. e. de hominis perfectione, anima et imprimis ortu, etc. Marb. 1590—1597, in-8.— *Ejusd.* Isagoge

dernier, et qui continua de perfectionner son anthropologie psychologique (1). De l'autre côté, les principaux adversaires de Ramus sont Ant. *Govea*, Joach. *Perionius*, et celui qui fut son meurtrier à la Saint-Barthélemy, l'aristotélicien *Charpentier* (voy. indications bibliographiques aux § 140, 141 et 143); en Allemagne, Jac. *Schegk* (2), Nic. *Frischlin*, Phil. *Scherbius* (3), et Com. *Martini* (4). — Ainsi que Ramus, Sébastien *Basso* attaqua la physique d'Aristote (Voy. indic. bibliogr. au § 143).

III. *Renouvellement du Stoïcisme.*

§ 293.

Le Stoïcisme ne manqua pas absolument d'admirateurs et de partisans pendant cette période; mais son rétablissement ne fit pas, à beaucoup près, les mêmes progrès que celui de quelques autres systèmes, malgré tout ce qu'on eût pu attendre pour favoriser cette doctrine de la lecture de Cicéron et de Sénèque, et de ses rapports en morale avec le

---

in Org. Aristotelis. Fcf. 1598, in-8. Problemata log. et philos. Marb. 1614, in-8. Voyez en outre ci-dessus § 129.

(1) Psychologia anthropologica sive animæ humanæ doctrina. Hanau, 1594, in-8.
(2) Professeur de physique à Tubingue, mort en 1587.
(3) Mort en 1605.
(4) Mort en 1621.

christianisme. Ce fait a ses causes dans l'esprit dominant de l'époque, dans les formes de l'enseignement établi, et dans les caractères particuliers des théories physiques et morales de l'école stoïque. Celui qui s'en occupa le plus au siècle dont nous parlons, fut *Juste Lipse* (*Justus Lipsius*, Joost Lipss.) (1). Il s'était d'abord consacré à la philosophie scholastique, mais il l'abandonna ensuite pour l'étude de la littérature classique, particulièrement de Cicéron et de Sénèque. Critique et philologue distingué, il devint un excellent interprète de la philosophie stoïque, sans être, à proprement parler, philosophe; et il lui manqua, pour être un vrai stoïcien pratique, la constance, ainsi qu'il l'a déclaré lui-même dans ses écrits. En général, son but était plutôt d'introduire les lecteurs à l'étude de la philosophie stoïque, et de les préparer en particulier à la connaissance de Sénèque; sans prétendre faire revivre cette doctrine, comme convenant à son époque, et capable d'y régner. *Gaspard Scioppius* (*Schoppe*) (2), dont le rôle philosophique n'est pas non plus très-décidé, publia des extraits des ouvrages de Juste Lipse. L'anglais Thom. Gat-

---

(1) Né en 1547 à Isea, près Bruxelles, mort en 1606.

Justi Lipsii; libb. II de constantia. Francof. 1591, in-8. Voyez ci-dessus indic. bibliogr. aux § 158 et 161.—*Ejusd.* Opera. Antuerp. 1637, IV voll. in-fol.

(2) Né en 1576, mort en 1649.

tacker (1) s'occupa de ce système sous le rapport historique, ainsi que Claude *Saumaise* et Dan. *Heinsius* (2).

Essais originaux et combinaisons particulières de systèmes philosophiques.

1° *Divers essais.*

§ 294.

Au milieu de ces tentatives pour ramener les systèmes philosophiques de l'antiquité, pendant cette lutte de l'ancien et du nouveau, et ces efforts déployés par la philosophie jusqu'alors dominante, non-seulement pour se défendre contre les attaques survenues de divers côtés, mais encore pour acquérir une autorité plus universelle en composant ses démêlés intérieurs (3), on voyait néanmoins apparaître de temps à autre quelque génie plus libre, plus original qui osait s'écarter des anciennes voies et se frayer un chemin à part, mais malheureusement sans principes capables de le bien conduire, et en tombant

---

(1) Mort en 1654.

(2) Dan. *Heinsii* Oratt. — Pour les ouvrages de Scioppius et de Gattacker, voyez la Bibliogr. aux § 158 et 163.

(3) En ce sens, un écrivain qui se distingua particulièrement fut le thomiste (§ 265) Fr. *Suarez*, mort en 1617, par ses *Disputationes metaphysicæ*, Mogunt. 1614, in-fol.

dans des aberrations inévitables. Ici encore viennent se placer, parmi les Allemands, Nic. *Taurellus*, déjà mentionné (§ 289), lequel essaya d'établir une démarcation plus fixe entre la philosophie et la théologie, et considéra la raison comme la source de la connaissance philosophique ; parmi les Italiens, *Cardan* (§ 289), et *Vanini* (§ 291), et en France, P. *Ramus*, qui avait en vue une réforme de la philosophie. Or, comme la méthode jusque-là en usage, et qui consistait à obtenir la connaissance philosophique par de pures formules logiques, ne paraissait plus satisfaisante, on tâcha de parvenir à des résultats plus sûrs par la voie de l'expérience. Ce nouveau besoin se manifesta principalement chez les écrivains politiques et les naturalistes. Parmi les premiers, Nicolas *Machiavel* (1), homme d'état formé par la lecture des classiques et par l'étude du monde, avait exposé, avec une habileté supérieure, dans le *Prince* (1515), un tableau de la politique telle qu'elle s'offrait ordinairement à ses regards ; et Jean *Bodin* (2), abandonnant dans sa *République* les doctrines de

---

(1) Niccolo Macchiavelli, né à Florence en 1469, mort en 1527.

Joh. Fr. *Christii* De Nic. Macchiavello, libb. III, Lips. et Hal. 1731, in-4. — Opere 1550, in-4, etc. Milan, 1805, x voll. in-8. Flor. 1820, x voll. in-8.

(2) Joh. Bodin, né à Angers vers 1550, mort en 1596.

De la république. Paris, 1576, in-fol., et 1578. En latin, 1586, in-fol.

Platon et d'Aristote, avait tenté d'ouvrir une route moyenne entre la justice rigoureuse et la prudence sans garanties légales, entre la monarchie et la démocratie.

2°. *Telesio.*

§ 295.

Fr. *Baco*, De principiis et originibus secundum fabulas Cupidinis et Cœli, sive de Parmenidis et Telesii et præcipue Democriti philosophia tractata in fabula de Cupidine. Opp. t. III ed. Elz. p. 208.

Jo. Ge. *Lotteri* Diss. de Bernardini Telesii philosophi Itali vita et philosophia. Lips. 1726-1733, in-4.

Vie et opinions des plus célèbres physiciens à la fin du XVI° et au commencement du XVII° siècles; publ. par Th. Aug. *Rixner* et *Siber*; III° cah. Sulzb. (all.).

Une réforme fut tentée dans la philosophie naturelle par Bernardin *Telesio.* Né en 1508 à Cosenza dans l'état de Naples, il reçut de son oncle, à Milan, et ensuite à Rome, une instruction classique, puis il s'adonna avec ardeur, à Padoue, aux études philosophiques et mathématiques, et conçut, dans ces divers travaux, de l'éloignement pour la doctrine d'Aristote. Dans un âge plus avancé, il publia avec un grand succès un livre *de natura juxta propria principia* (1). Il enseigna à Naples la philosophie

---

(1) Les deux premiers livres parurent à Rome en 1565, in-4. L'ouvrage entier fut ensuite publié à Naples en 1586 et 1588.

naturelle, et fonda une académie dite *Telesiana* ou *Cosantina*, consacrée à l'abolition de la philosophie aristotélique. Les persécutions des moines le forcèrent de se réfugier à Cosenza, où il mourut en 1588. Son système présente un pur naturalisme, qui se rapproche des vues de Parmenide (§ 99). Ce qu'il reproche surtout à Aristote dans son système naturel, c'est d'y avoir donné pour principes de pures abstractions (*abstracta et non entia*). Pour lui, il admet deux principes, incorporels et actifs, la chaleur et le froid, et un principe corporel passif, la matière, comme l'objet auquel se rapporte l'activité des deux autres; il fait provenir de la chaleur le ciel, du froid la terre, et rend compte, d'une manière fort insuffisante, de l'origine des choses de second ordre par un perpétuel conflit entre le ciel et la terre. Ayant d'abord attribué la sensibilité à ses deux principes incorporels, il fut induit à donner des âmes aux plantes et aux bêtes. Mais l'âme immortelle de l'homme est essentiellement distincte de celle des animaux, et elle lui est donnée directement par Dieu au moment de la génération (1). La sensation n'est pas une pure passivité, c'est une perception des changemens propres de l'esprit (2). Hors de ces hypothèses, Telesio est empirique et sensualiste. Ses adversaires, *Marta*

---

(1) De rer. nat., l. v, c. 1 sq.
(2) Ib. VIII, 21.

et *Chiocci*, furent à leur tour combattus par Campanella (1) (§ 318).

3°. *Franc. Patrizzi.*

§ 296.

Vie et opin. des plus célèbres physiciens, etc. ; publ. par *Rixner* et *Siber*; ive cahier, Franc. Patrizzi, 1823, in-8.

François *Patrizzi* (2), auteur d'un nouveau système d'émanation, en emprunta les matériaux de divers côtés, mais principalement aux néoplatoniciens, et aux prétendus monumens primitifs du mysticisme antique recueillis par eux, enfin au système de Telesio (§ précéd.). Il se prépara à ce nouveau travail par une longue réfutation d'Aristote (3). Dans son système (4), il essaie de donner la théorie de

---

(1) Campanellæ philosophia sensibus demonstrata, etc. Neap. 1590, in-4.

(2) Né à Clisso en Dalmatie, 1529, professeur de philosophie platonicienne à Ferrare et à Rome, où il mourut en 1597.

(3) *Discussiones peripateticæ*, publiées d'abord par parties séparées. Ven. 1571—1581, iv vol. Voyez ci-dessus § 139.

(4) Nova de universis philosophia in qua Aristotelica methodo non per motum sed per lucem et lumina ad primam causam ascenditur, etc. Ferrar. 1591, in-fol. Ven. 1593. Lond. 1611.

la lumière en observant la méthode de ce philosophe.
Il partage le grand tout en quatre parties, savoir :
Panaugie, *Panarchie*, *Panpsychie* et *Pancosmie* ; et
rattache à ses hypothèses un recueil de livres mystiques apocryphes (1). La sagesse est la science universelle. La lumière est le premier objet de la connaissance dans le tout. C'est donc par la lumière que
doit commencer la philosophie ou la recherche de
la sagesse. 1º Toute lumière vient de la source de
toute lumière, Dieu. 2º Dieu est le principe premier
de toutes choses. 3º Tout est animé. 4º L'univers
reçoit l'unité et l'ensemble de l'espace et de la lumière, l'un et l'autre substances incorporelles. Telles
sont les idées principales que Patrizzi développe
dans ces quatre parties. Au reste, ce ne fut pas la
dernière fois que cette métamorphose des formes
de la matière en forces spirituelles, servit à l'alliance
du néoplatonisme et de ses rêves mystiques avec la
philosophie d'Aristote.

4º. *Giordano Bruno.*

§ 297.

Voyez sur Giord. Bruno, *Brucker*, t. iv et *Buhle* hist.
de la philosophie moderne, t. ii p. 703 seq. *Fülleborn*,
Beitrage, etc. vi^e cah. *Heumann* Acta philosophor., iii^e
cahier, ix, xv (all.).

---

(1). Voyez les indic. bibliogr. au § 70.

Car. Steph. *Jordani* Disquisitio historico-literaria de Jordano Bruno Nolano.

Fr. Christ. *Lauckhard*, Diss. de Jordano Bruno. Hal. 1783, in-4.

Mémoire biographique sur Giord. Bruno, par *Kindervater*; dans les Mémoires de César, tirés de l'histoire philosophique. t. vi, n. 5 (all.).

Biographie de Bruno dans *Adelung*; histoire de la folie humaine. t. 1er (all.).

Fr. *Jacobi* Lettres à Mendelssohn sur la doctrine de Spinosa; 2e édit. Breslau, 1789, in-8; 1er supplém.

Heydenreich, Appendice à l'histoire des révolutions opérées dans la philosophie par *Cromaziano*, p. 257, t. 1er.

Un des hommes de cette époque, dont le souvenir est le plus intéressant, est un autre italien, *Giordano Bruno (Jordanus Brunus)*, remarquable par sa destinée ainsi que par ses doctrines et ses talens. Il possédait une intelligence étendue et forte, jointe à une imagination vive et féconde, un caractère élevé, mais inquiet et passionné, surtout avide de gloire; enfin, il avait amassé des connaissances variées dans la philosophie ancienne, les mathématiques, la physique, l'astronomie, et son goût avait été cultivé par la littérature classique. Il était né à Nola, dans le royaume de Naples, vers le milieu du xvie siècle. On sait peu de chose sur les premières époques de sa vie. Il entra chez les Dominicains, on ne sait en quelle année ni en quel lieu : des doutes en matière de religion, et des jugemens hardis sur l'ordre monacal lui firent quitter l'Italie, vraisemblablement vers 1580. Il passa à Genève. Son esprit paradoxal et pétulant le brouilla avec Calvin et Théodore de Bèze. Il se rendit alors à Paris, où il écrivit sur l'art de Raymond Lulle, et en donna des leçons publiques. De là il alla à Londres, revint à Paris en 1585, s'y porta publiquement pour adversaire d'Aristote, ce qui lui attira de nombreux contradicteurs. En 1586 il enseignait à Wittemberg, puis il s'éjourna quelque temps à Prague, à Helmstaedt, où il faisait des cours particuliers, et à Francfort-sur-le-Mein. Il se retrouvait, en 1592, à Padoue, on ignore pour quel motif; après y avoir passé en paix deux années, il fût arrêté, en 1598, par l'inquisition de Venise. On l'envoya à Rome, et il y fut brûlé, comme hérétique et violateur des vœux religieux le 17 février 1600.

§ 298.

Par son caractère d'esprit, Bruno était naturellement disposé à repousser l'aride philosophie qu'on enseignait dans les écoles au nom d'Aristote. Son penchant l'entraînait de préférence vers les classiques; il fut frappé surtout des vues hardies et larges des Éléates et des Platoniciens d'Alexandrie, qui alors avaient trouvé en Italie beaucoup d'esprits disposés à les accueillir. Il s'en pénétra profondément, et les mit en œuvre avec un talent fécond et original. L'unité de Dieu et du monde, ou, en d'autres termes, l'idée que Dieu est le fond même de toutes choses, et leur principe interne, qu'en lui la puissance et l'activité, le réel et le possible ne font qu'un tout indivisible; tel est le grand texte développé par *Philothéos* (c'est le nom qu'il se donne) dans divers écrits, où l'auteur fait preuve de beaucoup d'imagination et de savoir, s'exprimant souvent sur le ton de la plaisanterie, et toujours avec esprit. A ces idées s'en rattachaient beaucoup d'autres, telles que l'intention de perfectionner l'art de Lulle, qu'il regardait comme le précurseur de sa réforme en philosophie, les hardies découvertes de Copernic, qui peut-être éveillèrent ses premiers doutes sur l'autorité traditionnelle, enfin les préjugés dominans sur la magie et l'astrologie. Son esprit ardent et son caractère inquiet se prêtaient moins à une froide démonstration et au développement systématique des idées qu'à des rêveries brillantes, dans lesquelles il prêtait aux sujets philosophiques toutes les couleurs de son imagination.

Les livres de Bruno sont extrêmement rares. Fülleborn et Buhle ont pris le soin d'en former une notice complète. Nous n'indiquerons ici que les principaux.

Jordani Bruni Acrotismus seu rationes articulorum physicorum adversus Peripateticos Parisiis propositorum, etc. Viteb. 1588, in-8.

Philotheus Jordanus Brunus Nolanus de compendiosa architectura et complemento artis Lullii. Paris, 1582, in-12.

De umbris idearum, Par. 1582, in-8. La seconde partie est intitulée : Ars memoriæ.

Id. Della causa, principio e unc. Venet. (probabl. Par.) 1584, in-8. On en trouve un extrait dans les lettres déjà mentionnées de Fr. *Jacobi.*

Id. Dell' infinito universo e mondi. Venet. (probabl.) Paris 1584, in-8.

Spaccio della bestia trionfante. Paris, 1584, in-8.

Degli eroici furori. Ib. 1585, in-8.

Jordani Bruni explicatio triginta sigillorum ad omnium scientarum et artium inventionem, dispositionem et memoriam quibus adjectus est sigillus sigillorum.

Id. De Lampade combinatoria Lulliana ad infinitas propositiones et media invenienda. Viteb. 1587, in-8. — De progressu et Lampade venatoria logicorum, etc., ibid. eod. — De specierum scrutinio et lampade combinatoria Raym. Lulli. Prag. 1388. Articuli clx adv. hujus tempestatis mathematicos atque philosophos, item clxxx praxes ad totidem problemata. Ibid. eod. — De imaginum, signorum et idearum compositione ad omnia inventionum, dispositionum et memoriæ genera libb. iii. Francof. ad M. 1591, in-8. — De triplici Minimo et mensura ad trium speculativarum scientiarum et multarum activarum artium principia libb. v. Francof. 1591, in-8. — De monade ; numero et figura liber consequens (libros) quinque de minimo magno et mensura. Item de Innumeralibus, Immenso et Infigurabili, seu de universo et mundis libb. viii. Francof. 1591, in-8.

§ 299.

Les principaux points de sa théologie sont les suivans : Le principe suprême, Dieu, est ce que toute chose est et peut être. Il est donc un être unique, mais comprenant en soi toutes les existences, le fond même des choses et en même temps leur cause productrice, matérielle et formelle, sans limite dans l'éternité de sa durée, *natura naturans*. Comme première cause productrice, c'est aussi la raison divine, universelle, qui se manifeste dans la forme de l'univers; et c'est l'âme universelle, qui agit en toutes choses, et qui, de l'intérieur de chaque être, lui donne sa forme et ses développemens. Le but de cette cause, active et finale en même temps, est la perfection de l'univers, laquelle consiste en ce que, dans les diverses parties de la matière, toutes les formes dont elle est susceptible parviennent à l'existence réelle. Être, vouloir, pouvoir et produire, sont termes identiques dans le principe universel. L'Être absolu et simple est hors de la portée de toutes nos idées, parce qu'il n'y a en lui ni divinité ni multiplicité collective. Sa substance et sa productivité sont déterminées nécessairement par sa nature; il ne peut agir autrement qu'il n'agit; sa volonté est nécessité, et cette nécessité est en même temps la liberté la plus absolue. Comme force première et vivante, la divinité se manifeste de toute éternité par d'infinies productions; mais elle n'en reste pas moins une et la même, sans fin, sans mesure, immobile et au-dessus de tout rapprochement. Elle est en tout, et tout est en elle, parce que toute chose se développe, vit et agit par elle et en elle; elle réside dans les recoins les plus cachés du monde comme dans le tout infini; elle agit dans chaque point de l'univers comme dans son ensemble, ἕν καὶ πᾶν; d'où il suit que tout vit, tout est bien, tout est en vertu du bien et tendant au bien, parce que tout provient de l'être essentiellement bon.

§ 300.

Bruno reproduit cette idée lorsqu'il prend pour point de départ le monde, *universum*, ou *natura naturata*, et qu'il le représente comme un, infini, éternel, impérissable. Le monde n'est néanmoins, dans son extériorité et comme contenant en soi le développement de toutes choses, que l'ombre qui reproduit la forme du principe suprême. La matière est son essence fondamentale; elle est sans doute en soi dénuée de forme; mais, comme elle est identifiée à la forme primitive et éternelle, elle développe dans son propre sein toutes les formes contingentes. Nul n'a mieux exprimé que Pythagore, par ses rapports des nombres, le mode de la production des choses par l'Être infini, l'unité, à laquelle l'intelligence humaine aspire sans cesse. C'est en développant son unité que le principe engendre la multitude des êtres; mais en produisant des races et des espèces sans nombre, il ne se complique lui-même ni de nombre ni de mesure ni de relation; il reste un et indivisible en toutes choses, à la fois l'infiniment grand et l'infiniment petit. Puisque toutes choses sont animées par lui, l'univers peut être représenté comme un être vivant, un animal immense et infini dans lequel tout vit et agit de mille et mille manières diverses. — Bruno cherche à démontrer l'éternité du monde par plusieurs argumens tirés de la destination de l'homme, de la nature de la perception sensible, et de l'impossibilité de trouver un point central. Ici il applique ingénieusement, et cherche à déduire, par la méthode philosophique, le système du monde de Copernic, et il réfute habilement les principes contraires, en particulier ceux des péripatéticiens. — Le monde n'étant qu'une ombre de la forme du premier principe, il s'ensuit que toutes nos connaissances ne contiennent que des notions de ressemblance et de relation. De même que le principe absolu descend et se développe dans la multiplicité des êtres, nous produisons à notre tour l'unité de l'idée par la compréhension collective du multiple. Le but de toute philosophie est de trouver l'unité de tous les contraires. — L'âme en général est dans chaque individu sous une forme particulière; comme substance simple, elle est immortelle, infinie dans ses efforts, et elle donne la forme au corps, par extension et contraction. La naissance est l'expansion du centre, la vie est la durée du développement sphérique, la mort le retour des rayons au centre. Le but le plus élevé des actes libres est le but même de l'intelligence divine, par qui tout se produit. — Le système de Bruno n'est autre chose que la doctrine des Éléates et de Plotin, épurée et éclairée; c'est un panthéisme qu'on a souvent donné à tort pour athéisme, développé avec une force entraînante de conviction, jointe à une grande richesse d'imagination, et où se rencontre une foule d'idées fortes, grandes et profondes. Long-temps il fut peu remarqué, ou même nullement compris, jusqu'à une époque récente où il attira de nouveau l'attention à l'occasion du spinozisme et du système de Schelling, dit la philosophie de la nature.

Sceptiques.

§ 301.

Le choc de tant d'opinions et de systèmes enfantés par l'étude de l'antiquité, par la reproduction, les combinaisons et les modifications de toutes les anciennes écoles; en même temps, le besoin de penser par soi-même, les acquisitions nouvelles de l'expérience, le désir d'arriver à la certitude de la connaissance et le manque de principes incontestables; toutes ces causes firent naître, dans quelques esprits calmes et peu faciles à séduire, un scepticisme qui se produisit avec les divers caractères propres à chacun d'eux.

Montaigne.

§ 302.

Essais de Michel de Montaigne. Bordeaux, 1580. Nomb. éditions, celle de P. *Coste.* Lond. 1724, et Paris, 1725, 3 vol. in-4, Lond. 1739, 6 vol. in-12, etc.

Eloge de Mich. de Montaigne, couronné à l'acad. de Bordeaux en 1774 (par l'abbé de *Talbert*). Par. 1775, in-12. Eloge analytique et historique par *De la Dixmerie*. Par. 1781, in-8.

Michel de Montaigne, né en 1533 dans un château de ce nom en Périgord, mort en 1592, fut le premier qui donna à sa pensée les habitudes sceptiques. Avec un esprit richement cultivé par l'étude de l'antiquité classique et de l'histoire, par une longue expérience et la connaissance des hommes, il envisagea le tableau de la vie humaine tel qu'il est, et sous le point de vue de sa diversité, sans y apercevoir une unité que ne pouvait donner la philosophie, si peu d'accord avec elle-même. De là, une manière de voir fort analogue au scepticisme, suivant laquelle il donne pour dernier résultat de toute observation et de toute pensée, la faiblesse de la raison et l'incertitude de la connaissance humaine, même par rapport à l'ordre pratique dont, au reste, il ne conteste pas la vérité; se reposant de toutes choses dans la foi à la révélation. Montaigne exprime ces idées sur le ton d'une candeur exempte de prétention et d'une honorable franchise, dans ses *Essais*, livre où domine tout le charme d'un style plein de finesse et d'originalité, qui en a fait la lecture favorite des gens de goût. Ce livre a exercé dans le monde beaucoup d'influence, et a subi les jugemens les plus opposés. Quelque éloigné de l'immoralité et de l'irréligion que fût le caractère personnel de cet écrivain, son ouvrage a pu favoriser plus d'une fois des dispositions contraires dans l'esprit de ses lecteurs, et même les y faire naître.

Pierre Charron.

§ 303.

De la Sagesse; trois livres par P. Charron. Bordeaux, 1601; edit. expurg. Par. 1604; souv. réimp. Petit traité de la sagesse; extrait et apologie du livre précédent.

Eloge de P. Charron, par G. M. D. R. (George Michel de *Rochemaillet*), en avant de l'édit. des œuvres de Charron. Par. 1607. Voyez Bayle.

Montaigne eut beaucoup d'influence sur deux esprits remarquables de son temps, Étienne *La Boëtie,* conseiller au parlement de Bordeaux (mort en 1563), auteur d'un discours sur la servitude volontaire, où il développe avec talent un singulier esprit de liberté républicaine; et Pierre *Charron,* né en 1541, à Paris, homme d'esprit et excellent prédicateur. Ce dernier, séduit par un commerce habituel avec Montaigne, prit le goût du scepticisme, et s'exprima, dans son Traité de la Sagesse, avec une grande liberté sur les matières de morale et de religion. Selon lui, la sagesse est le libre examen des choses communes et habituelles. Le besoin de connaître la vérité est naturel; mais la vérité n'est qu'en Dieu, et l'intelligence humaine ne saurait parvenir à en rendre l'image. De là Charron tire des motifs de méfiance et d'indifférence à l'égard de toutes les sciences, des doutes hardis sur la vertu ou ses apparences, sur les fondemens de la foi religieuse, et sur toutes les religions, sans excepter le christianisme, dont la partie historique et extérieure ne lui paraît point d'accord avec la divinité de son origine. Mais au fond de tous ces doutes on retrouve pourtant un caractère digne d'estime; ses écrits présentent les règles d'une morale très-pure, à laquelle il conforma sa vie entière. Il mourut en 1603, décrié comme athée par beaucoup de censeurs qui avaient mal conçu ses idées.

§ 304.

Ainsi, pendant la période que nous venons de parcourir, l'esprit humain avait tenté, pour arriver à la science, diverses voies où il était déjà entré à d'autres époques; savoir, les routes de l'expérience, de la raison et de la révélation. Dans aucune des trois on ne s'était assez avancé pour rencontrer la certitude définitive, parce que l'on n'avait pas encore senti le besoin de sonder la faculté de connaître elle-même, de l'interroger sur ses lois et sa constitution intime; et que l'on songeait plus à poursuivre des résultats qu'à approfondir les principes. Les prétentions de l'expérience et de la raison, comme agens de la connaissance, n'avaient point été balancées. On n'avait point encore cherché en quel sens la révélation peut être considérée comme source de

connaissance. Le scepticisme rabattait l'orgueil de
la philosophie systématique, sans satisfaire la raison,
et se contentait plutôt de répéter les anciens argumens dubitatifs qu'il ne songeait à entrer dans de
nouvelles recherches sur la certitude de la connaissance. Dans cet état d'anarchie entre divers principes, la connaissance plus exacte des anciens ne servait qu'à compliquer le débat au lieu de l'apaiser, et
aucune science positive ne pouvait prendre le dessus.
Cependant une fermentation intellectuelle s'opérait;
une masse considérable de connaissances se répandait, accompagnée d'une grande variété d'aperçus
et de systèmes; et la querelle des partis rendait de
jour en jour plus urgent le besoin d'une recherche
plus libre et plus approfondie de la connaissance
humaine, de ses bases premières, de ses formes et
de ses limites véritables.

*Recherche indépendante, et toujours plus approfondie
des principes, des lois et des limites de la connaissance humaine. Efforts pour en déterminer l'unité
systématique.*

§ 305.

Il était temps enfin que la pensée humaine prît
confiance en elle-même, déblayât le terrain de la
science, et s'avançât dans ses propres voies. Plus
d'une cause devait l'y déterminer: ses travaux antérieurs l'avaient exercée et assouplie, l'étude des

anciens ne cessait de l'animer à des recherches curieuses, ses connaissances matérielles s'étaient accrues; elle éprouvait un vif besoin de donner une base solide aux doctrines morales et religieuses, l'harmonie et l'unité à l'étude empirique et rationnelle de la nature, et un lien systématique à la philosophie de l'esprit humain, jusque-là incohérente dans ses diverses parties. Les querelles et les erreurs de l'époque précédente n'avaient servi qu'à rendre ce besoin impérieux. On avait devant soi l'exemple des Grecs, dont jusque-là on avait tenté de reproduire les systèmes avec plus ou moins de succès ou de talent; mais l'éducation des esprits était désormais trop avancée pour qu'on pût se contenter de ces études imitatives; la marche de la civilisation avait amené des manières de voir et des habitudes morales, auxquelles la philosophie grecque ne pouvait plus satisfaire, et la scholastique, qui entrait encore comme partie essentielle dans l'éducation de la jeunesse, était plus loin encore de répondre à tous ces besoins.

§ 306.

Déjà les mathématiques et l'astronomie avaient fait quelques pas au-delà des limites où s'était arrêtée la science des Grecs; l'observation et l'application des mathématiques avait fait faire d'importantes découvertes dans les sciences naturelles, et leur avaient imprimé un mouvement qui devait les conduire sans cesse à de nouvelles recherches. Cet exemple et ses heureuses conséquences, les noms des Copernic, des Kepler, des Galilée, des Toricelli, etc., provoquèrent un certain esprit d'imitation dans la philosophie, à mesure que l'on vit mieux les analogies de cette dernière avec les études naturelles.

§ 307.

Un besoin qui paraît surtout préoccuper l'esprit philosophique à cette époque, est celui auquel les Grecs n'avaient pu satisfaire, le besoin d'amener à l'unité systématique tout l'ensemble de la connaissance. On accorda en outre plus d'attention à la question de l'origine, de la vérité et de la certitude de la connaissance, surtout par rapport aux croyances sur Dieu, l'immortalité, la liberté, la destination de l'homme, la source et l'autorité obligatoire des lois morales. De là, suivant que l'on admettait ou l'expérience ou la raison comme sources de la connaissance, résultèrent divers systèmes également opposés dans leurs conséquences et dans leurs principes. Le scepticisme, qui avait été suscité de nouveau par la discordance des doctrines et des prétentions des dogmatiques, devint plus réservé et plus réfléchi, à mesure qu'il renferma davantage ses attaques dans la sphère de la spéculation.

§ 308.

De jour en jour on s'abstint davantage de considérer la révélation comme une source de connaissance philosophique ; et on convint plus volontiers d'attribuer à la raison le droit de prononcer en dernier ressort ; néanmoins le supernaturalisme ne laissa pas de conserver un parti puissant, et toutes les fois qu'on vit paraître un enseignement emprunté exclusivement aux formes dialectiques, le mysticisme et la théosophie ne manquèrent pas de s'élever en sens contraire. Les philosophes qui exercèrent le plus d'empire dans la science reconnurent l'accord de la raison et de la révélation ; mais la théologie positive s'arrogea souvent une censure supérieure, qui fut considérée d'un autre côté comme un examen de la raison sur elle-même.

§ 309.

Deux hommes de génie, *Bacon* et *Descartes*, entraînèrent à leur suite l'esprit humain dans une direction qu'il a long-temps conservée ; par eux l'expérience et la spéculation devinrent les deux clefs de la philosophie. Ce mouvement nouveau avait commencé en Italie ; mais ce fut en Angleterre, en France et en Allemagne qu'il put se développer librement. Les deux nouvelles écoles s'efforcèrent de pénétrer dans la réalité des choses, et de faire valoir leurs systèmes par la vérité, l'ensemble et l'universalité des résultats obtenus ; mais dans leur empressement d'édifier une science nouvelle, elles ne songèrent point assez à l'asseoir sur un fondement solide, et ne purent ainsi donner aux nouvelles théories le degré de perfection nécessaire pour leur assurer une domination universelle. Des divergences s'établirent en raison des penchans opposés de quelques esprits, ici pour l'empirisme, devenu contraire à la science et aux vues générales, là pour la démonstration, devenue une manie et une prétention exagérées; on ne fut point d'accord sur la valeur et l'importance relative de l'entendement et de la raison, du sens commun et de la spéculation.

§ 310.

Les questions spéculatives et les questions pratiques sollicitaient en même temps l'intérêt des philosophes. Chacun se détermina vers les unes ou les autres d'une manière plus ou moins exclusive. De là se formèrent deux partis, qui pouvaient aisément se trouver l'un à l'autre des imperfections et des défauts, dont ils se prévalaient pour le triomphe de leur propre doctrine. Ainsi se prolongeaient des débats qui finirent par lasser les esprits, et leur donner une sorte d'éloignement pour toute recherche philosophique.

§ 311.

Mais bien que ces écoles n'aient pas encore recherché avec assez de profondeur et d'exactitude les bases de la connaissance, il n'en est pas moins vrai qu'elles ont donné à l'esprit philosophique plus de force et d'étendue; par leurs travaux opposés, les diverses branches de la science philosophique firent de notables progrès, et cette science étendit considérablement son influence en appliquant sa propre forme à toutes les parties des connaissances humaines. Sa méthode se perfectionna, sa langue s'étendit, et rendit moins rare le goût des recherches approfondies et rigoureuses.

§ 312.

La philosophie pratique fut long-temps négligée pour la spéculation vers laquelle s'étaient portés les principaux efforts. En morale, St. Thomas (§ 265), avec ses nombreux commentateurs les casuistes, et chez les protestans Aristote, restèrent long-temps en possession de l'enseignement. Les théologiens s'efforcèrent avec beaucoup d'ardeur d'attirer dans leur domaine exclusif toute la science pratique, et de proscrire de ce côté tout esprit de recherche. Une idée dominante s'était maintenue depuis les siècles de la scholastique, savoir que Dieu est, à titre de créateur du monde, la raison dernière de toute obligation et de toute loi, en vertu des motifs subjectifs ou objectifs de sa volonté. L'autorité de la révélation soutenait cette opinion, qui en soi n'est point fausse, et on s'appliqua, non-seulement parmi les théologiens, mais encore chez les philosophes adonnés aux matières théologiques, à développer et à fortifier cette doctrine, chacun selon ses vues particulières.

La législation civile, si éloignée par sa nature de la théologie, et les discussions sur les rapports légitimes des états et des peuples amenèrent insensiblement la philosophie sur un nouveau terrain. On voulut ajouter aux croyances dominantes la force d'une opinion et d'une foi rationnelles, affermir la religion révélée par le secours de la raison, confondre les doctrines opposées à la morale ; tous ces motifs reportèrent l'attention et l'esprit de recherche vers les questions de l'ordre pratique. Alors on voulut à l'envi examiner la nature morale de l'homme, et réunir en un même tout la philosophie spéculative et la philosophie pratique.

§ 313.

Voici en somme les principaux mérites de cette période : 1° On y voit enfin devenir dominante l'idée d'accorder une condition indépendante et un domaine propre à la philosophie, comme formant par elle-même une partie distincte de la science humaine ; 2° le système de la connaissance y fut mieux étudié, et dans son ensemble et dans ses diverses branches ; 3° les relations de la philosophie avec la théologie devinrent plus indépendantes, quoique cette dernière se soit encore attribué plus d'une fois sur l'autre un droit de tutelle et de censure; 4° la science elle-même gagna chaque jour en profondeur : elle passa du *matériel* ou de l'objet au *formel*, c'est-à-dire à l'examen de la connaissance dans sa nature, sa légitimité et son origine; la même route fut suivie par le scepticisme ; 5° la méthode philosophique fut appliquée avec plus de soin à établir la connaissance et son unité systématique, et l'on essaya un art d'introduire à la philosophie (*Propædeutique*).

§ 314.

Nous diviserons cette période en deux parties; la première s'étend jusque vers la fin du xviiie siècle; elle comprend les nouveaux systèmes qui s'élevèrent dans le but de donner plus de solidité aux bases de la science, plus d'unité à son ensemble, et de traiter complètement certaines parties dans le sens dogmatique; en même temps et parallèlement, elle embrasse les progrès du Mysticisme et de la Théosophie. Nous subdiviserons cette partie d'après les principaux personnages ou événemens qui ont paru dans le monde philosophique. La seconde partie, depuis le dernier cinquième du xviiie siècle jusqu'à nos jours, présente la tentative par laquelle on a voulu, à l'aide de la méthode critique, constituer la raison philosophique dans son indépendance propre, ensuite les mouvemens et les essais systématiques, auxquels cette tentative a donné lieu.

PREMIÈRE ÉPOQUE : DE BACON JUSQU'A KANT, DU XVIIe SIÈCLE JUSQUE VERS LA FIN DU XVIIIe.

Nouveaux essais plus indépendans tentés par la philosophie dogmatique et sceptique ; esprit d'examen plus approfondi et dirigé vers l'unité systématique.

ESSAIS POUR FONDER LA SCIENCE PHILOSOPHIQUE SUR L'EXPÉRIENCE.

I. *Empirisme de Bacon.*

§ 315.

M. *Mallet*, the life of Baco, en avant de son édition des œuvres de Bacon. Le même ouvrage traduit en français. La Haye, 1742, in-12. Lond. et Paris, 1788, in-8. *Id.* en all. Berlin, 1780, in-8.

Sur les services rendus à la philosophie, par Bacon, voyez *Heydenreich* dans sa traduction allem. de Cromaziano, t. 1, p. 306.

Sprengel, Vie de Bacon, dans le Biographe (de Halle.) t. VIII, n° 1 (all.).

François *Bacon*, lord de Verulam, vicomte de Saint-Alban, commença en Angleterre la réforme de la philosophie; homme doué de facultés supérieures, d'une sagacité profonde, possédant une vaste science avec la connaissance du monde et des hommes, mais avec un caractère qui ne fut pas entièrement exempt de reproches. Né à Londres, en 1561, il remplit les charges les plus éminentes de l'État, et mourut en 1626. Dans sa jeunesse, il étudia la philosophie scholastique d'Aristote et la littérature classique. Celle-ci lui apprit à mépriser le vide et l'inutilité de la première, et les occupations de la vie publique, où il entra ensuite, durent augmenter en lui cette disposition. Parvenu à l'âge mûr, il entreprit la réforme (*magna restauratio*) qu'il jugeait nécessaire d'introduire dans la philosophie; il n'exécuta que quelques parties de ce grand ouvrage, savoir: De la dignité et des progrès des sciences (1), et l'*Organon* (2)

---

(1) De dignitate et augmentis scientiarum. En anglais. Lond. 1605; en lat. 1623. Lugd. Bat. 1652, in-12. Argent. 1654, in-8; en all. par J. Herm. *Pfingsten*. Pesth, 1783, in-8. Ses Œuvres, publ. par Will. Rawlay (avec une Biographie de Bacon). Amsterd. 1663. VI voll. in-12. The works of Fr. Bacon en IV voll. Lond. 1740, in-fol., par Mallet; édit. la plus complète. Lond. 1765, v voll. in-4; édit. latine. Franc-

ou méthode universelle ; mais l'influence qu'il exerça sur la science philosophique par ces essais, fut sans doute plus grande qu'elle ne l'eût été s'il eût à lui seul produit un système complet.

§ 316.

Bacon prit une route opposée à celle qu'on suivait habituellement; au lieu de s'adresser aux notions de l'entendement à l'aide de la dialectique, ce fut sur l'expérience à l'aide de l'induction (méthode essayée imparfaitement par Télesio, § 296) qu'il prétendit reconstruire l'édifice des connaissances humaines. Tout en reconnaissant que sa philosophie a bien aussi le défaut d'être trop exclusive, on ne saurait trop rendre hommage aux services qu'elle a rendus, à l'influence qu'elle a exercée du vivant de son auteur et long-temps après, en détrônant la philosophie de l'école, en dirigeant l'attention des esprits vers la nature et l'expérience, en rejetant les causes finales de la physique pour les reléguer dans la métaphysique, en développant avec clarté certains points d'observation

---

fort, 1666, in-fol. Lugd. Bat. 1696, vi voll. Lips. 1694, in-fol. Amstel. 1684, vi voll. in-12. 1730, vii voll. in-12.

(2) *Novum organum scientiarum.* Lond. 1620, in-fol. En angl. Lugd. Bat. 1650 et 1660, in-12. En all., par G. W. *Bartholdy.* Berlin, 1793, 2 voll. in-8.

psychologique, tels que l'association des idées. A tous ces services rendus par Bacon il faut en ajouter beaucoup d'autres encore : sa lutte grave et réfléchie contre les superstitions contemporaines, son *Organum* pour les sciences naturelles, destiné à répandre une nouvelle méthode, l'art d'acquérir des connaissances par l'induction (1), enfin ce tableau systématique de toutes les sciences, ramené dans sa base à trois divisions, et les vues de l'auteur pour étendre et perfectionner toutes ces branches diverses (2). Au reste, pour prouver combien se trompent ceux qui ne voient dans Bacon qu'un empiriste vulgaire, il suffit de rappeler en quels termes il déclare son opinion sur la science et sur l'objet de la philosophie. La science, dit-il, n'est autre chose qu'une image de la vérité, car la vérité dans la réalité des choses, et la vérité dans la connaissance, ne sont qu'une seule et même vérité, et ne diffèrent pas entre elles plus qu'un rayon de lumière direct et un rayon refléchi (3). L'objet de la philosophie est triple : Dieu, la nature et l'homme; la nature s'offre à notre intelligence comme le rayon direct, tandis que c'est pour ainsi

---

(1) Nov. Org. L. 1, Aphor. 19 sq.
(2) Il est très-probable que ce furent les idées de Bacon qui suggérèrent à J. *Barclay* son Traité de Psychologie spéciale : Icon animorum. Lond. 1614, in-8. Nous parlerons plus tard de Cumberland et de Hobbes.
(3) Augm. scient. 1, col. 18.

dire par un rayon réfléchi que Dieu se manifeste à nous (1).

II. *Philosophie de la nature de Campanella.*

§ 317.

Thomæ *Campanellæ*, De libris propriis, et recta ratione studendi syntagma (ed. Gabr. Naudæus). Par. 1642, in-8. Amstel. 1645. Rotterd. 1692, in-4; même ouvrage dans : Eh. *Crenii*, collectio tractatuum de philologiæ studiis, liberalis doctrinæ informatione et educatione litteraria. Lugd. B. 1696, in-4.

Ern. Sal. *Cypriani*, Vita et philos. Thomæ Campanellæ. Amstelod. 1705, in-8. Ed. 2, 1722, in-8.

Sur Th. Campanella, dans le *Deutsches Museum*, 1780, n° 12, p. 481 (all.); et *Schroeckh*, Biogr., etc. t. 1, p. 281 (all.).

Prodromus philosophiæ instaurandæ, id est dissertationis de natura rerum compendium secundum vera principia ex scriptis Th. Campanellæ præmissum (par Tob. *Adami*). Francof. 1617, in-4.

Doctrine de Thomas *Campanella* sur la connaissance humaine, avec quelques remarques sur sa philosophie, par *Fulleborn*, *Beitrage*, vi° cahier, p. 114.

Outre l'ouvrage de Campanella, déjà mentionné (§ 297, en note), nous indiquerons ses autres écrits qui sont assez rares. De sensu rerum et magia. Francf. 1620.—Philoso-

---

(1) *Ibid.* III, cap. 1.

phiæ rationalis et realis partes v. Paris, 1638, in-4.
— Universalis philosophiæ sive metaphysicarum rerum juxta propria dogmata partes tres. Par. 1638, in-fol. —
Atheismus triumphatus, Romæ, 1631, in-fol. — Ad doctorem gentium de gentilismo non retinendo et de prædestinatione et gratia. Par. 1636, in-4 — Realis philosophiæ epilogisticæ partes IV : hoc est de rerum natura, hominum moribus, politica, cui civitas solis adjuncta est, æconomica cum adnotationibus physiologicis a Tobia Adami nunc primum edita. Francof. ad M. 1623, in-4.—Le prodromus philosophiæ instaurandæ.—Civitas solis. Ultraj, 1643, in-12.

Une entreprise analogue à celle de Bacon, pour fonder la philosophie sur la nature et l'expérience, fut conçue par l'un de ses contemporains, Thomas *Campanella*, né en 1568, en Calabre. Né avec les dispositions les plus heureuses, et élevé avec soin, il entra dans l'ordre des Dominicains, et fit ses cours de philosophie, en qualité de novice, dans le monastère de Cosenza : à cette époque, il fut induit, tant par ses propres réflexions que par les objections de Télésio (§ 296), à se méfier de la philosophie d'Aristote, et s'affranchissant de tout attachement servile pour cette doctrine, il chercha à satisfaire ses doutes en recourant aux autres systèmes de l'antiquité. Il reconnut comme sources uniques de toute connaissance, la révélation et la nature. La première est le fondement de la théologie, la seconde de la philosophie; ces sciences ne sont autre chose que l'histoire de Dieu et celle de l'humanité. Le scepticisme, chez Campanella, ne fut qu'une situation d'esprit passagère et de courte durée; il se hâta de la remplacer par un échafaudage dogmatique, construit avec trop de précipitation, et sans avoir songé à s'y préparer par une propédeutique approfondie. Il avait embrassé trop d'études diverses, et aspirait à devenir à la fois le réformateur d'un trop grand nombre de sciences, pour qu'il lui fût possible de pénétrer bien avant dans chacune, et d'en traiter d'une manière rigoureuse. Son projet de réaliser une réforme complète en philosophie fut d'ailleurs troublé par les malheurs de sa vie. Accusé d'un crime d'État par ses ennemis, il passa vingt-sept années dans une prison rigoureuse; acquitté et remis en liberté en 1626, le besoin d'un asile plus sûr le força de passer en France, où il mourut en 1639, à Paris.

§ 318.

Campanella était un esprit éclairé et philosophique; il joignait à des connaissances très-étendues un véritable amour de la vérité, dont il faisait la condition première de toute philosophie. Comme Bacon, il proposa une nouvelle manière de classer les sciences. Il avait conçu, tant sur la philosophie que sur beaucoup d'autres études, d'excellentes vues; mais la vivacité de son esprit l'empêchait d'approfondir avec patience, et de terminer ce qu'il commençait. Ses principaux efforts portèrent sur la métaphysique, considérée comme fournissant des principes pour la théologie, les sciences naturelles et la morale. Il ne voit qu'une logique et un vocabulaire dans la prétendue métaphysique d'Aristote. La véritable métaphysique est, selon lui, une science rigoureuse et nécessaire ; les sens ne font connaître que les objets isolés, tels qu'ils nous apparaissent, mais non leur réalité et leurs rapports généraux. La logique n'est point une science qui s'occupe du réel et du nécessaire, de Dieu ou de la création ; c'est un art qui a pour objet la langue philosophique (1). La faculté de sentir est, selon lui, notre unique faculté de connaître (*sentire est scire*), et il y ramène toutes les autres facultés de l'esprit ; sentir, c'est percevoir une modification dont nous sommes affectés ; la réflexion, la mémoire, l'imagination ne sont autre chose que la sensibilité diversement déterminée ; la pensée est l'ensemble, la réunion des connaissances données par la sensation, et cette réunion doit elle-même être sentie de la même manière.

§ 319.

Avant tout, ce qui occupe le plus Campanella, c'est de rechercher la possibilité d'un dogmatisme philosophique à opposer au doute des sceptiques, et il donne là-dessus un travail assez complet dans sa Métaphysique (livre I). Tantôt il nie les motifs

---

(1) Philos. rat. P. II, Dial., p. 2.

du doute établis par l'école sceptique, tantôt il les restreint ou il repousse les conséquences qu'on en a tirées. En général il en appelle à notre désir de connaître, véritable besoin qu'éprouve la raison d'arriver à la vérité des choses, telles qu'elles sont en elles-mêmes. On ne saurait, sans admettre certains principes de connaissance, combattre la vérité de la connaissance, et le scepticisme lui-même est forcé de se soumettre à ces principes. Il existe des principes incontestables, et qui reposent sur le témoignage des sens. Par les sens, nous apprenons : 1° que nous sommes, que nous pouvons savoir et que nous voulons ; 2° que notre pouvoir, notre savoir et notre volonté sont bornés ; 3° qu'en même temps que nous pouvons, savons et voulons, il existe en outre des êtres hors de nous. Campanella s'en tint à ces principes, sans entrer plus avant dans la difficulté, parce qu'il considère le monde comme une révélation en acte, donnée par la puissance divine (*operando*), révélation qui, avec celle de la parole sacrée, est le seul motif légitime de toute ferme conviction pour notre esprit.

§ 320.

Le problème de la métaphysique est ainsi conçu : Rendre raison des choses selon leur manière d'être, et en tant qu'elles existent. Axiome : Certaines choses existent et nous apparaissent. Elles sont vraies ou fausses, ce qu'il faut examiner d'après la règle de

la réflexion : le même ne saurait être et ne pas être ;
et d'après les propriétés fondamentales de l'être et
du non-être. Ces propriétés, appelées *primalités*,
sont pour l'être : la possibilité ou virtualité (*potentia*);
la connaissance ou le savoir (*sapientia*); et la sympathie ou l'amour (*amor*). Ce qui peut être, est ;
ce qui est, doit être. Toute chose doit sentir, être
sentie et connue, autrement elle serait pour nous
comme si elle n'était point. Tout être tend à se conserver ; aucun ne veut sa propre destruction ; sans
cette disposition il n'aurait ni durée, ni énergie, ni
existence. Les primalités du non être sont l'impossibilité ou non-puissance (*impotentia*), l'absence de
connaissance (*insipientia*), et l'antipathie (*odium
metaphysicum*). L'existence, la vérité, la bonté,
dont la manifestation extérieure est la beauté, tels
sont les trois objets des primalités de l'être. Ces propositions conduisent ensuite l'auteur à Dieu, l'être
premier et suprême, ou la suprême unité (1), dont
il détermine les propriétés et les facultés principales,
appelant nécessité l'action de la puissance, destinée,
l'action de la connaissance, harmonie, l'action de
l'amour. C'est sur la théologie qu'il fonde sa théorie
cosmologique, pneumatologique et psychologique,
dans laquelle il cherche à rendre raison de l'existence et de la fin de la création, surtout d'après
les vues et les hypothèses de quelques autres philosophes néoplatoniciens, cabbalistes, et d'après

---

(1) Metaphys. vii, 1 sq.

celles de Télésio. Il reconnaît l'unité de la vie dans la nature. Par l'union de l'être et de la nécessité, qui en est inséparable, avec le non-être et son caractère de contingence fortuite, il explique le mélange de nécessité et de hasard que présente le monde; de là il déduit sa théodicée. Il maintient l'existence d'un monde incorporel, et d'esprits chargés de mouvoir les astres. L'âme est un esprit corporel qui se connaît soi-même comme étant une substance subtile, chaude et légère. De ses propriétés fondamentales et de ses constans efforts vers l'immortalité, qu'il lui est impossible d'atteindre en cette vie, Campanella tire la démonstration de son immortalité. — Dans sa morale, qu'il fonde sur sa doctrine ontologique, il met en avant plusieurs idées neuves. L'Être infini est le bien suprême : toutes choses se rapportent donc à lui, et tendent vers lui ; c'est la loi religieuse. La religion est le chemin qui conduit l'âme du monde des sens au monde invisible, et à la plus haute perfection : elle consiste dans l'obéissance à notre Créateur, la contemplation des choses divines et humaines, et l'amour de Dieu. Ici se placent des considérations très-remarquables sur la religion naturelle et artificielle, intérieure et extérieure, innée et acquise.

§ 321.

La philosophie de Campanella a plus de mérite négatif que de valeur positive. On reconnaît un zèle sincère et ardent pour la vraie connaissance de la raison dans les luttes qu'il soutint contre la philosophie aristotélique, l'athéisme, la fausse politique ou le machiavélisme, et dans la manière dont il défend la liberté de penser et le droit qu'a la raison de se frayer des routes nouvelles; mais ses principes en eux-mêmes, et l'ensemble de son système dans lequel il rattache d'un lien assez faible ses propres idées et celles d'autrui, des vérités et des conceptions fausses, attestent chez ce philosophe l'impuissance de résoudre d'une manière satisfaisante les grands problèmes de la science. Il a néanmoins la gloire d'avoir exprimé clairement le besoin de cette solution, dans l'intérêt de la connaissance rationnelle et théologique.

III. *Philosophie ionique et atomistique modifiée.*

§ 322.

Bérigard. Magnenus. Sennert. Gassendi. L'insuffisance reconnue de la doctrine scholastique aristotélique, particulièrement en matière de philosophie naturelle, donna lieu au renouvellement des systèmes naturalistes des écoles ioniennes et atomistiques. Claude *de Guillimert de Bérigard* (1) proposa un système éclectique emprunté aux Joniens, et une doctrine fondée sur les atomes, comme présentant un système de la nature approprié aux doctrines du

---

(1) Ou Beauregard, né à Moulins en 1578, mort à Padoue en 1667, où plus tard.

christianisme, tout en s'élevant avec liberté contre un grand nombre d'erreurs contenues dans l'enseignement scholastique d'Aristote (1). Un autre Français, Jean-Chrysostôme *Magnenus* (2), recommanda la philosophie de Démocrite, sous le rapport de l'explication des phénomènes naturels. Daniel *Sennert* (3) tenta aussi de réformer la physique d'après les principes de Démocrite (4). Il soutint l'indépendance des formes par rapport à la matière, et la création des âmes tirées du néant par le Créateur; sur ce dernier point, il s'engagea, entre lui et J. *Freitag*, professeur à Grœningue, un débat, dans lequel il fut défendu par son disciple J. *Sperling*. Pierre *Gassendi* (5), qui fut de son temps le plus savant parmi les philosophes, et le plus habile philosophe parmi les savans, entreprit de défendre, et d'apprécier avec

---

(1) Son ouvrage a pour titre : *Circuli Pisani*, seu de veterum et peripatetica philosophia dialogi. Udine, 1643—47, in-4. Patav. 1661.

(2) Ou Magnen; né à Luxeuil, et professeur de médecine à Pavie, auteur du Democritus reviviscens, sive vita et philosophia Democriti. Ticini, 1646, in-12. Lugd. Bat. 1648; et Hag. Com. 1658, in-12.

(3) Né à Breslau en 1572, mort en 1637.

(4) Dan. Sonnerti Hypomnemata physica de rerum naturalium principiis. Francof. 1635—1636, in-12. Physica. Viteb. 1618, in-8. Opera omnia Venet. 1641; réimpr. plusieurs fois. Lugd. B. 1676, vi voll. in-fol.

(5) Petrus Gassendus, né en Provence l'an 1592, mort à Paris en 1655.

plus d'impartialité qu'on ne l'avait fait jusqu'à lui, la philosophie d'Épicure (1). Il se signala par ses vues nouvelles en mathématiques, en physique et en philosophie, portant dans tous ces travaux un grand jugement et une instruction solide, et il ne se fit pas moins remarquer par ses vives et spirituelles attaques contre Aristote (2), Fludd (3) et Descartes (4). Il exposa avec un véritable amour de la vérité la vie et le caractère d'Épicure (5), donna des éclaircissemens

---

(1) Sam. *Sorberii* Diss. de vita et moribus Petri Gassendi, en avant de son Syntagma philos. Epicuri.

Bernier, Abrégé de la Philosophie de Gassendi. Paris, 1678, in-8. Lugd. B. 1684, in-12.

Bugerel, Vie de P. Gassendi. Paris, 1737, in-12. Voyez aussi : Lettre critique et historique à l'auteur de la Vie de P. Gassendi. Ib. 1737, in-12.

Petri *Gassendi* Opera omnia. Lugd. 1658, vi vol. in-fol., et Flor. 1727.

(2) Exercitationes paradoxicæ adversus Aristoteleos, lib. I. Gratianopol. 1624, in-8, lib. II. Hag. C. 1659, in-4. Cinq livres du même ouvrage n'ont jamais été publiés. En réponse à ce livre, Henr. Ascan. *Engelcke* donna une dissert. intit. : Censor censura dignus, philosophus defensus. Rostock, 1697. En outre, Disput. adv. Gassendi, lib. 1, exercitationum v. Ibid. 1699.

(3) Examen philosophiæ Rob. Fluddi.

(4) Dubitationes et instantiæ ad. Cartesium.

(5) Syntagma philosophiæ Epicuri cum refutationibus dogmatum quæ contra fidem christianam ab eo asserta sunt; præfigitur *Sorberii* dissert. de vita et moribus P. Gassendi.

sur sa philosophie sans en ménager les défauts en matière de théologie et de téléologie (doctrine des causes finales), et il la fit servir de base à un nouveau système philosophique (1).

§ 323.

IV. *Droit des gens de Grotius.*

L'esprit de recherche philosophique, après s'être appliqué aux phénomènes de la nature, se porta vers les questions de droit public et de politique. Hugues *Grotius*, proprement de Groot (2), habile philologue, théologien, jurisconsulte et homme d'État, esprit savant, judicieux et plein de sagacité, ouvrit les voies

---

Hag. Com. 1655—1659, in-4. Lond. 1668, in-12. Amst. 1684, in-4.

(1) Syntagma philosophicum, dans le t. 1 de ses Œuvres.
(2) Né à Delft en 1583, mort à Rostock en 1645.
Vita Hugonis Grotii. Lugd. Bat. 1704, in-4. (P. Ambr. *Lehmann*), Grotii manes ab iniquis obtrectationibus vindicati. Delft. 1727. Lips. 1732, in-8. Biographie de Grotius, par Gasp. *Brand* et Ad. V. *Cattenburg*. Dordr. 1727—1732, 11 vol. in-fol. (en hollandais).

Vie de M. Hugo Grotius, par M. de *Burigny*. Paris, 1752, 11 vol. in-12.

Hugues Grotius, sa vie et ses écrits, par H. *Luden*. Berl. 1807, in-8 (all.).

à une étude nouvelle du droit et de la morale pratique par son célèbre ouvrage *du Droit de la paix et de la guerre* (1), premier essai d'un Droit des gens traité d'une manière philosophique. Quelques savans l'avaient, il est vrai, précédé dans des travaux propres à faciliter le sien, entr'autres J. *Oldendorp* (2), Nicolas *Hemming* (3), Ben. *Winkler* et Alberic *Gentilis* (4. L'esprit généreux et humain de Grotius l'engagea dans cette étude par l'espoir de diminuer le nombre et la férocité des guerres de son temps. Il prit pour point de départ les principes du droit naturel, et à l'aide de son immense érudition, il tâcha de rendre sensible à ses lecteurs l'assentiment donné par tous les peuples aux idées de droit et de jus-

---

(1) De jure belli et pacis. Paris, 1625, in-4. — Cum commentario W. *van der Muelen* et aliorum. Amstelod. 1696—1703, III vol. in-fol. La meilleure édit. Lausanne, 1751, IV vol. in-4. Traduction française, par J. Barbeyrac. Amsterd. 1724, II vol. in-4. Grotius illustratus op. H. et S. de *Cocceji*. Wratislaw. 1745—1752, IV vol. in-fol. Sur les diverses éditions et commentaires de cet ouvrage, voyez l'ouvrage du baron de Ompteda sur l'Histoire du droit des gens, partie bibliographique, 1re sect., p. 392.

(2) Né en 1506, mort en 1567.

(3) Né à Laland en 1513, mort en 1600.

(4) Né en 1551 à Castello di San Genesio dans la Marche d'Ancone, mort en 1611.

De jure belli libri tres. Hanau, 1598, in-8. *Id.* 1612.

De injustitia bellica Romanorum actio. Oxford, 1590, in-8.

tice, appliquant ainsi à la philosophie pratique la méthode de l'induction à laquelle il pouvait avoir été amené par l'exemple de Bacon. Quoique la richesse de ses souvenirs et de ses citations fasse tort quelquefois à son raisonnement, Grotius s'affranchit plus qu'aucun de ses devanciers des liens de l'autorité. Il pose nettement la question de l'idée du droit qu'il entreprend de développer comme une faculté morale. Il en recherche le principe dans la disposition native de l'homme pour la société (*socialitas*, d'où le principe *societatis custodia*); il distingue du droit naturel (*dictamen certæ rationis*), le droit positif (*jus voluntarium*), soit divin soit humain, toutefois il ramène ce droit à une loi divine, positive, universelle. Il admet aussi la distinction du droit rigoureux et du droit imparfait, de l'obligation juridique et de l'obligation morale. Bien que Grotius n'ait fait qu'ouvrir la discussion sur toutes ces matières, il faut lui savoir gré d'en avoir provoqué l'examen, et d'avoir amassé de riches matériaux à l'usage de la science. Son livre a fait époque, et a été commenté, développé bien souvent en divers sens. Après lui, plusieurs écrivains firent faire à la science quelques pas rétrogrades, savoir : Jean *Selden* (1), par son droit naturel hébraïque, continué plus tard par Zent-

---

(1) Né à Salvington, comté de Sussex, en 1584, mort en 1654.

Jo. Seldeni de jure naturali et gentium juxta disciplinam Ebræorum, libb. vii. Lond. 1640, in-fol. Arg. 1665, in-4.

grave (1) et *Alberti* (2), auteurs d'un droit naturel chrétien. D'après ces systèmes on ferait dériver le de l'état d'innocence primitive.

V. *Matérialisme de Hobbes.*

§ 324.

Thomæ Hobbes, angli Malmesburiensis vita. (Auct. J. Aubery) Carolopoli, 1681, in-12.

Fr. Casp. *Hagemii* Memoriæ philosophorum, oratorum. Baruthii, 1710, in-8.

Rettwig, Epistola de veritate philosophiæ Hobbesianæ. Brem. 1695, in-8.

Ce fut surtout en Angleterre que la philosophie se ressentit de l'influence de Bacon. Son ami Thomas *Hobbes* entra dans ses vues, poursuivit ses idées avec plus de rigueur et de conséquence, et en forma une doctrine matérialiste. Il était né à Malmesbury, en 1588. Ainsi que Bacon, il avait pris dans l'étude de la littérature classique le dégoût de la scholastique; ses voyages, ses liaisons avec son illustre compatriote, avec Gassendi et Galilée, l'avaient porté à penser

---

(1) Né à Strasbourg en 1643, mort en 1707.
Joach. Zentgravii de jure naturali juxta disciplinam christianorum, libb. VIII. Strasb. 1678, in-4.

(2) Valent. *Alberti* compendium juris nat. orthodoxæ theologiæ conformatum. Lips. 1676, in-8.

par lui-même. Mais sa philosophie fut limitée et rétrécie par la direction vers un but pratique qu'il donna à ses recherches. Considérant la monarchie comme l'unique garantie du repos public, il prit, comme écrivain, une part active à la lutte des républicains et des royalistes. Il mourut en 1679, après avoir publié divers traités philosophiques et mathématiques, par lesquels il avait souvent fait scandale, à cause de ses fréquens paradoxes, et des reproches d'athéisme qu'il s'attirait.

Ouvrages de Hobbes : Opera. Amstelod. 1638. 4 vol. in-4. The moral and political Works. Lond. 1750, in-fol. trad. en all. Halle, 1793 et a. suiv. Elementa philosophica de cive. Par. 1642, in-4. Amstel. 1647, in-12. Leviathan, sive de materia, forma et potestate civitatis ecclesiasticæ et civilis; (en angl. Lond. 1651, in-fol.), en lat. Amstel. 1668, in-4. Appendix. Amstel. 1668, in-4. Human nature or the fundamental elements of Policy. Lond. 1650, in-12. Elementorum philosophiæ sectio prima de corpore (en angl. Lond. 1658, in-4), en lat. Amstel. 1668, in-4. De corpore politico, or the elements of law moral and political. Lond. 1659, in-12. Quæstiones de libertate, necessitate et casu, contra Doctorem Bramhallum. (En angl. Lond. 1656, in-4. Hobbes's Tripos in three discourses, sur la nature humaine, le corps politique, et la liberté, etc.). Lond. 1684, in-8.

§ 325.

La liberté de la pensée et la rigueur des déductions sont les caractères que Hobbes semble s'être proposé de donner à sa philosophie. Il s'appliqua à rejeter tout fait hypothétique (toute *qualitas occulta*), et à s'en tenir exclusivement aux faits, qui se réduisaient, pour lui, au mouvement et aux sensations. Il définit la philosophie (1) la connaissance, obtenue par un raisonnement exact, des effets ou phénomènes d'après leurs causes présentes, ou des causes possibles d'après leurs effets présens. L'objet de la philosophie est tout corps conçu comme susceptible d'engendrer un effet, et d'offrir une composition et une décomposition. D'après la division la plus générale des corps, la philosophie se divise en deux parties, savoir : la science des corps naturels (comprenant la logique, l'ontologie, la métaphysique et la physique), et la politique ou la science des corps politiques (comprenant la Morale, comme l'une de ses branches spéciale). Toute connaissances provient des sens; néanmoins les perceptions sensibles ne sont en nous que des phénomènes occasionnés par la présence des objets qui mettent en mouvement les esprits du cerveau ou esprits vitaux. Penser c'est calculer (*computatio*); la vérité et la fausseté consistent dans les relations des termes du langage, ou dans les définitions. Le fini, ou le délimité peut seul être connu ; l'infini n'est susceptible d'être imaginé d'aucune manière, ni par conséquent d'être connu : c'est un mot qui ne sup-

---

(1) De corp., p. 2.

pose point une notion quelconque, mais qui est destiné
à honorer un être dont la connaissance appartient
uniquement à la Foi. D'où il suit que les doctrines
religieuses ne sont point du domaine de la philosophie, mais bien de la législation. Hobbes ne laissait
donc à la philosophie que la science des corps, la
psychologie et la politique. Toute sa doctrine se
rapporte uniquement à l'extérieur, à l'objectif,
d'autant plus qu'il fait naître les sensations des mouvemens des corps, et qu'il regarde l'âme elle-même
comme un corps subtil. C'est ainsi qu'il substitua à
la métaphysique une psychologie qui manque, en
général, de profondeur, et où l'on trouve quelques
vues sensées et vraies à côté de doctrines étroites
et bornées.

§ 326.

Mais sa philosophie spéculative n'a point attiré l'attention autant que sa philosophie pratique. Ici encore Hobbes s'avance dans une route qu'il s'est
choisie en toute liberté et qui est fort différente de
celle des scholastiques. L'objet principal de ses efforts est de déterminer quelle est la constitution la
plus durable pour un État, et de fixer un droit politique : dans ce but, il ne procède point en vertu
d'un certain idéal comme Platon dans sa République,
Thomas *Morus* (1) dans son Utopie (2), *Campanella*

---

(1) Né à Londres en 1420, décapité en 1535.
(2) Basil. 1558; plusieurs autres éditions.

dans sa Civitas Solis (1), ni comme, plus tard, James *Harrington* (2) dans son *Oceana* (3); Hobbes part de certaines notions sur le droit qu'il a déduites d'un état de nature, supposé antérieur à l'état social et considéré uniquement sous le point de vue empirique (4). D'après sa loi physique, l'homme désire tout ce qui peut lui causer du bien-être, et fuit tout ce qui lui est nuisible. Sa propre conservation est le premier objet de ses désirs comme la mort est ce qu'il y a de plus odieux pour lui. Ce qui sert à le conserver ou à écarter la douleur est d'accord avec la raison, et partant légitime. Le droit est la faculté d'employer librement nos forces naturelles d'une manière conforme à la saine raison. L'homme a donc un droit de propre conservation et de défense personnelle, et par conséquent il a droit sur tout ce qui peut lui servir à cet effet comme moyen; c'est à lui qu'est remis le jugement et le choix de ces moyens, ce qui implique un droit qui s'étend à tout. Mais de ce droit sur toutes choses doit résulter, par l'effet des collisions inévitables dans l'état de nature, une guerre perpétuelle de tous contre tous, une absence complète de repos et de sécurité qui compromet singulièrement la conservation personnelle de chacun,

---

(1) Voyez le § 318, et les indications bibliographiques.
(2) Né à Upton en 1677.
(3) Lond. 1656.—Avec ses autres ouvrages, 1700 et 1737, in-fol.
(4) Dans le livre *de Cive*, mentionné au § 325.

et laisse sans effet le droit que nous y avons attaché. La raison (l'amour de soi) recommande donc la paix, et celle-ci ne peut avoir lieu qu'au moyen de contrats, que par l'introduction de la société civile (*status civilis*), et qu'autant que le pouvoir arbitraire de chaque individu est remis à un seul. Ainsi la puissance absolue entre les mains du chef, et l'obéissance absolue de la part des sujets deviennent des conditions nécessaires, et la forme monarchique est la meilleure. C'est par les contrats que commence dans l'État l'époque du droit obligatoire. — L'amour de soi est le fondement de la loi de nature, l'utilité en est le but; ainsi la loi de nature est en même temps la loi morale (*lex moralis*). Hobbes a recours à la Bible pour confirmer par des citations la théorie qu'il a d'ailleurs poursuivie par le raisonnement seul. — Il n'obtint qu'un petit nombre de partisans et de juges impartiaux; de ces derniers, la plupart étaient étrangers à sa patrie, circonstance qui dût augmenter encore le nombre de ses adversaires. On remarque parmi ses appréciateurs éclairés, le Hollandais Lambert *Velthuysen* (1); parmi ses adversaires, Richard *Cumberland* (2) et Rob. *Scharrok* (3).

---

(1) Lamberti Velthuysen de principiis justi et decori, dissertatio epistolica, continens apologiam pro tractatu clarissimi Hobbesii de Cive. Amstelod. 1651, in-12.

(2) Voyez § 346.

(3) De officiis secundum jus naturale. Oxon, 1660, in-8.

§ 327.

VI. *Herbert de Cherbury.*

Le lord Édouard *Herbert* de Cherbury (1), contemporain de Hobbes, suivit une direction opposée en s'attachant à un système de philosophie rapporté à la Religion. Cet écrivain défendit la doctrine des notions innées, et plaça l'origine de nos connaissances non dans les sens ni dans l'entendement, mais dans un certain instinct de la raison auquel ces facultés sont subordonnées. Il ne fit pas reposer la Religion sur une tradition historique ainsi que Hobbes, mais sur une lumière primitive et immédiate donnée à tous les hommes. Fidèle à cette direction, il tourna sans cesse ses recherches plutôt dans le sens de l'idéalisme que de l'empirisme, et approfondit surtout la question de la nature de la vérité, qu'il discuta dans un traité particulier (2). Il se représentait l'âme comme un livre fermé, qui ne s'ouvre qu'au moment où la nature le permet. L'âme, suivant lui, tire d'elle-même des vérités générales (*communes notitiæ*) en

---

(1) Né en 1581, mort en 1648.

(2) Tractatus de veritate prout distinguitur a revelatione, a verisimili, a possibili et a falso. Lut. Paris., 1624 et 1633. Lond. 1645, in-4; 1656, in-12. (Avec le traité de Causis errorum). *Du même:* De religione gentilium errorumque apud eos causis. Lond. 1645, in-8, 1re partie; complet 1663, in-4, et 1670, in-8.

faveur desquelles les hommes sont unanimes et qui doivent servir à lever tous les doutes, à terminer tous les différens en matière de théologie et de philosophie. Herbert maintenait en outre une Religion et le droit accordé à celle-ci de vérifier toute Religion proposée comme révélée (1). Un défaut de clarté dans la marche de ses idées et dans son langage, ainsi que la faveur dont jouissait de son temps l'école empirique, firent que les doctrines de cet écrivain n'obtinrent pas beaucoup de succès. D'un autre côté, il fut décrié par les théologiens.

VII. *Auteurs de recherches mystiques sur la nature, Théosophes.*

§ 328.

A la même époque, Jean-Baptiste *Van Helmont* (2) appliquait le mysticisme aux études naturelles : à un vif sentiment de la vanité de la scholastique qui lui avait été enseignée à Louvain par le jésuite Martin del Rio, il joignit la lecture de Kempis, Tauler (§ 275) et Paracelse, et devint un médecin enthousiaste. Malgré ses nombreuses illusions, la supériorité naturelle de son esprit lui servit à rectifier beaucoup d'anciennes erreurs et à découvrir plus d'une vérité nouvelle. Afin d'opérer une réforme dans la

---

(1) De veritate, p. 265 sq., 282 sq.
(2) Né à Bruxelles en 1577, mort à Vienne en 1644.

médecine par l'alchymie et les doctrines de Paracelse, il chercha à se former une philosophie sur le grand Tout. Il s'attacha au platonisme de son temps, et fit provenir toute connaissance et toute sagesse de l'intuition immédiate de la Divinité et de la lumière reçue passivement par la raison. Selon lui, la nature entière est animée, mais les divers objets dont elle se compose, et leurs causes efficientes, ne font nullement partie de Dieu. Toutes les forces de l'univers sont autant de substances spirituelles, qui produisent toutes choses par l'eau et l'air, les deux seuls élémens, et au moyen de la fermentation. Van Helmont composa séparément une physiologie spiritualiste dans laquelle il donne un rôle important à l'*Archeum*, principe actif qui engendre les objets de la nature par ses transformations et combinaisons diverses (1). — François Mercurius, *Van Helmont* (2), fils du précédent, se proposa d'étendre l'art sacré (la théosophie); et, d'après une nouvelle division des êtres et un nouveau mode pour les rapporter à la grande Unité, il composa un système dans lequel il prétendit faire entrer les plus pures doctrines platoniques, cabbalistiques et chrétiennes (3). Marcus Marci *de*

---

(1) J. J. *Loos* : Jean Baptiste van Helmont. Heidelberg, 1807, in-8 (all.). — Voyez aussi J. B. ab. Helmont. Opera. Amstd. 1648, in-4; et Francf. 1659, III voll. in-fol.

(2) Né en 1618, il voyagea toute sa vie en Allemagne et en Angleterre, et mourut en 1699.

(3) Paradoxical discourses. Lond. 1690. *Id.* en allemand. Hambourg, 1691. Seder Olam, sive ordo sæculorum hoc est

Kronland (1), composa un système cosmologique assez analogue à celui de Mercurius, fondant ensemble les idées de Platon et les formes d'Aristote, pour en former ses *Ideæ seminales*, afin de substituer aux qualités occultes des scholastiques quelque chose qui soit un peu plus intelligible. Les idées sont les forces de la nature : à l'aide de la lumière, elles engendrent toutes choses et leur donnent la forme. Les astres ont aussi, par les idées et avec l'entremise de la lumière, certaines influences sur le monde sublunaire (2).

§ 329.

En Angleterre, les idées enthousiastes de Paracelse trouvèrent un ardent apologiste dans la personne du savant médecin Robert *Fludd* (3), qui

---

historica enarratio doctrinæ philosophicæ per unum in quo sunt omnia. 1693, in-12. Les Opuscula philosophica publiés à Amst. 1690, in-12, contiennent ses opinions, si ce n'est pas lui qui en est l'auteur.

(1) Il mourut en 1676.

(2) Joh. Mac. Marci *a Kronland*, Idearum operatricium idea sive delectio et hypothesis illius occultæ virtutis, quæ semina fœcunda et ex iisdem corpora organica producit. Prag. 1635, in-4. Philosophia vetus restituta, in qua de mutationibus quæ in universo sunt, de partium universi constitutione, de statu hominis secundùm naturam et præter naturam, et de curatione morborum, etc. Libb. v, Pràg. 1662, in-4.

(3) Robertus de Fluctibus, né à Milgat, comté de Kent, en 1574, mort en 1637.

les combina avec l'histoire de la Création suivant les livres de Moïse (1). Il fut combattu par Gassendi. En Allemagne, le mysticisme théosophique s'empara aussi du cordonnier de Gœrlitz, Jacques *Boehm* (2). Cet esprit, porté à la dévotion, et tourmenté par ses doutes religieux, finit par former un amalgame d'idées théologiques avec les principes théosophiques et la terminologie médicale, et par là il se forgeait les imaginations les plus bizarres sur la divinité et l'origine des choses, et prenait tous ses rêves pour des révélations divines. Ses extravagances se propagèrent, et elles eurent, en Angleterre, un commentateur, nommé Jr. *Podarge,* médecin (§ 341). A une époque plus récente, *St. Martin* a renouvelé, avec quelque talent, cette espèce de théosophie.

§ 330.

Boehm et Fludd avaient tenté de retrouver dans la Bible les chimères de leurs vaines spéculations.

---

(1) Historia macro-et microcosmi metaphysica, physica et technica. Oppenh. 1717. Philosophia Mosaïca, Gudæ 1638.

(2) Né à Alt-Seidenberg, près Goerlitz, en 1575, mort en 1624.

Jacob *Boehm*, Essai biographique. Dresde, 1802, in-8 (all.).

Œuvres de Jacq. Boehm. Amsterd. 1620, IV voll. in-8, 1682, in-8, 1698 et 1730, x voll. in-8 (all.). Extraits de ses Œuvres. Amst. 1718. Francf. 1801, in-8.—Traduit en hollandais et en anglais.

Il est si facile de rattacher à des études cabbalistiques et théosophiques une philosophie mosaïque, qu'on doit peu s'étonner de cette nouvelle prétention. Entre plusieurs essais de ce genre, nous citerons celui de Jean *Amos Comenius* (1), qui, dans son livre intitulé : *Synopsis physices ad lumen divinum reformatæ* (2), exposa plus nettement les opinions de Fludd et d'autres théosophes. Il admit trois principes, d'où sont provenues toutes choses, savoir : la matière, l'esprit, la lumière. La première est la substance corporelle; l'esprit est la substance subtile, vivante par elle-même, invisible, intangible, départie par l'esprit divin à tous les êtres, pour habiter en eux et les animer. La lumière est l'esprit plastique, substance intermédiaire qui pénètre la matière, la prépare à recevoir l'esprit, et par là lui donne la forme. Cet écrivain a publié aussi des idées philanthropiques assez remarquables (3). Jean *Baier*, successeur de Comenius (4), et quelques autres,

---

(1) Du village de Comna, près de Prenow en Moravie, né en 1592, mort à Amsterdam en 1671.

(2) Lips. 1633, in-8.

(3) Voyez plusieurs articles du *Tageblatt des Menschheitlebens* (Ephémérides de la vie de l'humanité), publiés par Ch. Christ. Fred. *Crause*, 1811, n° 18 et suiv., sur un ouvrage de Comenius, intitulé : Panégersie, ou Considérations générales sur l'amélioration de la condition humaine par le perfectionnement de notre espèce. Halle, 1702.

(4) Vers 1606.

VIII. *Sceptiques.*

§ 331.

Le scepticisme fut reproduit sous une forme expresse et complète par Fr. *Sanchez* (Franc. Sanctius), Portugais (1), qui enseigna, avec beaucoup de succès, la médecine et la philosophie à Toulouse, jusqu'à sa mort, arrivée en 1632. Son scepticisme n'est toutefois qu'une sorte de bouclier dont il couvrait ses attaques contre la philosophie aristotélique, qu'il était obligé d'enseigner; et, après avoir commencé par montrer l'incertitude des connaissances humaines au moyen des preuves déjà alléguées, mais qu'il avait su rendre plus piquantes en les exposant avec beaucoup d'esprit et de gaieté, il se proposait de donner, dans un ouvrage à part, la méthode pour arriver à la certitude. Cet ouvrage n'a point paru. François *de la Mothe le Vayer* (2), écrivain français

---

(1) Né en 1562 à Bracara, en Portugal.
Francisci Sanchez Tractatus de multum nobili et prima universali scientia quod nihil scitur. Lond. 1581, in-4 et in-12. Francf. 1618, in-8, accompagné de remarques contradictoires par Dan. *Hartnack*, sous le titre : Sanchez aliquid sciens. Stettin, 1665, in-12. Tractatus philosophici. Rotterd. 1649, in-12.

(2) Né à Paris en 1586, mort en 1672.
Cinq dialogues faits à l'imitation des anciens, par Horatius

très-savant, spirituel et solide, développa les motifs du scepticisme à l'égard de nos connaissances, et spécialement à l'égard des matières religieuses. Il nie l'existence d'aucun principe rationnel comme base de la Religion, attendu la diversité des religions, et ne reconnaît, en matière de théologie, que le principe de la foi, supérieure à la raison, et octroyée par la grâce divine. Il regarde la vie humaine comme une mauvaise comédie, et la vertu à peu près comme une chimère.

RATIONALISME DE DESCARTES, ET SYSTÈMES AUXQUELS IL A DONNÉ LIEU.

I. *Descartes.*

§ 332.

Baillet, La vie de R. Descartes. Par. 1690, in-4; abrégée. Paris, 1693, in-12.

God. Guil. *Leibnitii* Notata circa vitam et doctrinam Cartesii in Thomasii historia sapientiæ et stultitiæ, t. II, p. 113, et dans le 3ᵉ vol. epistolarum Leibnitii ad diversos p. 388.

Tubero (par François de la Mothe le Vayer). Mons, 1671, in-12; 1673, in-8, avec une réfutation par M. *Nahle*. Berl. 1744, in-8. En allem. Francf. 1716, IIᵉ parties.—Œuvres, Paris, 1654 et 1667—1684, III vol. in-fol.

Réflexions d'un académicien sur la vie de Descartes, envoyées à un ami en Hollande. A La Haye. 1692, in-12.

Eloge de René Descartss, par *Gaillard*. Paris, 1765, in-8; par *Thomas*. Paris, 1761, in-8; par *Mercier*. Genève et Paris, 1765, in-8.

Joh. *Tepelii* Historia philosophicæ Cartesianæ. Norimb. 1672, in-12. De vita et philos. Cartesii. *Ibid.* 1674.

Recueil de quelques pièces curieuses concernant la philosophie de M. Descartes. (Par *Bayle*). Amsterd. 1684, in-12.

Petri Dan. *Huetii* Censura philosophiæ cartesianæ, Paris, 1689, in-12. Philosophiæ cartesianæ adversus censuram Pet. Dan. Huetii vindicatio, aut. D. A. P. (Augusto *Petermann*). Lips. 1690, in-4. Réponse au livre qui a pour titre : P. Dan Huetii censura, etc.; par P. Silvain *Regis*. Par. 1692, in-12. Huet répondit en gardant l'anonyme par ses : Nouveaux mémoires pour servir à l'histoire du cartésianisme; par M. G. Par. 1692, in-12.

Admiranda methodus novæ philosophiæ Renati Descartes. Ultraj. 1643, in-12.

Balth. Bekkeri de philosophia Cartesii admonitio candida et sincera. Wesel, 1668, in-12.

Ant. *le Grand*, Apologia pro Cartesio, contra Sam. Parkerum. Lond. 1672, in-4. Norimb. 1681, in-8.

P. de *Villemandy*. Voyez au § 139.

Le Français René *Descartes* (Cartesius), né à La Haye, en Touraine, en 1596, entreprit d'opérer, par la voie spéculative opposée à celle de l'empirisme, une réforme de la philosophie; tentative dont les effets furent éclatans et immenses, et qui donna lieu à une admiration, ainsi qu'à une opposition des plus vives; il accompagna ce projet d'un système qui excita puissamment l'ardeur des recherches. Dès l'époque de ses études au collége des Jésuites de La Flèche, il s'était distingué par la vivacité de son imagination et un extrême désir de s'instruire. En cherchant à satisfaire cette curiosité au moyen des livres, sa vivacité d'esprit, ses lectures sans aucun plan, la multitude d'idées diverses qu'il avait accumulées le plongèrent dans une pénible incertitude; ses voyages augmentèrent le mal au lieu d'y remédier. Alors ce génie hardi conçut le projet de se créer une philosophie par lui-même, et sans secours étranger. Il se confina dans cette vue en Hollande, où il espérait trouver du repos et de la liberté, et où il composa la plupart de ses ouvrages (de 1629 à 1649). Il acquit bientôt une grande célébrité, et se trouva exposé à de nombreuses attaques, particulièrement de la part des théologiens; il entretint d'importantes correspondances scientifiques, et fut enfin appelé en Suède par la reine Christine; il y mourut dès l'année 1650.

Ouvrages de Descartes. Opera. Amstelod. 1692-1701, 9 vol. in-4. Opera philosophica Francf. ad M. 1692, in-4. Principia philosophiæ. Amstel. 1644-1656, in-4. Meditationes de prima philosophia, etc., *ibid.* 1641, in-4. Discours de la méthode pour bien conduire la raison et chercher la vérité dans les sciences. Plus, la Dioptrique, les météores, et la géométrie, etc. Par. 1637, in-4; traduction latine par de Courcelles (à l'exception de la géométrie), revue par Descartes, 1644. Specimina philosophiæ seu dissertatio de methodo, Dioptrice, etc. Amstel. 1656, in-4. Meditationes. Tractatus de passionibus animæ, *ibid.* 1656, in 4. Tractatus de homine et de formatione fœtus, cum notis Lud. de la Forge. *ibid.* 1677, in-4. Epistolæ (trad. en latin), 3 part. *ibid.* 1668, in-4.

§ 333.

Descartes n'était pas seulement philosophe, ce fut en outre un mathématicien, un astronome et un physicien du premier ordre. La réputation et le succès de ses travaux philosophiques furent dûs en partie à ses découvertes ou à ses vues nouvelles dans les autres sciences. Son projet de constituer la philosophie comme une science évidente, était digne d'éloge; mais il lui manquait une méthode des notions générales préparatoires (propédeutique); ensuite il se mit à l'œuvre avec trop de précipitation, en voulant parvenir de l'état de doute, qu'il regardait comme la condition préalable de toute philosophie, à la possession de la science qui en est l'objet. Ses principes sont indéterminés et arbitraires, et le système de conséquences qu'il en tire, à l'aide de la méthode logique, n'est propre qu'à abuser l'esprit par une apparente évidence. Il part de la conscience du moi et de la pensée, d'où il conclut l'existence de la substance pensante (*cogito, ergo sum*), de l'âme, qui, par là, se distingue de tous les objets matériels, et par conséquent en est indépendante; dont l'essence consiste dans la pensée, et qui, à ce titre, nous est plus aisée à connaître que le corps. La substance de ce dernier consiste dans l'étendue. La matière et la substance pensante, le corps et l'âme, sont des choses essentiellement opposées. La clarté et la netteté des idées est, selon Descartes, le seul criterium de la vérité. L'âme ne conçoit pas toutes ses pensées avec une égale clarté; souvent elle est arrêtée par le doute et l'indécision, ce qui atteste qu'elle n'est qu'une substance imparfaite et finie. Mais elle trouve en soi l'idée innée d'un être ou esprit absolu et parfait dont le premier attribut est l'existence (1). Cette reconnaissance d'un être parfait, comme existant réellement, sert à justifier la réalité absolue de l'évidence et de la vérité dans toutes nos connaissances.

---

(1) Sam. *Werenfels*, Judicium de argumento Cartesii pro existentia Dei petito ex ejus idea, dans ses Dissertatt. var. argum. Pars. II. D'autre part, *Jacquelot*, examen d'un écrit qui a pour titre : Judicium de argumento, etc. A cette occasion parurent un grand nombre d'écrits polémiques dans le Journal des Savans de 1701; l'Histoire des ouvrages des savans, 1700 et 1701; et les Nouvelles de la République des Lettres, 1701, 1702 et 1703.

Andr. *Richter*, Diss. (resp. Jo. *Foubin*) de religione Cartesii. Gryphiso. 1705, in-4.

Chr. *Breithaupt*, Dissert. de Cartesii theologia naturali et erroribus in ea commissis. Helmstad. 1735, in-4.

Lud. Fr. *Ancillon*, Judicium de judiciis circa argumentum pro existentia Dei ad nostra usque tempora latis. Berol. 1792, in-8.

§ 334.

Dieu, être infini, est l'auteur du monde qui est lui-même infini; les substances matérielles et les êtres pensans dont l'univers se compose, sont imparfaits et finis; ils n'existent et n'ont de durée que par l'assistance ou la coopération de Dieu (*assistentia s. concursus;* doctrine qui fut dans la suite convertie en un système d'occasionalisme par *Geulinx* et d'autres, voyez § 337). Descartes, ne distinguant point la matière de l'espace, ce fut un jeu pour lui de construire l'édifice du monde physique avec ses tourbillons, c'est-à-dire à l'aide du mouvement et de ses lois, qu'il faisait dériver immédiatement de Dieu. — L'âme, dont l'essence consiste dans la pensée, est simple, c'est-à-dire absolument immatérielle (spiritualisme cartésien); néanmoins on peut considérer comme son siége la glande pinéale parce qu'elle y agit immédiatement avec le concours des esprits animaux. De l'immatérialité de l'âme, Descartes déduit son immortalité, et pour n'être pas obligé d'accorder la même prérogative aux animaux, il en fait des machines vivantes. L'âme est libre, parce qu'elle se juge libre: dans la liberté est comprise la possibilité de l'erreur. Ce philosophe distingue dans l'âme des déterminations passives et actives (*passiones* et *actiones*); à ces dernières appartiennent, par leur mobile propre, toutes les opérations de la volonté, de l'imagination et de la pensée. Il divise les idées en trois sortes, celles que nous acquérons, celles que nous faisons et celles qui nous sont innées. Les premières sont produites par les objets au moyen du mouvement dans les organes. La chaleur vitale et le mouvement ne proviennent point de l'âme, mais des esprits animaux. C'est par le système de l'assistance qu'il rend compte de la correspondance de l'âme et du corps. L'âme détermine la direction des esprits animaux.

§ 335.

Malgré la méprise grave par laquelle Descartes a confondu et pris l'une pour l'autre la pensée et la connaissance ; malgré le défaut de solidité dans les principes et de rigueur dans les conséquences que présente sa philosophie, ainsi que les contradictions implicites qui lui auraient été plus sensibles s'il eût abordé les questions morales, il n'en faut pas moins reconnaître les grands et salutaires résultats de cette philosophie. Ses systèmes, tant par leur forme que par le fond des doctrines, par leur éclat et leur hardiesse hypothétique, animèrent puissamment les esprits à penser par eux-mêmes ; par lui on fut amené à rechercher la théorie de la pensée et de la connaissance, et la différence qui les sépare ; on songea enfin à vider le différent entre le supernaturalisme et le rationalisme, entre l'empirisme et la spéculation ; c'est lui qui donna le coup de grâce à la scholastique, qui répandit dans le monde philosophique une vie nouvelle, et lui apprit à se méfier de ses erreurs. Un grand nombre de penseurs distingués s'occupèrent de la doctrine de Descartes : il rencontra dans *Hobbes* (§ 325), P. *Gassendi* (§ 523) (1), P. Dan. *Huet* (2), Gabr. *Daniel* (3), etc., d'habiles adversaires qui soumirent ses principes fondamentaux à une discussion sévère, mais calme et philosophique ; mais, d'un autre côté, il compta beaucoup d'antagonistes passionnés et de persécuteurs, surtout parmi les théologiens et les partisans de la philosophie de l'école, entre autres Gisbert *Voetius* (4), l'*éclectique* Martin *Scook* (5), Cyriacus *Lentulus*, le jésuite *Valois*, et autres, qui l'accusèrent d'athéisme et de scepticisme. Une foule d'excellens esprits se formèrent à son école, ou du moins s'attachèrent à sa philosophie. Malgré de rudes persécutions et les interdictions lancées contre elle, tantôt en Italie, en 1643, tantôt en Hollande, par le synode de Dordrecht, en 1656, cette philosophie se répandait sur-

---

(1) Ger. *de Vries*, Dissertatiuncula historico-philosophica de Renati Cartesii meditationibus à Gassendo impugnatis. Ultraj. 1691, in-8. Voyez § 323.

(2) Censura, etc. (Voyez au § 333). Il parut contre cet ouvrage un grand nombre d'écrits.

(3) Voyez son roman : Voyage du Monde de Descartes. Paris, 1691, in-12. Iter per mundum Cartesii. Amstelod. 1694, in-12. Nouvelles difficultés proposées par un péripatéticien. Amst. 1694, in-12. *Id.* en lat. Novæ difficultates, etc. *Ibid.* eod.

(4) Né à Heusden en 1589, mort en 1676.

(5) Né à Utrecht en 1614, mort en 1665.

tout dans les Pays-Bas et en France : elle fit moins de progrès en Angleterre, en Italie et en Allemagne ; mais elle agit sur toutes les parties de la science, sur la logique, la métaphysique et la morale (1), et même aussi sur la théologie (2).

§ 337.

Parmi les partisans de la philosophie cartésienne, nous citerons, l'ami de Descartes, *de la Forge* (3), médecin à Saumur, Claude *de Clerselier* (mort en 1686), éditeur de ses ouvrages posthumes, Jacques *Rohault* (mort en 1675), P. Sylvain *Regis* (4),

---

(1) L'Art de vivre heureux. Paris, 1692, in-8. En latin sous ce titre : Ethica Cartesiana sive ars bene beateque vivendi. Hal. 1776, in-8.

(2) Philosophia S. Scripturæ interpres (par L. *Meyer*, médecin, et ami de Spinosa). Eleutheropoli, 1666, in-4, III° édit.; par *Semler*. Hal. 1776, in-8.
Valentini *Alberti* Tractatus de Cartesianismo et Coccejanismo. Lips. 1678, in-4. Viteb. 1701, in-4.

(3) L. *de la Forge*, Traité de l'esprit de l'homme. Paris, 1664, in-4. En lat. Tractatus de mente humana, ejus facultatibus et functionibus. Amstelod. 1669. Brême; 1673, in-4. Amst. 1708, in-8.

(4) Né en 1632, mort en 1707.
P. Sylvain *Regis*, Système de la philosophie, contenant la logique, la métaphysique, la physique et la morale. Paris, 1690, III vol. in-4. Réponse aux réflexions critiques de M. *Duhamel* sur le système cartésien de la philosophie de M. Regis. Paris, 1692, in-12 (Voyez au § 333). L'accord de la foi et de la raison. Paris, 1704, in-4.

disciple de ce dernier, estimable commentateur de Descartes, plusieurs jansénistes de Port-Royal (1), qui opposèrent à la morale des Jésuites des doctrines plus austères, comme Ant. *Arnauld* (2), *Blaise Pascal* (3), *Nicole* (4); de plus, le P. *Malebranche* (§. 340), Antoine *le Grand* (5), J. *Clauberg* (6), et en par-

---

(1) Cette société a produit entre autres ouvrages remarquables, l'Art de penser. Paris, 1664, in-12. Trad. lat. par J. C. Braun, avec une préface de Fr. Buddeus. Hal. 1704, in-8 (On a quelquefois prétendu que cette Logique est l'ouvrage d'Ant. Arnauld).

(2) Mort en 1694. OEuvres d'Ant. Arnauld. Lausanne, 1777, xxx vol. in-4.

(3) Né en 1623, mort en 1662. Voyez §. 349. *Pascal*, Pensées sur la Religion. Amst. 1697, in-12. Paris, 1720, in-12. Plus. trad. all. — Lettres écrites par Louis de Montalte (*Pascal*) à un provincial de ses amis, avec notes de Guill. Wendrock (*Nicole*). Cologne, 1657, in-12, et 1684, in-8. Leyde, 1771, iv vol. in-12. C'est à Nicole qu'appartient aussi la traduction latine de cet ouvrage.

(4) Mort en 1695. Essais de Morale. Paris, 1671, vi vol. in-12. Instructions théologiques et morales. Paris, 1709, in-12. OEuvres. Paris, 1718, xxiv vol. in-12.

(5) Ant. *le Grand*, Philosophia veterum e mente Renati Descartes. Lond. 1671, in-12. Institutio philosophiæ secundum principia Renati Descartes nova methodo adornata. Lond. 1672, in-8, 1678, in-4. Dissertatio de carentia sensus et cognitionis in brutis. Norimb. 1679, in-8.

(6) Professeur à Duisbourg, né à Chartres en 1625, mort en 1665.

Joh. Claubergii opera philosophica. Amstelod. 1691, in-4. Logica vetus et nova. Ontosophia, de cognitione Dei et nostri.

ticulier Arnold *Geulinx* (1) d'Anvers. Ce dernier
déduisit des principes de Descartes le système des
causes occasionnelles (Occasionalisme), suivant lequel Dieu est le véritable auteur des mouvemens
de l'âme et du corps, et ces substances ne sont que
l'accident qui y donne lieu ou l'occasion. Cette idée
fut étendue et développée par Balthazar *Becker*,
Volder, *Malebranche* et *Spinosa*. Geulinx exposa de
plus une doctrine morale plus pure, et soutint
que l'amour-propre était le vice radical de tous
les systèmes moraux anciens et modernes; il fit donc
consister l'essence de la vertu en un amour pur (*amor
effectionis non affectionis*) pour la raison pratique
vivante, ou dans l'obéissance à Dieu et à la raison,
par respect pour la raison même; les caractères de
la raison ainsi conçue sont le zèle et la vigilance
(*diligentia*), l'obéissance (*obedientia*), l'accomplissement rigoureux des lois morales (*justitia*), et le

---

Duisb. 1656, in-8. Initiatio philosophi, seu dubitatio Cartesiana. 1655. Mulh. 1687, in-12.

(1) Né vers 1625 à Anvers, mort en 1669.
Arnoldi *Geulinx*, Logica fundamentis suis, a quibus hac-
tenus collapsa fuerat, restituta. Lugd. Bat. 1662, in-12. Amstelod. 1698, in-12. Metaphysica vera et ad mentem Pytha-
goricorum. Amstelod. 1691, in-12. Γνῶθι σεαυτόν, sive Ethica.
Amstel. 1665. Plus complet. Lugd. B. 1675, in-12. Ed. Phi-
larethus. Amstel. 1696, in-12, 1709, in-8. Annotata præcur-
rentia ad R. Cartesii principia. Dordraci 1690, in-4. Annotata
majora ad principia philosophiæ R. Descartes, accedunt opuscula philosophica ejusdem auctoris. Dordraci, 1691, in-4.

mépris de tout autre bien (*humilitas*). Les idées de ce philosophe en matière de morale, quoique souvent admirables et d'une vérité frappante, eurent assez peu de succès, parce que les bases n'en sont pas assez profondément établies, de plus, parce qu'elles sont souvent embarrassées dans le système de l'occasionalisme, enfin parce qu'elles aboutissaient à une aveugle soumission à la volonté arbitraire de Dieu, soumission qui prive de tout développement l'activé propre de la raison. Balthazar *Becker* (1), s'appuyant sur l'occasionalisme et l'idée cartésienne de la spiritualité, nia l'action des esprits sur les hommes, et combattit dans le même sens la croyance encore dominante de la magie et de la sorcellerie, ce qui lui coûta la perte de son emploi. P. *Poiret* (2), d'abord cartésien, ensuite mystique, prétendit, au contraire, tirer des principes de Descartes la dé-

---

(1) Né dans la Westfrise en 1634, mort en 1698. Outre l'ouvrage mentionné au § 333, on a de lui : *De betoverte Wereld*, le monde enchante (en holl.) Leuwarden, 1690. Amsterd. 1691—1693, IV vol. in-4; trad. en allem. par J. M. *Schwager*. Leipz. 178, III vol. in-8.—Wilh. Heinr. *Becker*, Schediasma critico-litterarium de controversiis B. Bekkero ob librum *die bezauberte Welt* motis. Knigsb. et Leips. 1721, in-4. Vie, opinions et destinée de Balth. Bekker, par J. M. *Schwager*. Leips. 1780, in-8.

(2) Né à Metz en 1746, mort en 1719. P. Poiret. Économie divine. 1647, VII vol. in-8. Cogitationes de Deo, anima et malo. Amstelod. 1677—1685—1715, in-4.

monstration de l'action immédiate de Dieu et des esprits sur l'humanité. Plusieurs théologiens et philosophes firent l'application de la doctrine cartésienne à la théologie, et la défendirent ou l'expliquèrent dans beaucoup d'écrits didactiques ou polémiques. Nous nommerons entre autres J. *Coccejus* (1), Christophe *Wittich* (2), Adrien *Heerebord* (3), Gerard *de Vries* (4), Hermann Alexandre *Roel* (5), *Ruard Andala* (6).

---

(1) Mort en 1669.

(2) Né en 1625, mort en 1687.
Christophe *Wittich.* Consensus sanctæ scripturæ cum veritate philosophiæ cartesianæ. Neomag. 1659, in-8. Theologia pacificata. Lugd. B. 1675, in-4. Annotationes in quibus methodi celeb. philosophi succincta notitia redditur. Dordr. 1688, in-4. Antispinoza seu examen Ethicæ Bened. de Spinoza. Amstel. 1690, in-4.

(3) Professeur de philosophie à Leyde, mort en 1659.
Adr. *Heerebord,* Meletemata philosophica et philosophia naturalis moralis et rationalis. Lugd. Bat. 1654, in-4. Parallelismus et dissensus Aristotelicæ et Cartesianæ philosophiæ in philosophia naturali. *Ibid.* 1643, in-8. Selectæ ex philosophia disputationes. *Ibid.* 1650, in-12.

(4) Gerh. *de Vries.* (Voyez § 336, note 1). Exercitationes rationales de Deo divinisque perfectionibus nec non philosophemata miscellanea. Traj. 1685, in-4. Edit. nova ad quam præter alias accedit Diatribe singularis gemina, altera de cogitatione ipsa mente, altera de ideis rerum innatis. Ultraj. 1695, in-4.

(5) Mort en 1718. Herm. Alex. Roël, Dissert. de religione naturali. Franeq. 1686. F. Disputationes philosophicæ de theo-

II. Spinoza.

§ 338.

Ses ouvrages : Benedicti *de Spinoza* Renati Descartes principiorum philosophiæ pars prima et secunda more geometrico demonstratæ. Accesserunt ejusdem cogitata metaphysica, in quibus difficiliores, quæ tam in parte metaphysicæ generali quam speciali occurrunt quæstiones breviter explicantur. Amstel. 1663, 2 vol. in-4. — Tractatus theologico-politicus continens dissertationes aliquot, quibus ostenditur libertatem philosophandi non tantum salva pietate et reipublicæ pace posse concedi, sed eamdem nisi cum pace reipublicæ ipsaque pietate tolli non posse. Hamb. (Amsterd.) 1670, in-4. Sous divers titres apocryphes : Dan. Heinsii operum historicorum collectio prima. Ed. II priori multo emendatior et auctior. Lugd. Bat. 1675, in-8. Henriquez *de Villacorta* M. D. a cubiculo Philippi IV, Caroli II archiatri opera chirurgica omnia sub auspiciis

---

logia naturali duæ, de ideis innatis una Ger. de Vries Diatribæ oppositæ. Ed. IV. Franeq. 1700, in-8. Ultraj. 1713.

(6) Né dans la Frise en 1665, mort en 1727.

Ruard *Andala* Syntagma theologico-physico-metaphysicum. Franeq. 1710, in-4. Cartesius verus Spinozismi eversor et physicæ experimentalis architectus. *Ibid.* 1719. Contre l'ouvrage de J. *Regius* : Cartesius verus Spinozismi architectus. Leovard. 1718. Exercitationes academicæ in philosophiam primam et naturalem, in quibus philosophia Cartesii explicatur, confirmatur et vindicatur. Franeq. 1709, in-4. Examen Ethicæ Geulinxii. *Ibid.* 1716, in-4.

potentissimi Hispaniarum regis. Amstel. 1673, in-8, 1697, in-8.) — Trad. en français : la clef du sanctuaire, par un savant homme de notre siècle. Leyde, 1678, in-12. Traité des cérémonies superstitieuses des Juifs, tant anciennes que modernes. Amsterd. 1678, in-12. Réflexions curieuses d'un esprit désintéressé sur les matières les plus importantes au salut, tant public que particulier. Cologne, 1678, in-12. — Trad. all. Gera, 1787, in-8.

Annotationes Ben. de Spinoza ad tractatum theologico-politicum, ed. Chr. Theoph. de Murr. Hag. Com. 1802, in-4.

Bened. de Spinoza Opera posthuma. Amstel. 1677, in-4, (comprenant : Ethica, tractatus politicus, de intellectus emendatione, epistolæ). En all. : Morale de Spinoza avec une réfutation par Christ. Wolf. Francof. et Hamb. 1744, in-8. Morale de Spinoza; t. I et II, (par Shack Herm. *Ewald*) Gera, 1791-1793, in-8 (all.). Deux traités de Spinoza sur la culture de l'esprit humain, et sur l'Aristocratie et la Démocratie (par le même). Leips. (Prague), 1785, in-8 (all.).

Ben. de Spinoza opera quæ supersunt omnia, ed. H. Eberh. Gottlob *Paulus*. Jen. 1802-1803, 2 vol. in-8, avec des recherches biographiques.

Ouvrages sur Spinoza et sa doctrine.

Jean Colerus, Vie de Spinoza, tirée des écrits de ce célèbre philosophe, et des témoignages d'un grand nombre de personnes qui l'ont connu, etc., traduit du français (en allemand). Francof. et Leips. 1733, in-8. L'original fut donné en hollandais, Utrecht, 1698, et fut traduit en français. La Haye, 1706, in 8.

Réfutations des erreurs de Benoît de Spinoza, par M. Fénélon, par le P. Lamy, et par le comte de Boulainvilliers, avec la vie de Spinoza, écrite par M. Jean Colerus, augmentée de beaucoup de particularités tirées d'une vie manuscrite de ce philosophe; faite par un de ses amis. (Voyez l'ouvrage indiqué ci-après). Bruxelles, 1731, in-12.

La vie et l'esprit de M. Benoît de Spinoza. (Amsterd.) 1719, in-8. L'auteur est un médecin nommé *Lucas* ou *Vraese*, conseiller de la cour du Brabant à la Haye. Il ne fut vendu que 70 exemplaires de la petite édition, et à un prix très-élevé, ce qui en fit tirer beaucoup de copies manuscrites. La seconde partie fut brûlée; mais la partie biographique a eu une seconde édition qui est rare aussi, sous ce titre : La vie de Spinosa par un de ses disciples, nouvelle édition non tronquée, etc. Hamb. 1735, in-8.

H. Fr. *de Diez*, Vie et doctrine de Ben. Spinoza. Dessau, 1783, in-8.

M. *Philipson*, Vie de Ben. de Spin. Brunswick, 1790, in-8 (all.).

Jariges, Sur le système de Spinosa et les observations de Bayle contre ce système, dans l'histoire de l'Acad. des sciences de Berlin, ann. 1740, et dans le magasin de Hismann, t. v (all.).

Fr. H. *Jacobi*, Sur la doctrine de Spinoza, lettres à M. Moses Mendelssohn. Breslau, 1785, 2ᵉ édit. 1789, in-8, et dans les œuvres de Jacobi (all.).

Moses *Mendelssohn*, Matinées... (Voyez § 375); et : Aux amis de Lessing, appendix aux lettres de Jacobi. Berlin, 1786, in-8 (all.).

F. H. *Jacobi* Contre les accusations de Mendelssohn. Leips. 1786 (all.).

(Math. *Claudius*), Deux articles (recensionen) sur la discussion entre Lessing, M. Mendelssohn, et Jacobi. Hamb. 1786 (all.).

Sur la manière dont Mendelssohn expose la philosophie de Spinoza; dans les Mémoires de Cæsar t. iv (all.).

K. H. *Heydenreich*, Animadversiones in Mosis Mendelii filii refutationem placitorum Spinozæ. Lips. 1786, in-4. Du même : La nature et Dieu selon Spinoza, t. 1, (avec des extraits de la vie indiquée ci-dessus, par Lucas). Leips. 1789, in-8 (all.).

Dieu, dialogue par J. G. *Herder*. Gotha. 1787, in-8 (all.).

D. G. S. *Francke*, (ouvrage couronné). Sur les nouvelles destinées du Spinozisme, et de son influence sur la philosophie en général, et en particulier, sur la théologie de la raison. Schleswig, 1812, in-8 (all.).

Le juif Baruch (Benoît) *Spinosa* entra dans la route spéculative de l'école cartésienne avec toute la puissance d'un génie original et d'une pénétration profonde. Né à Amsterdam en 1632, il se signala, dès son enfance, par son ardent désir de connaître la vérité. Ses doutes sur les doctrines du Talmud, et ses sentimens religieux, mais exempts de toute superstition, le rendirent indifférent à l'égard des cérémonies du culte dans lequel il était né, et lui attirèrent beaucoup de persécutions de la part de ses coréligionnaires. Il se tint caché dans quelques maisons de chrétiens, étudia le latin, le grec, les mathématiques et la philosophie, spécialement celle de Descartes, dont la clarté l'attirait, sans contenter son esprit rigoureux et pénétrant. Il mourut à La Haye en 1677, après avoir consacré sa vie à la méditation dans le silence et la retraite, avec la réputation d'un vrai sage et d'un homme de bien. Spinosa s'était fait la loi de ne tenir pour la vérité que ce qui lui apparaîtrait avec toute évidence, et comme conséquence manifeste de principes suffisamment démonstratifs. C'est ainsi qu'il tenta de former un système, dans lequel il prétendit exposer les principes de la vie morale en les déduisant, avec toute la rigueur de la méthode mathémathique, des notions les plus élevées de la raison, telles que nous les avons reçues de Dieu, et c'est dans ce but qu'il donna le nom d'*Ethique* à son système. Cet esprit de méthode et de précision scientifique l'éleva presque jusqu'aux points les plus élevés de la spéculation, et l'amena à cette théorie remarquable (1), préparée par Descartes, suivant laquelle il n'existe qu'une seule substance, Dieu, l'Être infini avec ses attributs infinis d'étendue et de pensée; toutes les choses finies étant de pures apparences, des déterminations ou modes de l'étendue infinie et de l'infinie pensée. La substance n'est pas un être individuel, mais elle fait le fond de toute individualité; elle n'a point été faite, elle subsiste par elle-même (*causa sui*). Il n'y a que

---

(1) H. C. W. *Sigwart*, Sur l'accord du spinosisme avec la philosophie cartésienne. Tubingue, 1816, in-8 (all.).

H. *Ritter*, De l'influence de Descartes sur le développement du spinosisme. Leips. 1816, in-8 (all.).

l'individuel, ou autrement les modifications des attributs infinis de la substance qui commencent à être, savoir : du sein de l'étendue infinie, le mouvement et le repos ; et du sein de l'infinie pensée, les modes de l'intelligence et de la volonté. Tout corps particulier, toute intelligence finie ont pour fond et pour soutien, les uns, l'étendue sans limite, les autres, la pensée absolue ; et ces deux infinis forment entre eux une unité nécessaire, se correspondent intimement sans qu'aucun des deux ait engendré l'autre. Toutes les choses finies, corps et âmes, sont en Dieu ; Dieu est leur cause immanente (*causa naturans*) : il n'est point lui-même une chose finie, quoique toutes les choses finies procèdent de la substance divine, et cela nécessairement et non pas en vertu d'idées et de buts prédéterminés. Il n'y a point de hasard ; il n'y a qu'une nécessité unie en Dieu avec la liberté, parce qu'il est l'unique substance dont l'existence et les actes ne sont limités par aucune autre. Dieu agit en vertu d'une nécessité intérieure, inhérente aux conditions mêmes de son être, et sa volonté est inséparable de sa connaissance. Il n'existe point de causalité finale déterminée librement vers tel ou tel but, il n'existe de causalité que celle de la nature même et de sa constitution propre. La notion directe immédiate d'une individualité réelle et actuelle s'appelle l'esprit, l'âme (*mens*) de cette individualité ; et réciproquement cette individualité, considérée comme l'objet direct d'une telle notion, s'appelle le corps de cette âme. Ces deux choses ne forment qu'un seul et même objet, que l'on envisage tantôt sous l'attribut de la pensée, tantôt sous l'attribut de l'étendue. Toutes les idées, en tant qu'on les rapporte à Dieu, sont vraies; car toutes les idées qui sont en Dieu correspondent parfaitement à leurs objets; d'où il suit que toute idée absolue, en d'autres termes, toute idée complète en nous correspondante à un objet, est une idée vraie. Le faux a sa raison dans la privation de la pensée, résultat de son application à des idées désordonnées et corrompues (1). L'essence éternelle et infinie de Dieu comprend en soi l'idée de toute réalité particulière; et réciproquement la notion de l'Être éternel et infini, comprise implicitement dans toute idée, est une notion adéquate et parfaite. Par conséquent, l'esprit humain possède indubitablement une notion adéquate de cet Être divin. C'est dans la pensée active et vivante de la réalité de Dieu que consiste notre félicité suprême; car plus nous savons la reconnaître, plus nous sommes portés à vivre selon ses volontés, et en cela consiste à la fois notre bonheur et toute notre liberté. Notre volonté n'est pas absolument libre : en effet, l'âme est déterminée en tel ou tel sens par une cause déterminée elle-même par une autre cause, et ainsi de suite. Il en est de même des autres facultés de notre âme, dont aucune n'est absolue et indépendante en soi.

---

(1) Eth., p. II, propos. 32—34 sq.

§ 339.

Dès long-temps Spinoza avait rencontré dans la lecture des Rabbins l'idée-mère de son système : la philosophie de Descartes ne lui avait servi qu'à développer cette idée d'une manière scientifique. Certaines notions fondamentales une fois admises, telles que celles de substance et de causalité, ainsi qu'un petit nombre d'axiomes, il développe, à la manière des mathématiciens, toute la série de ses idées, qui, à partir des prémisses convenues, forment un enchaînement très-sévère, sauf en un seul point, qui ne paraît pas suffisamment éclairci, savoir : comment l'infinité des modifications finies peut être une conséquence nécessaire des attributs infinis de la Divinité. Le défaut essentiel du système consiste dans la valeur dogmatique donnée par l'auteur à certaines notions pures de l'intelligence, et dans la confiance exclusive qu'il accorde à la démonstration logique ; malgré son amour sincère pour la vérité, cette confiance du logicien ne put être affaiblie en lui, ni par la contradiction où il se plaçait à l'égard du sens commun de l'humanité, ni même par la contradiction renfermée dans sa doctrine, savoir, l'étrange supposition d'une morale à côté d'une nécessité absolue, qui pèse sur toutes les choses finies : ces choses, en tant que déterminations de l'infini, n'appartiennent-elles pas à la substance nécessaire de Dieu ? et, comme déterminations finies, ne sont-elles pas entraînées dans la connexion fatale des causes passagères? Loin de s'arrêter à cette difficulté, Spinoza songeait à puiser dans sa théorie morale les lois d'une physique nouvelle (1). La profondeur des idées, la marche serrée du raisonnement, la hardiesse d'une conception où il s'agit d'expliquer le fini par l'infini, répandent quelque obscurité sur ce système, de telle sorte qu'il est difficile de le saisir dans son véritable sens; mais, soit dans les termes, soit dans l'esprit de l'auteur, ce n'est nullement un système d'athéisme; quoique, dès l'origine, la plupart de ses adversaires l'aient traité comme tel, moins pour l'avoir étudié que par une sorte d'animosité personnelle. C'est plutôt un panthéisme (formel et non matériel comme celui des Éléates), contenant et développant une haute et digne notion de Dieu, comme source de l'Être, telle qu'on la peut obtenir par la pure spéculation ontologique. Cependant cette notion ne satisfait pas entièrement la raison, et n'est point d'accord avec le théisme tel qu'elle est obligée de l'admettre, particulièrement en morale. Le caractère et le système de Spinoza ont été également méconnus et dépréciés avec une extrême injustice. Dès son époque même, à peine un petit nombre d'amis et de partisans du philosophe osèrent se prononcer en sa faveur (2). Ceux de ses adversaires qui entrèrent

---

(1) Epist. 62. Tratatus theológico-politicus, c. 16.

(2) On distingue parmi eux : J. *Oldenburg*, qui s'éloigna néanmoins de Spinoza sur plusieurs questions. Les écrivains

les premiers en lice contre lui, soit qu'ils ne l'eussent pas compris, soit peut-être par une connivence qu'ils s'efforçaient de dissimuler, lui laissèrent l'avantage ; ce furent principalement Fr. *Cuper* (1), *Boulainvilliers* (2), Christophe *Wittich*, qui a le plus développé ses réponses (3), P. *Poiret* (4) (*ibid.*), Sam. *Parker* (§ 341), Isaac *Jacquelot* (5) ; et ceux qui se

---

suivans ont été qualifiés, peut-être à tort, de spinosistes, savoir : les médecins L. *Meyer* et *Lucas* (le premier, auteur du livre : Philosophia sacræ scripturæ interpres. Voyez § 336, n° 7), Zarich *Jelles*, Abraham *Cufaeler*, qui a expliqué et défendu le spinosisme dans deux ouvrages : Specimen artis ratiocinandi naturalis et artificialis ad pantosophiæ principia manuducens. Hamb. (Amst.) 1684 ; et : Principiorum pantosophiæ P. II et P. III. Hamb. 1684 ; J. Georges *Wachter* : Concordia rationis et fidei, etc. Amstel. (Berol.) 1692, in-8 ; enfin Theod. Lud. *Law* : Meditationes de Deo, mundo et homine (Francof.), 1717, in-8 ; et, meditationes, theses, dubia philosophico-theologica. Freystadt, 1719, in-8.

(1) Arcana atheismi revelata. Roterd. 1676 ; ouvrage censuré sévèrement par H. *More*, opp. philos. t. 1, p. 596, et dans une dissertation de *Jæger* : Fr. *Cuperus* mala fide aut ad minimum frigide atheismum Spinozæ oppugnans. Tub. 1710.

(2) Sa réfutation, jointe à celle de Lamy, a été indiquée ci-dessus, en avant du § 338.

Le comte de Boulainvilliers, né en 1658, mort en 1722.

(3) Voyez § 337, n° 13.

(4) *Poiret*, Fundamenta atheismi eversa dans ses Cogitata de Deo, etc. Cet écrivain l'appelle athée plein de malice, et instrument du démon.

(5) Né en Champagne en 1674, mort en 1708.

Isaac *Jacquelot*, Dissertations sur l'existence de Dieu, etc.,

portèrent au combat avec le plus de loyauté, comme J. *Bredenburg* (1), se mirent en guerre ouverte avec leur propre raison, ne pouvant ni réfuter la démonstration de Spinoza, ni consentir à la tenir pour vraie. Ce n'est qu'à une époque récente qu'on a commencé à traiter avec plus de justice la personne et la doctrine de ce grand homme, et en même temps on a découvert, par la méthode critique le côté faible du système (2). La philosophie de nos jours se rapproche sur plusieurs points de celle de Spinoza.

III. *Malebranche. Fardella.*

§ 340.

Fontenelle, Eloge de Malebranche, dans le tome 1er de ses éloges des Académiciens. A la Haye, 1731, p. 317.

---

par la réfutation du système d'Épicure et de Spinoza. La Haye, 1697. (Voyez § 334, note).

(1) Enervatio tractatus theologico-politici una cum demonstratione geometrico ordine disposita naturam non esse Deum. Rottrod. 1675, in-4.

(2) Il faut d'abord mentionner ici Christian *Wolff*, qui a réfuté le spinozisme dans sa traduction de la Morale, et *Bayle*. Voyez, en avant du § 338, la dissertation de Jariges. — Le débat entre Jacobi et Mendelssohn sur le spinozisme de Lessing, donna lieu à un assez grand nombre d'écrits sur la doctrine de Spinoza. Voyez au § 338. La traduction de Spinoza, ci-dessus mentionnée, par *Ewald*, contient une réfutation d'après les principes de la philosophie critique.

Nic. *Malebranche*, De la recherche de la vérité. Paris, 1673, in-12; 7ᵉ édit. 1712, 2 vol. in-4, ou 4 vol. in-12. Traduction latine par *Lenfant* : De inquirenda veritate. Genèv. 1691, in-4, 1753, 2 vol. in-4. En allem. Altenburg, 1776-1786, 4 vol. in-8.

Nic. *Malebranche*, Conversations chrétiennes, 1677. De la nature et de la grâce. Amstd. 1680, in-12. Méditations chrétiennes et métaphysiques. Cologne, (Rouen), 1683, in-12.

Malebranche, Entretiens sur la métaphysique et sur la Religion. Rotterd. 1688, in-8. Entretiens d'un philosophe chrétien et d'un philosophe chinois, sur la nature de Dieu. Par. 1708. Réflexions sur la prémotion physique, etc. Par. 1715, in-8, œuvres. Par. 1712, 11 vol. in-12.

Nicolas *Malebranche* (1), l'un des Pères de l'Oratoire, génie profond, caché sous un extérieur peu avantageux, et incontestablement le plus grand métaphysicien que la France ait produit, développa les idées de Descartes avec originalité, en les reproduisant sous des formes plus claires et plus animées ; mais son tour d'esprit éminemment religieux lui fit donner à sa philosophie un caractère mystique qui lui est particulier. La théorie de la connaissance, celle de l'origine des erreurs, surtout des erreurs qui tiennent aux illusions de l'imagination, enfin la méthode pour bien conduire notre pensée, telles sont les parties dont il a traité avec le plus de succès. Malebranche admit la théorie de la passivité de l'enten-

---

(1) Né à Paris en 1638, mort en 1715.

dement et de l'activité libre de la volonté; il considéra l'étendue comme l'essence des corps, l'âme comme une substance essentiellement simple, et Dieu comme le fond commun de toute existence et de toute pensée; ces doctrines l'amenèrent à combattre les idées innées par des objections pleines de force, et à soutenir que nous voyons tout en Dieu : Dieu, suivant lui, comprend en soi toutes choses de la manière dont elles s'offrent à notre intelligence; il est l'infini de l'espace et de la pensée, le monde intelligible et le lieu des esprits. A ces idées, qui sont assez rapprochées du spinosisme, se rattachent étroitement la doctrine de l'occasionalisme fort étendue par Malebranche, doctrine d'après laquelle il n'accorde aux corps et aux âmes qu'une capacité passive, et considère Dieu comme l'unique cause fondamentale de tous les changemens qu'ils subissent. Tel est l'idéalisme religieux et mystique auquel parvint ce philosophe : et l'on y trouve un exemple des conséquences d'une confiance aveugle pour la démonstration, adoptée comme base unique de la connaissance philosophique. L'abbé *Foucher* (1) opposa à ce système le scepti-

---

(1) Simon *Foucher*, Critique de la Recherche de la vérité. Parmi les écrivains qui discutèrent et combattirent le système de Malebranche, nous citerons le père *Du Tertr*, qui ne l'entendit point (Réfutation du nouveau système de métaphysique composé par le père Malebranche. Paris, 1718, III vol. in-12); Antoine *Arnauld* : Des vraies et des fausses idées

cisme. — Michel-Ange *Fardella* (1), dans sa logique (2), employa, en faveur de l'idéalisme, le même argument dont s'était servi Malebranche, savoir : que l'existence du monde corporel ne peut être démontrée, et que la foi à la religion révélée peut seule l'établir solidement.

IV. *Supernaturalistes et mystiques de ce temps.*

§ 341.

Les conséquences obtenues par l'empirisme, et d'un autre côté le dogmatisme hardi de l'école spéculative, rappelèrent sur la scène le supernatura-

---

contre ce qu'enseigne l'auteur de la Recherche de la Vérité. Cologne, 1683, in-8. A cet ouvrage, Malebranche opposa sa Réponse de l'auteur de la Recherche de la Vérité au livre de M. Arnauld, des Vraies et des Fausses Idées. Rotterdam, 1684. — Défense de M. Arnauld contre la Réponse au livre des Vraies et des Fausses Idées. Cologne, 1684, in-12. Trois lettres de l'auteur de la Recherche de la Vérité, touchant la défense de M. Arnauld contre la Réponse. Rotterd. 1685, in-12. Cette polémique se prolongea encore dans quelques autres écrits. — *Locke*, Examen du sentiment du père Malebranche que nous voyons tout en Dieu, dans le t. II de ses Œuvres diverses. Amsterd 1732, in-8; enfin *Leibnitz*, Examen des principes du R. P. Malebranche, dans le t. II du Recueil de diverses pièces sur la philosophie, par MM. Leibnitz, Clarke, Newton, etc., 2ᵉ édit. Amst. 1740, in-8.

(1) Mort à Padoue en 1718.
(2) Venise, 1696.

lisme, le mysticisme et le scepticisme. Théophile *Gale* (Galeus), ministre presbytérien, mort en 1677, pensa que la vraie philosophie fut, dès l'origine, renfermée dans la parole de Dieu adressée à son peuple, et que de là elle fut révélée aux autres nations à diverses époques et de diverses manières. La philosophie, selon Gale, doit marcher dans le sens de la théologie, et il recommande à cet égard l'étude de la philosophie éclectique des Alexandrins (1). Ralph (Rodolphe) *Cudworth* (2) adopta la même opinion, mais il mit plus d'originalité dans la manière dont il s'en servit pour défendre la religion positive contre les matérialistes et les athées. Il donna des démonstrations en faveur de l'existence de Dieu, et de la création tirée du néant; il défendit les idées innées dans le sens de Platon, et il en déduisit une preuve pour l'existence de Dieu. La nature plastique, qu'il admit pour rendre compte des formes et des proportions des corps, n'est autre chose que l'âme du monde de Platon; car il ne reconnaît dans l'organisation du monde ni l'ouvrage d'un aveugle hasard, ni celui d'une nécessité mécanique, ni une création immédiate et perpétuelle de la part de Dieu. Il blâma Descartes d'avoir banni de la physique les causes finales. C'est dans les idées morales, copies de la sagesse divine, et non dans les notions données par l'expé-

---

(1) Theoph. *Gale*, philosophia universalis. Lond. 1676, in-8. Aula deorum gentilium. *Ib.* 1676, in-8.

(2) Né en 1671, mort professeur à Cambridge en 1688.

rience, qu'il fit consister l'origine première et la réalité objective du bien moral et de la justice (1) ; enfin il résout la plupart de ses problèmes d'après les doctrines de Platon. Telle fut également la direction que suivit Henri *More*, collègue de Cudworth (2), esprit savant et méditatif, lequel, se trouvant peu satisfait de la scholastique péripatéticienne, et en étant venu jusqu'à douter de sa propre personnalité individuelle, se détermina ensuite pour le néoplatonisme, qu'il puisa principalement dans Plotin, et associa à cette doctrine celle de la cabbale, dont il fit l'apologie dans

---

(1) Rudolph *Cudworth*, The true intellectual system of the Universe, Lond. 1678, in-fol.; 1743, II vol. in-4. Systema intellectuale hujus universi, etc., lat. vert. J. L. Moshémius; le traducteur y a joint une notice biographique sur Cudworth. Jen. 1733, in-fol.; cum correctionib. posth. Lugd. Bat. 1773, II vol. in-4. — Treatise concerning eternal and immutable morality. Lond. 1731. Trad. lat. à la suite du syst. intell. de Mosheim.

(2) Né en 1614, mort en 1687.

Henrici *Mori*, Opera philosophica omnia. Lond. 1679, II vol. in-fol.

Ejusd. Conjectura cabbalistica in tria prima capita exeseos. Defensio Cabbalæ triplicis. Apologia contra Sam. Andreæ examen generale Cabbalæ philosophicæ. Trium tabularum cabbalisticarum decem Sephiroth. Questiones et considerationes in tractatum primum libri Druschim. Catechismus cabbalisticus, sive Mercavæus, fundamenta philosophiæ, sive Cabbalæ Ætopædomelissæ enchiridium metaphysicum. Lond. 1674, in-4. Enchiridium ethicum. Lond. 1660—1668—1672, in-8.

quelques écrits : mais il ne parvint point à composer sa doctrine en un corps complet et régulier. Il reconnut dans l'intuition intellectuelle la source de toute science philosophique, et soutint que toutes les notions vraies et légitimes que possède la philosophie proviennent d'une révélation divine. Dans sa métaphysique ainsi que dans sa physique, consacrées, l'une à la nature incorporelle, l'autre à la nature corporelle, il s'efforça d'établir l'existence d'un espace immobile, distinct par lui-même de la matière mobile ; et, de ce principe, il prétendit déduire tout mouvement et toute vie. Il fit consister la réalité dans l'étendue ; dans l'espace il reconnut Dieu lui-même, son Être et sa substance absolue ; quoiqu'il admît la simplicité de l'âme humaine et de celle des animaux, il attribua à cette substance l'étendue, contre l'opinion de nullibistes et des olomeristes. En combattant les erreurs de Descartes et de Spinosa, il témoigna un grand respect pour le génie de ces deux philosophes. Dans la morale, qu'il définit la science de vivre sagement et heureusement, il réunit les principes de Platon et d'Aristote. Samuel *Parker*, contemporain et collègue des deux précédens à l'université d'Oxford (1), critiqua sévèrement la philosophie de Descartes, surtout sa physique atomistique, et sa preuve de l'existence de Dieu. Zélé antagoniste de l'athéisme, il défendit la théologie, et c'est à cette science qu'il emprunta ses

---

(1) Mort en 1688.

raisons de croire à l'existence d'un Être-Suprême (1). Jean *Pordage*, prédicateur et médecin (2), se déclara formellement en faveur du supernaturalisme mystique. Il tenta de rédiger en système les extravagances théosophiques de Jacques *Bœhme* (§ 330), et prétendit avoir reconnu la vérité de ces idées dans des révélations qu'il avait eues lui-même (3). Son élève, Thomas *Bromley*, propagea ces opinions. — En France, *Poiret*, après avoir suivi l'école cartésienne (voyez § 337), s'attacha ensuite à combattre la méthode spéculative, et se voua entièrement au mysticisme supernaturaliste, en vertu duquel il privait la raison de toute activité propre (4).

---

(1) A. Free and impartial account of the platonic philosophy. Oxf. 1666, in-4. Tentamina physico-theologica de Deo. Lond. 1669, in-8, 1673. Disputationes de Deo et providentia. Lond. 1678, in-4.

(2) Né vers 1625, mort en 1698 à Londres.

(3) Metaphysica vera et divina Francf. et Leips. 1725, III vol. in-8. Sophia seu detectio cœlestis sapientiæ de mundo interno et externo. Amst. 1699. Theologia mystica sive arcana mysticaque doctrina de invisibilibus, æternis, etc., non rationali arte sed cognitione intuitiva descripta. Amst. 1698.

(4) De eruditione triplici solida, superficiaria et falsa. Amst. 1692—1706—1707, 2 vol. in-4. Fides et ratio collatæ ac suo utraque loco redditæ adversus principia Jo. Lockii. Amst. 1707, in-8. Opera posthuma. Amst. 1721, in-4, et autres éditions. Voyez § 339, notes.

V. *Sceptiques.*

§ 342.

Deux disciples de Le Vayer propagèrent le scepticisme en France, Samuel *Sorbière* (1) et Simon *Foucher* (2). Le premier traduisit l'esquisse de la philosophie pyrrhonienne par Sextus-Empiricus. Le second s'occupa de recherches sur l'histoire de la philosophie académique, et opposa le scepticisme aux spéculations de Descartes et de Malebranche. Le scepticisme fut à son tour combattu par Pierre *Mersenne* (3), Martin *Schoock* (4), et Jean *de Silhon* (5). En Angleterre, le prédicateur Joseph *Glanvill* (6) prétendit seulement censurer, à l'aide du scepticisme, les écarts d'un dogmatisme indiscret, particulièrement dans Aristote et Descartes, et comprimer l'audace des systèmes, afin de laisser un accès à la

---

(1) Né en 1615, mort à Paris en 1670.

(2) Voyez § 340.

(3) Mort en 1648.

P. *Mersenne*, La vérité des sciences contre les sceptiques. Paris, 1625, in-8.

(4) Voyez § 336.

Mart. *Schoockii* De scepticismo pars prior, libb. IV. Groning. 1652, in-8.

(5) Mort en 1666.

Jean *Silhon*, De la certitude des connaissances humaines, etc. Paris, 1661, in-8.

(6) Mort en 1680.

véritable philosophie (1). Il développe habilement les motifs du doute par rapport à toutes les parties de la science, et aux découvertes de son temps, spécialement en physique, découvertes qui ne faisaient que mettre l'ignorance humaine dans un jour plus frappant. Remarquons en particulier la manière dont il discute la question de la causalité, sur laquelle il se rencontre avec Algazel (§ 257), et semble devancer David Hume. Ce n'est point, dit-il, par intuition que nous acquérons la notion de cause, et cette notion ne nous parvient point d'une manière directe, immédiate, mais médiatement à l'aide de raisonnemens : or, ces raisonnemens peuvent nous abuser (2). Jérôme Hirnhaym (3) donna aussi au scepticisme une tendance supernaturaliste. Il déclama,

---

(1) Jos. *Glanvill*, *Scepsis scientifica*, or confessed ignorance, the way to science; in an essay of the vanity of dogmatizing and confident opinion. With a reply to the exceptions of the learned Thomas Albius. Lond. 1665, in-4. De incrementis scientiarum inde ab Aristotele ductarum. Lond. 1670. Henr. *Stabius* a publié une dissertation contre ce dernier ouvrage.

(2) Scepsis scientif., p. 142.

(3) Religieux prémontré, et docteur de théologie à Prague, mort en 1679.

Hiéronymus *Hirnhaym*, De typho generis humani, sive scientiarum humanorum inani ac ventoso tumore, difficultate, labilitate, falsitate, jactantia, praesumtione, incommodis et periculis, tractatus brevis in quo etiam vera sapientia a falsa discernitur, et simplicitas mundo contempta extollitur, idiotis in solatium, doctis in cautelam conscriptus. Prag. 1676, in-4.

mais avec esprit, contre la vanité littéraire, et contre l'ignorance des savans ; il ne voit point de connaissance qui ne soit illusoire, point d'axiôme de la raison qui ne soit anéanti par la révélation. Les seuls pivots de toute connaissance certaine sont la révélation divine, la grâce surnaturelle, et une lumière intérieure donnée par Dieu. Cet écrivain fit usage de son scepticisme au profit de l'exaltation ascétique.. — En général, à cette époque le scepticisme fut employé dans une intention pieuse par un certain nombre de savans catholiques, afin de ramener les protestans au giron de l'Église universelle.

PROGRÈS DE L'EMPIRISME EN ANGLETERRE ET EN FRANCE.

Sensualisme de Locke.

§ 343.

An essay concerning human understanding, in four books. London, 1690, in-fol. x ed. Lond. 1731, 2 vol. in-8. Traduct. franç. : Essai philosophique concernant l'entendement humain, où l'on montre quelle est l'étendue de nos connaissances certaines, et la manière dont nous y parvenons, traduit de l'angl. par M. *Coste*, sur la 4ᵉ édit. revue corr. et augm. par l'auteur. Amsterd. 1700, in-4, 5ᵉ édit. 1750, in-4. Trad. lat. par *Burridge* : Joh. Lockii armigeri lib. IV, de intellectu humano. Lond. 1691 et 1701, in fol. et autres édit. Une meilleure traduction

latine est celle de Gotthilf Henri *Thiele*. Leips. 1731, in-8.
Traduct. allem. par H. Engelhardt *Poleyen*, 1757, in-4.
Gottlob Aug. *Tittel*. Mannhein, 1491, in-8, et *Tennemann*. Leips. 1795-1797, 3 vol. in-8.

Avant la publication de ce grand ouvrage, Locke en donna un extrait en français dans la bibliothèque universelle de Leclerc, VIII p. 49-142 : extrait d'un livre anglais qui n'est pas encore publié, intitulé : Essai philosophique concernant l'entendement humain. Du même :

Thoughts on education. Lond. 1693, et autres édit., entre autres Lond. 1732.

Posthumous Works. Lond. 1706, trad. en franç. par J. Leclerc : œuvres diverses de M. Locke. Rotterd. 1710 et Amsterd. 1732, 2 vol. in-8. Œuvres complètes : The Works of John Locke, 1714, 3 vol. in-fol., 3° édit. 1727; (Voyez aussi les articles qui se trouvent réunis dans la collection of several pieces of John Locke. Lond. 1720, in-8.)

Jean *Leclerc*, Eloge historique de feu M. Locke, en avant du tome 1 des œuvres diverses.

Tenneman, Dissert. sur l'Empirisme en Philosophie, spécialement dans la doctrine de Locke, au tome III de sa traduct. de l'essai (all.).

Exposition et examen du système sensualiste de Locke; dans la critique de la philosophie spéculative, par G. E. *Schulze*, t. I p. 113, t. II p. 1 (all.).

Gottlieb Gottwald *Walbst*, Dissert. (respond. J. Godof. *Schüler*) Johannis Lockii de ratione sententias excutit. Viteb. 1714, in-4.

Jean *Locke*, né en 1632, à Wrington, près Bristol,

mort en 1704, abandonna la philosophie scholastique du moment qu'il eut goûté, dans l'étude des classiques, un meilleur aliment pour son génie. Les ouvrages de Descartes donnèrent un nouvel essor à son ardeur pour les sciences, particulièrement pour la philosophie et la médecine; et bien qu'il rejetât la doctrine cartésienne sur plus d'une question, entre autres pour ce qui concerne les idées innées, cette philosophie ne laissait pas de lui plaire par ses efforts vers la clarté et la netteté des pensées. En considérant les perpétuels débats des philosophes, il se convainquit que ces querelles proviennent d'un mauvais emploi des idées et des termes du langage, et qu'il serait possible de les terminer péremptoirement au moyen d'une recherche rigoureuse sur l'entendement humain et sur l'étendue de ses connaissances. Ce travail donna naissance à son célèbre Traité. Une manière de penser pleine de réserve et de tolérance, une raison savante, lumineuse et calme dans ses discussions avec les hommes les plus habiles de son temps, assurèrent à Locke l'estime générale et des succès éclatans : il donna à la philosophie, selon l'esprit de Bacon, une direction opposée à la méthode spéculative, et tournée de préférence vers l'observation, en l'appliquant surtout aux faits de notre nature interne, et en décomposant avec soin les élémens dont ils se composent. La méthode philosophique de Locke se recommandait à divers égards par des avantages précieux, mais elle était aussi très-défectueuse, surtout en ce qu'elle s'arrêtait à la moitié du chemin, et qu'elle éludait les grandes difficultés de la science plutôt qu'elle ne s'attachait à les résoudre, par la profondeur et la solidité de son examen. Toutefois les attaques auxquelles le philosophe fut exposé furent bien moins dirigées vers ces défauts que sur quelques résultats et quelques points de vue particuliers de sa doctrine. Par ses ouvrages sur l'éducation et la tolérance, Locke rendit encore à l'humanité des services qui ne lui ont pas été contestés.

§ 344.

Le plus important des travaux de Locke fut la recherche de l'origine, de la réalité, des limites et de l'usage de notre connaissance. Il combattit l'hypothèse des idées innées, en éclairant vivement la question par l'un de ses côtés, et s'efforça de montrer dans l'expérience, par une induction qui ne pouvait être complète, l'origine de toutes nos idées. La sensibilité qui appartient aux sens extérieurs, et la réflexion, c'est-à-dire la perception des actes de notre âme (le sens intérieur), sont les deux sources premières de toutes nos pensées. De là le nom de sensualisme ou système sensible donné à la doctrine de Locke. Nos idées sont ou simples ou formées par composition : les premières sont celles de solidité, d'espace, d'étendue, de figure, de mouvement, de repos; celles de penser et de vouloir; celles de l'existence, du temps, de la durée, de la puissance;

ou faculté du plaisir et de la peine ; les secondes comprennent les idées d'accidens, de substances et de rapports. Les idées simples ont une réalité objective : l'âme les reçoit comme une table qui n'aurait encore reçu aucun caractère, (*tabula rasa*), sans y ajouter rien du sien, et par le fait de la perception ; ces idées lui représentent d'une part les qualités primitives (*qualitates primarias*), l'étendue, la solidité, la figure, le nombre, la mobilité ; de l'autre, les qualités déduites (*secundarias*), la couleur, le son, l'odeur. Les idées composées sont le produit des idées simples à la suite d'une opération de l'entendement (liaison, opposition, comparaison, abstraction). L'entendement dans son travail pour former des idées composées s'attache à l'expérience, ou il la néglige, et il forme alors des notions originales et indépendantes par leur nature, comme celles qui appartiennent aux mathématiques et à la morale.
— Le langage, et les erreurs auxquelles il peut donner lieu, ont fourni à Locke la matière d'excellentes observations. — Connaître, selon lui, c'est percevoir la conformité et la liaison, ou la diversité et l'opposition de certaines idées ; et cette conformité ou son contraire peut amener à quatre espèces distinctes, savoir : identité ou différence, relation, coexistence ou liaison nécessaire, et existence réelle (1). En tant que perception de cette conformité et de son contraire, la connaissance est ou immédiate ou médiate,

---

(1) Essai, liv. IV, c. 1, § 1—3.

d'intuition ou de démonstration ; de là les notions, intuitives et les notions rationnelles, auxquelles Locke associe en troisième lieu les notions sensibles qui sont bornées aux objets soumis à nos sens. Néanmoins ses recherches sur les limites, l'usage et l'abus de nos connaissances, sont loin d'épuiser les difficultés, et n'entrent pas assez avant dans la question; on peut même dire qu'il avait d'avance pris son parti contre la réalité de la connaissance avant d'en avoir composé la théorie. A l'égard des principes de la pensée et de la connaissance, qui tous lui paraissent déduits, même le principe de contradiction, Locke reste absolument au-dessous du sujet. Son analyse n'atteint que le matériel et jamais le formel de la connaissance; elle est incomplète et insuffisante, parce qu'elle s'arrête tout court, après quelques essais sur les idées les moins composées, sans rien voir au-delà. Faisant dériver toutes nos idées de l'expérience, il s'efforce de maintenir ce principe dans les applications qu'il en fait par toutes sortes de raisons plus ou moins faibles; ainsi, lorsqu'il prétend donner à son tour une démonstration de l'existence de Dieu et de l'immortalité de l'âme, c'est sur le terrain mouvant de l'empirisme qu'il s'efforce de construire une métaphysique.

§ 345.

Locke se proposait de délivrer la philosophie de la vaine manie des disputes, et de l'esprit de subtilité : malheureusement, par la méthode facile et commode qu'il introduisit, il affaiblit les habitudes sévères d'une étude laborieuse et approfondie : tout en donnant une sorte de popularité aux recherches métaphysiques, il favorisa l'esprit d'indifférence relativement à leurs résultats, et ouvrit un facile accès au matérialisme et au scepticisme. En morale, il prit son point de départ dans des principes empiriques, et dans le besoin du bonheur (1). Il compensa d'ailleurs ces défauts, et d'autres encore, par les progrès qu'il fit faire à l'étude psychologique, et à la science des faits de l'expérience ; par une foule d'excellens préceptes pour la méthode, par des aperçus de détails souvent précieux et féconds, et des recherches entièrement neuves sur des points qui avaient été négligés jusqu'à lui. Sa philosophie devint popu-

---

(1) Sur les défauts de l'empirisme de Locke, voyez lord Shaftesbury. Letters written by a nobleman to a young man at the university. London, 1716.

L'anti-scepticisme, ou remarques sur chaque chapitre de l'Essai de M. Locke, par Henry *Lee;* et : Essai d'une Théorie du Monde idéal, par John *Norris.* Lond. 1704, in-8. Ces deux ouvrages, dirigés contre Locke, ont assez peu d'importance. On fit plus d'attention à celui-ci : The procedure extent and limits of human understanding (par l'évêque *Brown*), IIe édit. Lond. 1729, in-8 ; continué sous le titre : Things divine and supernatural conceivied by analogy with things natural and human, etc. Lond. 1733. (C'est contre la première partie que *Berkeley* composa son Alciphron or the minute philosopher). Enfin : Two dissertations concerning sense and imagination with an essay on consciousness. Lond. 1728, in-8.

laire en Angleterre, en France, dans les Pays-Bas où J. *Le Clerc* (1) et *S'Gravesande* s'attachèrent à ses principes; de là elle passa en Allemagne où elle prit faveur de plus en plus. Un grand nombre d'esprits distingués suivirent Locke dans les voies qu'il avait ouvertes, et développèrent les conséquences de l'empirisme plus ou moins prochaines, plus ou moins éloignées, dont les principales furent : l'hypothèse d'un sens spécial approprié à la vérité en matière de spéculation et de morale (Reid, Beattie, Rüdiger); une tentative pour établir et motiver la réalité objective de la connaissance (Condillac, Bonnet, d'Alembert, Condorcet); l'analyse des facultés de l'âme (Hartley, Condillac, Bonnet); le développement de diverses règles excellentes pour la recherche de la vérité (S'Gravesande, Tschirnhausen); une fausse manière de considérer la métaphysique comme se réduisant à la réflexion logique sur des faits donnés (Condillac); la propagation du matérialisme et de l'athéisme (La Métrie; système de la nature; Priestley); enfin la morale convertie en un calcul d'intérêt (La Rochefoucauld, Helvétius).

---

(1) Clericus, né à Genève en 1657, mort en 1736.
Joh. *Clerici* Opera philosophica. Amst. 1692 et 1693. Œuvres complètes, 1710, IV vol. in-4, et 1722. Voyez § 351.

II. *Isaac Newton.*

§ 346.

OEuvres : naturalis philosophiæ principia mathematica. Lond. 1687, in-4. Augmenté, 1713. Edid. Lesueur et F. Jaquier. Genève, 1760. 3 vol. in-4.

Treatise of Optik, etc. Lond. 1704, in-4. Optice lat. reddita a Samuele Clarke. Lausann. 1711, in-4.

Opera, comment. illustr. Sam. Horsley. Lond. 1779, 5 vol. in-4.

A view of Newton's philosophy, by Henry *Pemberton.* Lond. 1726, in-4

Guill. Jac. *S'gravesande*, Physices elementa mathematica experimentis confirmata; s. introductio ad philosophiam newtonianam. Lugd. B. 1720, 2 vol. in-4.

Voltaire, Élémens de la philosophie de Newton, mis à la portée de tout le monde. Amst. 1738, et : La métaphysique de Newton, ou parallèle des sentimens de Newton et de Leibnitz. *Ib.* 1740, in-8. Comparaison de la métaphysique de Leibnitz et de Newton, etc.; opposés à M. de Voltaire par L. M. *Kahle.* Goetting. 1740; in-8 (all.).

Maclaurin, Exposition des découvertes philosophiques de Newton, 1748. Trad. lat. par Gr. Falck. Vienne; 1761, in-4.

La direction expérimentale déjà dominante en Angleterre, le devint plus encore par l'influence d'Isaac Newton (1). Doué d'un coup-d'œil pratique, rapide

---

(1) Né à Cambridge en 1642, mort professeur de mathématiques dans cette même ville en 1727.

et pénétrant, ce grand homme, qui a fait époque dans l'histoire de la physique, dirigea les esprits par sa doctrine et son exemple vers la route de l'observation, route qui le conduisit aux grandes découvertes dont les sciences lui sont redevables (la théorie des couleurs, la loi de la gravitation); et non-seulement il était ennemi des hypothèses, mais il allait encore jusqu'à vouloir prémunir la physique contre le contact de la métaphysique. Cela ne l'empêcha pas toutefois de présenter en forme d'hypothèses quelques vues particulières sur la métaphysique (celle-ci par exemple que l'espace infini, dans lequel se meuvent les corps célestes, pourrait être le sensorium de Dieu); il présupposa dans les corps diverses propriétés, entre autres la pesanteur des atomes, et il osa même penser que quand la philosophie de la nature (*naturalis philosophia*) aura accompli sa carrière expérimentale, elle pourra contribuer aussi à étendre et à perfectionner la philosophie morale, attendu que la connaissance de la cause première et de ses rapports avec nous peut agrandir nos idées relativement à nos devoirs envers elle (1).

---

(1) Optic. lib. III, qu. 31, p. 330.

III. *École anglaise de philosophie morale, et réaction contre l'empirisme de Locke.*

§ 347.

Il parut en Angleterre une série de philosophes qui s'efforcèrent d'établir et de développer les vérités fondamentales de la morale indépendamment de la religion révélée, et qui, dans ce but, employèrent la méthode d'observation de Bacon. Ils cherchèrent le principe des idées et des sentimens moraux non dans la raison, qu'ils considéraient comme une faculté purement réflexive et spéculative, mais plutôt dans un sens particulier, le sens moral, attendu que c'est par les sens en général que l'objectif, le réel nous est connu. Quelque peu satisfaisante que fût, sous un certain rapport, cette hypothèse, elle ne laissa pas de servir à faire concevoir et envisager les faits de la conscience morale avec plus de pénétration et de délicatesse. Le désir de réfuter la doctrine de Hobbes (§ 327), qui avait fondé le droit et tous nos devoirs moraux sur un principe d'intérêt personnel, et le soupçon d'une contradiction contenue dans cette doctrine, suggérèrent d'abord à Richard *Cumberland* (1) l'idée d'attribuer un autre principe aux actes moraux, savoir la bienveillance morale envers tous les hommes et envers

---

(1) Né en 1632, mort en 1719.

Dieu, et il tâcha de faire voir, par le raisonnement, dans ce principe celui de tous nos devoirs et de notre félicité la plus parfaite (1). Ces nouvelles vues furent portées plus loin par un personnage illustre, mais d'une santé trop faible pour suffire à ses travaux, Antoine Ashley Cooper, comte de *Shaftesbury* (2), qui, bien qu'ami de Locke, avait aperçu, par un coup-d'œil plein de pénétration, tout ce que l'empirisme présentait d'inconvéniens par ses conséquences. Il fit consister la vertu dans l'harmonie des penchans sociaux et personnels, et dans une satisfaction intérieure qui accompagne l'exercice des actes désintéressés, et à laquelle le bonheur individuel est inséparablement attaché (3). L'ingénieux Will. *Wollaston* (4) posa ce principe : Toute action exprimant une proposition

---

(1) Richard *Cumberland*, De legibus naturæ disquisitio philosophica, in qua, etc., elementa philosophiæ hobbesianæ cum moralis tum civilis considerantur et refutantur. Lond. 1672, in-4. Trad. franç. avec des remarques de Barbeyrac. Amsterd. 1744, in-4.

(2) Né à Londres en 1671, mort à Naples en 1713.

(3) *Schaftesbury*, Characteristics of man. Lond. 1733, III vol. in-12; et aut. édit. trad. allem. Leips. 1768. OEuvr. philos. (*id.*). Leips. 1776—1779, III vol. in-8. An inquiry concerning virtue and merit, 1699. En allem. : Essai sur le Mérite et la vertu, refondu d'après Diderot. Voyez § 375; trad. du français. Leips. 1780, in-8; enfin, the Moralists.

Mémoires pour servir à la vie d'Antoine Ashley, comte de Shaftesbury, tirés des papiers de feu M. Locke, et rédigé

vraie, est une bonne action ; et il considéra ainsi la vérité comme le bien suprême pour l'homme, et comme la source de la pure morale.

§ 348.

Les conséquences qui, en Angleterre, sortirent de l'empirisme de Locke, et qui y prirent un développement rapide, dans le sens du scepticisme, de l'athéisme, du matérialisme et de l'irréligion (1),

---

par Jean Leclerc, dans le tome II des OEuvres diverses de M. Locke.

(4) Né en 1659, mort en 1724.

W. *Wollaston*, The Religion of nature delineated. Lond. 1724—1726—1738. En français : Ebauche de la Religion naturelle, etc. La Haye 1726, in-4. Voyez aussi en opposition à cet ouvrage :

Examination of the notion of moral good and evil advanced in a late book intitled : The Religion of nature delineated, by John Clarke. Lond. 1725, in-8.

J. M. *Drechsler*, Sur la philosophie morale de Wollaston. Erl. 1801, II° édit. Erl. 1802, in-8.

(1) Ici se placent les débats entre le médecin William *Coward*, auteur de plusieurs écrits contre l'immatérialité de l'âme (de 1702 à 1707), et ses adversaires J. *Turner*, J. *Brughton*, etc.; il faut y joindre les querelles suscitées par l'opinion de H. *Dodwell*, qui s'était déclaré pour la nature mortelle de l'âme.

engagèrent le ministre Samuel *Clarke* (1), le plus célèbre des philosophes anglais, après Locke et Newton, à entrer dans la lice, et à combattre de toutes ses forces les nouvelles doctrines (2). Admet-

---

(1) Né à Norwich en 1675; disciple de Newton; mort en 1729.

(2) Il prétendit déduire l'immortalité de l'âme humaine de l'idée d'un être immatériel, contre l'opinion de Dodwell (ci-dessus note 1) : A letter to Mr. Dodwell wherein all the arguments in his epistolary discourse against the immortality of soul are particularly answered, etc. Lond. 1706, in-8. Le célèbre esprit-fort (*freethinker*) Ant. *Collins* (pupille de Locke, né à Heston en 1676, mort en 1729), montra le côté faible de cette démonstration : Letter of the learned Mr. H. Dodwell containing some remarks on a pretended demonstration of the immateriality and natural immortaly of the soul in Mr. Clarke's answer to his late epistolary discourse. Lond. 1708, in-8. De là plusieurs écrits polémiques échangés entre Clarke et Collins ; on les trouve traduits en français dans l'Encyclopédie méthodique, philos. ancienne et moderne, t. 1, p. 11, p. 796. On trouve dans le recueil que nous indiquons au § 354, les traités polémiques relatifs au libre arbitre : philosophical inquiry concerning human liberty. Lond. 1715, et avec supplémens 1717, in-8, etc. La théologie naturelle de Clarke est renfermée dans ses sermons traduits en plusieurs langues, qu'il publia sous ce titre : A demonstration of the Being and attributes of God. Lond. 1705 et 1706. 11 vol. in-8. Et Verity and certitude of natural and revealed religion. Lond. 1705. Le même recueil contient aussi les ouvrages de Clarke concernant son débat avec Leibnitz sur l'espace et le temps, et le principe de la raison suffisante (voyez le recueil de Polz indiqué au § 58, 11, c.).—The Works of Sam. Clarke. Lond.

tant un accord nécessaire entre la religion révélée et la raison même, Clarke s'efforça de démontrer, d'une manière nouvelle, l'existence de Dieu; il déclara Dieu le sujet (*substratum*) de l'espace et du temps infinis, qui ne sont que ses accidens; il fit dériver la liberté morale de principes insuffisans, et ramena l'essence du bien moral à la notion de convenance, telle que l'entendement nous la fournit (1). D'un autre côté, le scepticisme de Bayle engagea l'évêque de Dublin, William *King* (2), à donner une théodicée avant Leibnitz, et Jean *Clarke* (frère de Samuel) à reproduire l'ouvrage de King, avec des développe-

---

1738—42. iv vol. in-fol. — Hoadley a composé la Vie de Clarke; on la trouve aussi en avant de la traduction allemande des Traités de Cl. sur l'existence et les attributs de Dieu. Brunswick, 1756, in-8.

(1) Sam. *Clarke*, Discourse concerning the unchangeable obligations of natural religion. Lond. 1708.—En opposition à cet ouvrage : The foundation of morality in theory and practice considered in an examination of Dr. Sam. Clarke's opinion concerning the original of moral obligation; as also of the notion of virtue advanced in a late book entitled : An inquiry into the original of our ideas of beauty and virtue by John *Clarke*. York (sans date).

(2) De origine mali auth'ore Guilielmo *King*, etc. Lond. 1702, in-8. Brême, 1704, in-8; traduit ensuite en anglais. Leibnitz a plusieurs fois en vue cet ouvrage dans sa Théodicée, et Bayle l'a combattu dans sa Réponse aux questions d'un provincial.

mens plus précis, dans lesquels il ne laisse pas de faire reposer la vertu sur le principe de l'amour de soi (1). Les naturalistes, Jean *Ray* (2) et William *Derham* (3) prirent part à cette discussion par des ouvrages physico-théologiques. *Collier* (4) et George *Berkeley* (5) choisirent une route directement opposée. Le second, surtout, penseur judicieux et profond, animé d'un vrai zèle pour la

---

(1) An inquiry into the cause and origin of Evil, etc. Lond. 1720—21, ii vol. in-8.

(2) John *Ray* ou *Wray*, né en 1628, mort en 1705. Three physico-theological discourses. Lond. 1721, in-8; et: The wisdom of god in the works of creation, vi édit. Lond. 1714. Trad. en français: L'Existence et la Sagesse de Dieu. Utrecht, 1714, in-8.

(3) Mort en 1735. Will. *Derham's*, Physico-theology, etc. Lond. 1713, in-8, et autres édit. — Astro-theology, etc. Lond. 1714, et autres édit. Ces deux ouvrages ont été traduits en plusieurs langues.

(4) *Clavis universalis* or a new inquiry after being a demonstration of the non-existence or impossibility — by *Collier*. Lond. 1713, in-8.

(5) Né à Kilkrin, en Irlande, en 1684, évêque de Cloyne en 1734, mort en 1753. Treatise on the principles of human Knowledge. Lond. 1710, in-8, ii° éd., 1725. Three dialogues between Hylas and Philonous. Lond. 1713, in-8. Alciphron or the minute philosopher. Lond. 1732, in-8; traduct. franç. La Haye, 1734, ii vol. in-8. Theory of vision. Lond. 1709, in-8. The Works. Lond. 1784, ii vol. in-4. On y trouve la vie

dignité de l'espèce humaine, et digne lui-même de respect par la moralité de son caractère, fut vivement frappé des inconvéniens que présentait la doctrine dominante de l'empirisme dans ses conséquences. Par-là il fut conduit à penser que le principe de toutes ces aberrations était la croyance chimérique à la réalité d'un monde corporel, et il vit dans l'idéalisme l'unique route à suivre, le seul vrai système de connaissance. C'est avec une sagacité peu commune que Berkeley fait voir les difficultés de l'expérience extérieure, l'obscurité de l'idée d'une substance étendue, soutenant que par les sens nous ne percevons autre chose que des qualités sensibles, nullement l'existence ni la substantialité d'aucun objet sensible, et qu'admettre un monde corporel distinct et indépendant de nos sensations, c'est se créer une pure chimère. En conséquence, il n'existe, selon lui, que des esprits; l'homme ne perçoit rien autre chose que ses idées; mais il ne les produit point lui-même; leur multi-

---

de l'auteur, par Arbuthnot, probablement la même qui parut séparément : An account of the life of G. Berkeley. Lond. 1776, in-8. Collection des principaux écrivains qui nient la réalité de leur propre corps et du monde matériel tout entier, contenant les dialogues de Berkeley entre Hylas et Philonous, et la clé universelle de Collier, avec des notes qui servent à la réfutation du texte, et un supplément dans lequel on démontre la réalité des corps, par J. Christ. *Eschenbach*. Rost. 1756, in-8 (all.).

tude et leur variété, l'ordre et la proportion qui règnent entre elles, et qui repoussent toute idée d'arbitraire, attestent qu'elles sont communiquées à l'âme humaine par un esprit doué de perfections infinies. Néanmoins, en vertu de la liberté absolue qui lui est aussi donnée, l'homme est par lui-même l'auteur de ses erreurs et de ses mauvaises actions. C'est ainsi que Berkeley et Collier (dont l'ouvrage n'a pas acquis autant de célébrité que les élégans dialogues de l'évêque de Cloyne), dominés par la nécessité de sauver l'ordre moral, se flattèrent d'avoir démontré l'idéalisme auquel Malebranche avait préparé la voie, et d'avoir sapé ainsi dans leurs fondemens le scepticisme et l'athéisme. Cependant leur doctrine n'eut point sur la philosophie anglaise une influence très-puissante. On a aussi de Berkeley des recherches intéressantes sur l'opération de la vision.

§ 349.

Le système des dispositions bienveillantes (voy. § 347) dût à Hutcheson son développement le plus complet. François *Hutcheson* (1), que l'on consi-

---

(1) Né en Irlande en 1694, professeur à Glascow en 1729, mort en 1747.

Francis *Hutcheson*, Inquiry into the original of our ideas of beauty and virtue. Lond. 1720; et autres éd. in-8, trad. franç. Amsterd. 1749. Essay on the nature and quiding of passions

dère comme le fondateur de l'école morale écossaise, fit ressortir plus vivement encore que les précédens l'opposition de l'amour de soi et de la moralité. Selon lui, la bonté morale n'appartient qu'aux penchans bienveillans et aux actions désintéressées qui en découlent. Cette bonté est indépendante de l'utilité et du bien-être personnel, des jouissances sympathiques et morales, de la vérité et de la raison spéculative, et de la volonté divine; elle ne peut donc appartenir qu'à un sentiment ou instinct moral, dont les caractères sont la noblesse et l'autorité impérative, et dont la destination est de maintenir dans l'ordre toutes les forces et les déterminations de la volonté humaine, enfin de terminer le conflit entre nos affections intéressées et désintéressées. De ce principe Hutcheson déduisit tout le système des droits et des devoirs. Ses recherches ont en outre beaucoup contribué aux progrès de l'Æsthétique.

§ 350.

IV. *Philosophes moralistes français.*

En France, la philosophie morale suivit presque

---

and affections with illustrations on the moral sense. Lond. 1728, iv° éd., 1756, in-8. System of moral philosophy in three books, etc., to which is prefixed some account of the life, writings and character of the author by Will. *Leechmann.* Lond. 1755, II vol. in-4.

la même marche. Après les efforts tentés par les Jésuites pour rendre plus agréable, au moyen de maximes relâchées, la morale qu'ils voulaient faire servir d'auxiliaire à leur influence, efforts qui n'aboutirent qu'à ruiner leur considération (1), de célèbres écrivains attachés à Port-Royal ou à l'Oratoire, *Arnauld*, *Pascal*, *Nicole*, *Malebranche* (voy. § 337), afin de combattre le funeste effet de leurs doctrines, développèrent une morale sévère, mais souvent mystique et enthousiaste, qui ne pouvait soutenir long-temps son premier succès. Le duc François de La Rochefoucauld (2) esquissa un tableau de l'âme humaine prise dans le point de vue réel, et qu'il représenta comme dirigée et dominée par l'amour-propre; la partie corrompue des classes supérieures puisa dans ses maximes une morale commode. Bernard de *Mandeville* (3) alla jusqu'à soutenir que toute vertu est un produit artificiel de la politique et de la vanité, et que le vice chez les individus tourne au profit de la communauté sociale, doctrine qui dé-

---

(1) Voyez la Morale des Jésuites, etc. Mons, 1669, in-8.

(2) Né en 1612, mort en 1680.

Réflexions ou Sentences et Maximes morales de M. de La Rochefoucauld; Paris, 1690, in-12. Amsterd. 1705, in-12. Avec des remarques par Amelot de la Houssaye. Paris, 1714; et autres édit. Maximes et Œuvres complètes. Paris, 1797, 11 vol. in-8.

(3) Il était Hollandais, mais d'origine française, et vécut à Londres, où il exerçait la médecine. Né en 1670 à Dordrecht, il mourut en 1733.

truisit toute distinction fondamentale entre le bien et le mal, le juste et l'injuste (1).

V. *Sceptiques de cette époque.*

§ 351.

Le scepticisme avait servi à Nicole (§ 337) et à Bossuet (2), ainsi qu'à beaucoup d'autres écrivains, comme un moyen pour ramener les protestans à

---

(1) Voyez sa fameuse fable des Abeilles, qu'il fit paraître, en 1706 : The grumbling hive, or Knaves turned honest ; huit ans après il donna, avec d'amples éclaircissemens : The fable of the Bees or private vices made public benefits. Lond. 1714. Il composa, pour défendre sa doctrine, six dialogues, qui forment le second volume de l'ouvrage entier dans l'édition de 1728 et les suivantes. En outre : Inquiry into the origin of moral virtue, vi edit. 1732, ii vol. in-8; traduct. franç. Lond. (Amsterd.) 1740, iv vol. in-8. L'Alciphron de Berkeley (voyez § 348) est surtout dirigé contre lui. Lond. 1732, in-8. Beaucoup d'autres écrivirent aussi contre lui, entre autres Will. *Law* : Remarks upon a book : the fable, etc., in a letter to the author. Lond. 1724, ii° édit. 1725; et (*Bluet*) Inquiry whether a general practice of virtue tends to the wealth or poverty, benefits or disadvantage of a people, etc. Lond. 1725, in-8.

Mandeville, Free thoughts on religion, the church, government, etc. Lond. 1720, trad. franç. : Pensées libres sur la Religion. Amsterd. 1723. *Id.* 1729, trad. par van Effen. 1738.

(2) Évêque de Meaux, né en 1617, mort en 1704.

l'église catholique, et relever l'importance de l'autorité ecclésiastique, en insistant sur les incertitudes de la raison (1). Bientôt parurent trois hommes qui le professèrent pour lui-même avec un esprit d'examen libre et dégagé de toute prévention. L'évêque Pierre-Daniel *Huet* (2), l'un des premiers savans de son temps, embrassa dans ses études tout le cercle des connaissances humaines; mais comme il cherchait moins en lui-même que dans les autres ses motifs de conviction, il lui arriva de quitter la philosophie cartésienne pour celle d'Aristote, ensuite cette dernière pour celle de Platon; ne voyant dans aucune de quoi le satisfaire, et trouvant la doctrine de Gassendi contraire à la foi religieuse, il se tourna vers le scepticisme. Dans son dernier

---

(1) Franc. *Turretini* Pyrrhonismus pontificius. Lugd. Bat. 1692.

(2) Né à Caen en 1630, mort en 1721.
Petri Dan. *Huetii* Commentarius de rebus ad eum pertinentibus. Hag. Com. 1718, in-12.
Demonstratio evangelica. Amstel. 1679, in-8, 1680, in-8.
Censura philosophiæ cartesianæ, et autres ouvrages. Voyez ci-dessus § 333.
Questiones Alnetanæ de concordia rationis et fidei. Cadom. 1690, in-4. Lips. 1693—1719, in-4.
Traité de la faiblesse de l'esprit humain. Amst. 1723, in-12.
En opposition à cet ouvrage: Ant. *Muratori*, Trattato della forza dell' intendimento umano, ossia il Pirronismo confutato. Venet. 1745, iiie édit. 1756, in-8.

ouvrage, il professa ouvertement le scepticisme: sans doute, dit-il, il y a une vérité dans les choses, mais Dieu seul est capable de la connaître; pour arriver à cette vérité, l'esprit humain a trop d'obstacles à combattre, et il ne peut jamais être assuré que sa connaissance corresponde réellement aux choses mêmes qui en sont l'objet. La foi seule peut donner la certitude, et la foi est placée hors des atteintes du scepticisme, parce qu'elle ne vient point de la raison, mais d'une influence surnaturelle de Dieu, et qu'elle se fonde sur une vérité certaine en soi, et directement révélée. Pierre *Bayle* (1), par ses attaques ingénieuses et fortes contre la philosophie dogmatique, sut mieux contribuer à amener la philosophie sur la voie de la vraie science, quoique chez lui la conviction de la possibilité d'une philosophie ne paraisse pas avoir pris des racines aussi profondes que chez Glanville, dont nous avons

---

(1) Pierre *Bayle*, Pensées sur les comètes, 1681. Amsterd. 1722—1726, IV vol. in-8.

Dictionnaire historique et critique.

Réponses aux questions d'un provincial. Rotterd. 1704, v vol. in-8. — Lettres, Rotterd. 1712. Amsterd. 1729, in-8. OEuvres diverses. La Haye, 1725—1731, IV vol. in-fol.

Des Maizeaux, La vie de P. Bayle. Amsterd. 1730, in-12. La Haye, 1732, II vol. in-12; et en avant du Dictionn. édit. d'Amsterd. 1730 et 1740, et Bâle, 1741.

C. M. *Pfaffii* Dissertationes anti-Bælianæ tres. Tubing. 1719, in-4.

parlé ci-dessus (§ 342). Doué d'un caractère honorable, Bayle joignait, à l'immense instruction qu'il avait acquise, une intelligence vive et pénétrante, un talent critique plein de vigueur et de justesse, sans posséder précisément l'esprit des profondes recherches philosophiques. Ces dispositions favorisées par de vastes lectures, entre autres par celle de Plutarque et de Montaigne, fortifiées par l'étude des systèmes philosophiques et des questions religieuses qui retentissaient de toutes parts à l'époque où il vivait, se développèrent chez lui en une manière de penser sceptique, et sous une forme de critique historique telles qu'on ne les avait point vues encore. Né à Carlat, dans le comté de Foix, en 1647, il obtint, après bien des aventures, une chaire à Sedan, et plus tard à Rotterdam; il fut, malgré lui, engagé dans bien des querelles, et mourut, en 1706, au sein d'une heureuse indépendance. Ce fut un ami ferme et sincère de la vérité; il sut combattre les préjugés, les erreurs, les folies, surtout les superstitions et l'intolérance, avec les armes du raisonnement, de l'érudition, et d'une gaîté spirituelle. Il s'était d'abord attaché à la philosophie cartésienne; mais en la comparant avec les autres systèmes, et en se familiarisant de plus en plus avec les raisonnemens sceptiques, il conçut une certaine méfiance contre la possibilité de la connaissance. Il s'était convaincu que si la raison est assez forte pour reconnaître l'erreur, elle est trop faible pour atteindre d'elle-même la vérité sans aucun secours étranger; qu'enfin elle ne peut qu'aller à l'aventure sans l'appui d'une révélation divine. Dans cet esprit, il ne songea qu'à chercher les côtés faibles de chaque système, les contradictions, les absurdités tenues pour vraies dans quelque école ou quelque secte que ce fût. Il démêla principalement les difficultés qui entourent les questions de Dieu, de la création, de la providence, du mal, de l'immatérialité, de la liberté, et de la réalité de notre notion du monde extérieur. Tout en balançant la raison par la révélation, et en considérant celle-ci comme le phare de la première, il ne laissa pas de relever, dans la religion révélée et dans la morale théologique, des points qui sont inconciliables avec la raison, et par là il força les esprits à des recherches plus approfondies. Dans ses débats avec Jean *Le Clerc* (§ 345) sur la Providence et les forces plastiques, avec *Leibnitz*, sur l'origine du mal (§ 358), avec Isaac *Jacquelot* (§ 339) (1),

---

(1) *Le Clerc* composa contre Bayle : Défense de la Providence contre les Manichéens, dont les raisons ont été proposées par M. Bayle dans son Dictionnaire critique (dans le t. 1 des Parrhasiana, p. 303). Cet ouvrage est conçu dans le sens de la doctrine d'Origène. Le même Le Clerc entreprit ensuite la défense de Cudworth, particulièrement sur l'hypothèse des *natures plastiques*; cette nouvelle dispute amena, de part et d'autre, une suite d'écrits polémiques, dans lesquels Le Clerc finit par accuser Bayle d'athéisme.

Jacquelot attaqua la doctrine théologique de Bayle dans un livre intitulé : Conformité de la foi avec la raison, ou Défense de la Religion contre les principales difficultés répan-

et d'autres, il sut toujours conserver le calme et la dignité philosophique. Ses ouvrages ont puissamment contribué à la propagation des lumières. Jean-Baptiste de Boyer, marquis d'*Argens* (1), se déclara ensuite pour un scepticisme très-étroit. L'école sceptique fut attaquée, mais non pas vaincue, par P. de *Villemandy* (2), J. P. de *Crouzaz* (3) et *Formey* (4).

---

dues dans le Dictionnaire historique et critique de M. Bayle. Amst. 1705, in-8. Bayle lui répondit, dans le t. III de ses Réponses aux questions d'un provincial. Jacquelot donna ensuite un Examen de la Théologie de M. Bayle; et celui-ci répliqua par ses Entretiens de Maxime et de Thémiste, ou Réponse à l'Examen de la Théologie de M. Bayle, par M. Jacquelot. Cet ouvrage ne parut qu'en 1707, à Rotterdam, après la mort de l'auteur. Jacquelot y fit une autre réplique à son tour.

(1) Chambellan de Frédéric-le-Grand, mort à Aix, sa ville natale, en 1770.

(2) Petri *de Villemandy*, Scepticismus debellatus seu humanæ cognitionis ratio ab imis radicibus explicata, etc. Lugd. Bat. 1697, in-4. Voyez § 139.

(3) Voyez les ouvrages indiqués au § 124.

(4) *Ibid.*

TROISIÈME PARTIE

Philosophie en Allemagne.

§ 352.

Pufendorf.

Au milieu du xviie siècle, la philosophie acquit en Allemagne des forces nouvelles. Ce progrès se manifesta d'abord dans une matière spéciale et bornée, grâce à Samuel baron de *Pufendorf*, lequel donna au droit naturel une forme scientifique. Il naquit en 1632, à Floehe près Chemnitz, étudia la philosophie de Descartes à Jena, devint, en 1661, professeur de droit naturel et de droit des gens à Heidelberg, puis à Lund, et mourut historiographe de la maison de Brandebourg, à Berlin, en 1694. Il se proposa de concilier les opinions de Grotius et de Hobbes; et traita le droit naturel comme une science toute rationnelle des droits et des devoirs, indépendante des dogmes de la révélation ainsi que du droit positif. Cette manière d'envisager son sujet lui attira de nombreuses querelles de la part des philosophes de l'école théologique, entre autres Valent. Alberti et Joachim Zentgrave. Ce fut lui qui le premier mit en crédit le principe de sociabilité, invoqué d'abord par Grotius. L'homme, en vertu de l'amour de soi et du besoin qu'il a d'être assisté, est porté naturellement à rechercher ses semblables pour en être secouru; mais aussi, par le vice de sa nature corrompue (état de nature selon Hobbes), par la diversité de ses désirs, le manque de moyens suffisans pour les satisfaire, et l'instabilité de son humeur, l'homme n'a pas moins de penchant à nuire aux autres. De là résulte, par le principe même de l'amour de soi, la loi naturelle de sociabilité, loi qui nous prescrit de travailler autant qu'il est en nous à la formation et à l'entretien des liens sociaux, et qui tient sa sanction de Dieu même comme créateur de l'homme, et, à ce titre, auteur de toutes ses lois. De cette source, Pufendorf fait découler tous les devoirs, soit moraux soit juridiques, c'est-à-dire relatifs à la justice positive. Il n'arrive pas à la distinction du droit naturel et de la morale; il a recours encore, sur bien des points, à la morale positive du christianisme ; néanmoins il faut reconnaître qu'il a posé les bases de la philosophie pratique universelle. Les nombreuses disputes où il fut engagé, particulièrement avec Alberti (§ 324), ont été de peu de profit pour la science. D'un autre côté, les commentateurs ne lui ont pas manqué non plus que les adversaires.

Sam. *Pufendorf*, Elementa jurisprudentiæ universalis. Hag. Com. 1660. Jen. in-8.

De jure naturæ et gentium, libb. VIII. Lund. 1672. Francof. 1684, in-4, cum notis *Hertii, Barbeyraci* et *Mascovii*, Francof. et Lips. 1744, 1749, II vol. in-4, et autres édit. Traduit en français par Jean *Barbeyrac*. Amsterd. 1706, IV° édit. Bâle, 1732, II vol. in-4. Pufendorf a donné de ce livre, qui est son principal ouvrage, un extrait intitulé : De officio hominis et civis, libb. II. Lund. 1673, in-8, et aut. édit. cum notis variorum. Lugd. Bat. 1769, II vol. in-8, trad. en franç. par Barbeyrac. Amsterd. 1707, et aut. éd.—Eris scandica. Francof. 1686. —Sur le droit naturel de Pufendorf, voyez Leibnitz (cf. § 358, note 1).

I. *Leibnitz.*

§ 353.

Fontenelle, Éloge de M. de Leibnitz, dans l'histoire de l'acad. roy. des sciences de Paris, 1716. La partie biographique est faite sur la notice communiquée par J. Ge. d'Eccard, notice qui a été publiée sur l'original par M. de *Murr* dans le journal de l'histoire des arts et de la bibliographie universelle, t. VII. Nuremberg, (all.).

Bailly, Éloge de M. de Leibnitz, qui a remporté le prix de l'académie de Berlin, 1769, in-4.

Vie et catalogue des ouvrages de M. de Leibnitz dans le plan développé d'une histoire complète de la philosophie de Leibnitz, par *Ludovici*. Leips. 1737 (all.).

Lamprecht, Vie de M. de Leibnitz. Berlin, 1740, in-8 (all.).

Histoire de M. de L. traduite du français de M. *de Jaucourt*. Leips. 1757, in-8.

Kœstner, Éloge de L. Altenb. 1769, in-4 (all.)

Mich. *Hissmann*, Essai sur la vie du baron de Leibnitz. Münster, 1785, in-8.

On trouve une vie du baron de L. par L. *Rehberg*, dans le Magasin hanovrien, 1787, 25ᵉ année (all.); une autre dans les vies et portraits d'illustres Allemands, par *Klein*, 1re (all.); et une troisième dans le Panthéon allemand (par *Eberhard*).

Godefroi-Guillaume *Leibnitz* embrassa le domaine tout entier de la philosophie, et lui imprima, en Allemagne, un grand et nouveau mouvement. Tout ce qui mérite d'occuper la pensée était du ressort de ce génie vaste et original, surtout les mathématiques et la philosophie; aucune branche des connaissances humaines ne lui était étrangère; dans toutes, soit pour les rectifier, soit pour les étendre, il a prouvé par des tentatives ou des découvertes la puissance de son investigation philosophique. Il créa en Allemagne une école qui se distingua par la solidité des principes et l'esprit systématique; école qui a définitivement renversé la scholastique, et dont l'influence s'est fait sentir utilement dans les autres sciences. Leibnitz posa les fondemens de ce grand édifice par ses travaux et par son exemple, par la comparaison et la combinaison des systèmes philosophiques connus jusqu'à lui, son érudition supérieure, la libéralité de ses habitudes philosophiques et cette haute indulgence qui savait découvrir toujours quelque bon côté, quelque matière à d'utiles recherches jusque dans les opinions les plus dédaignées des écoles les plus obscures; par le sentiment de l'harmonie qu'il portait dans tous les sujets, par cette multitude d'aperçus, d'idées, de conjectures, d'hypothèses qui jaillissaient comme des étincelles de son génie éminemment inventif, mais dont il laissa à des mains étrangères le soin de former le lien ou de retravailler les détails. Il naquit le 21 juin 1646, à Leipsick, où son père était professeur de morale. Il étudia la philosophie sous Jacq. Thomasius (né en 1622, mort en 1684); s'adonna en même temps aux mathématiques et à la science du droit; lut les classiques dans leur langue originale, surtout Platon et Aristote, dont il se proposa de bonne heure de rapprocher les doctrines. Le développement de son esprit, en mille sens divers, fut secondé par une lecture et une correspondance immenses, par les succès qu'il obtint de bonne heure, par ses voyages, particulièrement à Paris et à Londres, enfin par ses liaisons avec les savans, les hommes d'État et les princes les plus illustres de son temps. Il mourut le 14 novembre 1716, à Hanovre, conseiller privé du Hanovre et administrateur de la bibliothèque. La même vénération qu'inspira ce grand homme à ses contemporains lui est assurée dans la postérité la plus reculée, et vient d'être encore attestée récemment par un monument érigé en son honneur.

§ 354.

OEuvres : Premiers traités philosophiques de *Leibnitz* dans les Acta eruditorum depuis 1684, et dans le Journal des Savans depuis 1691.

Gottfr. W. *Leibnitii* Opera, studio Lud. *Dutens*. Genev. 1768, vi vol. in-4. A ce recueil il faut joindre :

Œuvres philosophiques de feu M. Leibnitz, publiées par M. Rud. Erich *Raspe*, avec une préface de M. Kœstner. Amsterd. et Leips. 1765, in-4. L'édition allemande de cette collection renferme des remarques et additions par J. H. F. *Ulrich*. Halle, 1778—1780, II vol. in-8.

G. W. de L. Essai de Théodicée sur la bonté de Dieu, la liberté de l'homme et l'origine du mal. Amsterd. 1710, in-8, 1712-14-20-48, traduct. latine. Colon. 1716, in-8. Francf. 1719, II vol. in-8. Leibnitii tentamina Theodiceæ de bonitate Dei, libertate hominis et origine mali. Versionis novæ editio altera cum præf. Aug. Fr. *Boeckhii*. Tubing. 1771, II vol. in-8. Plusieurs édit. en allemand.

Doctrine de L. sur la Monadologie, sur Dieu, son existence, ses attributs, et sur l'âme humaine, trad. du franç. par J. H. *Koehler*. Francf. 1720, in-8. nouv. édit. par J. C. *Huth*. Francf. 1740, in-8.

Ejusd. Principia more geometrico demonstrata cum excerptis et epistolis philosophi et scholiis quibusdam ex historia philosophica, auctore Mich. Gottl. Hanschio. Francof. et Lips. 1728, in-4.

A collection of papers, which, passed between the late learned Mr. Leibnitz and Dr. Clarke, in the years 1715 and 1716, relating to the principles of natural philosophy and religion, by Samuel Clarke. London, 1717, in-8.

Recueil de diverses pièces sur la philosophie, la Religion, etc., par MM. Leibnitz, Clarke, Newton (publ. par Desmaizeaux. Amsterd. 1719, IIe édit. 1740, II vol. in-8. Trad. en allem. avec une préface de *Wolf*, par J. H. *Kœhler*. Francf. 1720, in-8.

Comparaison de la métaphysique de Leibnitz et de Newton (cf. § 346, indic. bibliogr.) par L. Mart. *Kahle*,

Goetting. 1741. Trad. franç. La Haye, 1747, in-8. *Béguelin*, Essai d'une conciliation de la métaphysique de Leibnitz avec la physique de Newton, dans les mémoires de l'acad. de Berlin, 1756. En all. dans le magazin de Hissmann, t. v.

Leibnitii Otium Hanoveranum, sive Miscellanea. G. W. Leibnitii ed. Joach. Fr. *Feller*. Lips. 1718, in-8, et: Monumenta varia inedita (deuxième recueil). Lips. 1724, in-4. — Epistolæ ad diversos, ed. Chr. *Korthold*. Lips. 1734-1742, iv vol. in-8.

Commercium epistolicum Leibnitianum, ed. Jo. Dan. *Gruber*. Hanov. et Gotting. 1745, ii vol. in-8.

Commercii epistolici Leibnitiani typis nondum evulgati selecta specimina, ed. Joh. Ge. H. *Feder*. Hannov. 1805, in-8.

Leibnitz fut amené à son système philosophique par une comparaison approfondie des plus célèbres systèmes philosophiques mis en rapport avec les besoins de son époque, par une imagination fertile en hypothèses ingénieuses et pleines de sens, ainsi qu'en moyens de réformation et de conciliation, enfin par ses grandes connaissances mathématiques. Son but était de refaire la philosophie de telle sorte qu'elle pût se vanter d'une précision analogue à celle des mathématiques, et mettre un terme à toutes les disputes de ses diverses écoles ainsi qu'à celles de la théologie, en s'emparant elle-même de ce terrain (1).

---

(1) Discours de la conformité de la foi avec la raison, dans la Théodicée.

Il songea donc principalement à perfectionner la méthode, et à établir quelques principes positifs, dans l'espérance de pouvoir éloigner les causes de dissidence entre les sectes opposées. En somme il pensait que la philosophie doit être traitée comme les mathématiques; à ce titre, il était pour la méthode démonstrative et pour le système du rationalisme, tel que Platon et Descartes l'avaient conçu. Sous ce rapport il faisait cas aussi de la scholastique. Il existe, dit-il, non-seulement en mathématiques, mais encore en philosophie, des vérités nécessaires dont la certitude ne peut reposer sur l'expérience, mais qui doivent avoir leur fondement dans l'âme elle-même. Tout le rationalisme de Leibnitz porte sur cette idée, juste en elle-même, et sur l'intention de débarrasser le rationalisme cartésien de ses suppositions gratuites et non démontrables, sans que l'auteur ait cherché d'ailleurs à étudier bien profondément les conditions fondamentales de la connaissance philosophique, non plus que sa méthode ni ses limites. Ce rationalisme se produit surtout dans une théorie de la connaissance entièrement opposée à celle de Locke, qui comprend la monadologie et la théodicée. Leibnitz chercha aussi à résoudre le problème d'une caractéristique ou langue universelle, qui contiendrait implicitement des moyens d'invention et de jugement, et dont les signes rendraient les mêmes services pour toutes sortes de connaissances, que les signes arithmétiques et algébriques pour les rapports de quantité (Œuvres philosophiques p. 535, seq. princ. philos. § 30, 33, 35, 37).

§ 355.

Les vérités nécessaires, selon Leibnitz, sont innées, non qu'elles soient, dès la naissance, présentes à la conscience, mais par leur rapport avec notre constitution intellectuelle. Il y a en outre des notions claires et obscures, confuses et précises. Toutes les notions sensibles sont confuses; toute connaissance claire appartient en propre à l'entendement. Le critérium cartésien de la vérité (§ 354) est insuffisant; les règles de la logique, qui sont aussi les lois des sciences mathématiques, sont un critérium plus approprié au besoin de la philosophie. Tous nos raisonnemens reposent sur deux principes essentiels, celui d'identité ou de contradiction, et celui de la raison suffisante. Ces deux principes s'appliquent également aux vérités nécessaires et aux vérités contingentes. Les vérités nécessaires sont obtenues à l'aide du principe de contradiction, par la décomposition des vérités complexes en leurs élémens simples; les vérités contingentes sont obtenues par le principe de la raison suffisante qui nous conduit à une raison dernière et absolue au-delà du cercle des faits contingens. Les perceptions qui se rapportent à des objets placés hors de notre âme doivent correspondre à ces objets, et s'accorder exactement avec leurs propriétés, sans quoi ce ne seraient que de pures illusions. La raison dernière de la vérité des principes innés et nécessaires est en Dieu.

Leibnitii meditationes de cognitione, veritate et ideis; dans les acta eruditorum, 1684.

Nouveaux Essais sur l'entendement humain par l'auteur de l'harmonie préétablie; dans les Œuvres philosophiques publiées par Raspe.

§ 356.

La monadologie est le centre du système de Leibnitz : c'est par cette théorie qu'il crut avoir trouvé les dernières bases de la connaissance réelle. Ce fut Platon, et peut-être aussi les idées du médecin François *Glisson* (1), qui l'amenèrent à sa doctrine des monades, dans laquelle il voyait d'ailleurs un moyen de conciliation entre les philosophies platonicienne et aristotélique. L'expérience nous apprend qu'il existe des substances composées; par conséquent il doit y avoir aussi des substances simples (*Monades*) (2), car le simple est le principe du composé. Les monades, comme telles, ne peuvent subir aucun changement par l'action du dehors; elles contiennent en elles-mêmes

---

(1) Mort en 1677.
Tractatus de Natura substantiæ energitica, s. de vita naturæ ejusque tribus facultatibus perceptiva, adpetitiva et motiva auct. Franc. *Glissonio*. Lond. 1672, in-4.°

(2) Princip. philos., p. 1.

le principe de leurs modifications : étant des substances réelles, elles doivent posséder certaines propriétés internes, par lesquelles l'une se distingue des autres (attendu qu'il ne saurait y avoir deux choses parfaitement semblables entre elles par leurs propriétés internes : *principium indiscernibilium*) ; or, comme il n'existe point d'autres propriétés internes que les perceptions, il s'ensuit que les monades sont des forces spirituelles tendant sans cesse à changer d'état (de perceptions) ; en d'autres termes, des automates spirituels. Dieu est la source première de toute connaissance, de toute réalité, de toute substance. Il existe donc une monade primitive, infinie, et des monades secondaires ou produites, périssables et bornées, qui se distinguent les unes des autres par le degré et la qualité de leurs phénomènes, savoir, monades sans aperception (corps inertes), avec aperception (âmes), monades avec conscience obscure de leurs aperceptions (âmes des bêtes), avec conscience claire (âmes raisonnables ou esprits). Chez ces dernières, l'activité résulte des perceptions claires ; la souffrance et l'imperfection de celles qui sont confuses. — Toute substance simple ou monade formant le centre d'une substance composée, d'un animal, par exemple, est environnée d'un assemblage innombrable d'autres monades, lesquelles constituent le corps appartenant à cette monade centrale, et celle-ci représente en elle seule les objets du dehors d'une manière conforme aux affections de toutes ces monades environnantes. De plus, comme tout est lié dans le monde, et que tous les corps agissent ou réagissent plus ou moins les uns sur les autres, en proportion de leurs distances réciproques, il s'ensuit que chaque monade est un miroir vivant, doué d'une faculté interne de représenter l'univers tout entier d'après son point de vue respectif, et ordonné en lui-même sur le même plan que l'univers. Il n'y a point d'action immédiate (*influxus physicus*) entre des substances simples; il n'existe qu'une connexion idéale ; c'est-à-dire une disposition des modifications internes de chaque monade qui les fait concorder avec celles des monades auxquelles elle se trouve associée. C'est à cette harmonie que tient leur apparente communication, et elle a sa raison dans la sagesse et la puissance infinies de Dieu, qui, dès l'origine des choses, a voulu qu'il existât entre elles une telle correspondance (*harmonia præstabilita*) (1). — L'ordre de toutes les existences simultanées dans le monde est l'espace ; l'apparence qui en résulte dans le phénomène confus de la sensibilité, donne l'étendue. Le temps est l'ordre des changemens qui s'opèrent successivement dans le monde. L'espace et le temps n'ont qu'une existence idéale et relative.

Ouvrages à consulter : Principes de la nature et de la grâce fondée en raison, par feu M. le baron de Leibnitz;

---

(1) Voyez Leibn. dans le Journal des Savans, 1695, p. 444 et 445.

dans l'Europe savante, 1718. Novembre, art. VI; et Recueil, etc. T. II. Voyez les ouvr. désignés au § 353.

Godefr. *Ploucquet* primaria monadologiæ capita. Berol., 1748, in-8.

Institutions Leibnitiennes ou précis de la monadologie. Lyon, 1767, in-8.

De Justi. Dissertation qui a remporté le prix proposé par l'acad. roy. des sciences de Prusse, sur le système des monades. Berl. 1748, in-4. *Id.* en allem. — *Du même*, Défense de sa dissertation sur les monades (avec les écrits de ses adversaires). Francf. et Leips. 1748, in-8 (all.).

Projet d'une courte histoire des ouvrages relatifs aux monades ou élémens des corps, depuis Leibnitz jusqu'à nos jours; dans les tom. I, II, III de la Biblicthèque philosophique de Gœttingue, par Windheim, 1749 (all.).

G. Bern. *Bilfinger*, Commentatio de harmonia animi et corporis humani maxime præstabilita ex mente Leibnitii. Francof. et Lips. 1723, in-8, II ed. 1735, in-8.

Ancillon (père), Essai sur l'esprit du leibnitzianisme, en franç. dans les Dissertations de la classe philosophique de l'acad. des sciences de Berlin, 1816, in 4.

H. C. W. *Sigwart*, La Doctrine de Leibnitz sur l'harmonie préétablie, considérée dans ses rapports avec les doctrines des philosophes antérieurs. Tubingen, 1822, in-8 (all.).

§ 357.

Dieu est la *monas monadum*, l'être existant de toute nécessité; tout être réel est une *fulguration* ou rayonnement de Dieu, limité par la condition finie de sa nature, condition qui consiste dans la réceptivité. L'Être divin est la perfection absolue; il possède d'une manière illimitée toutes les réalités possibles, car aucune réalité n'est en opposition avec aucune autre. Il est la raison absolue de la réalité du monde et de l'existence de toutes choses. C'est là le fondement, selon Leibnitz, de la preuve de l'existence et de l'unité de Dieu. L'intelligence suprême conçoit comme possibles des multitudes infinies de mondes, parmi lesquels elle a choisi, dans sa bonté, et elle a produit, dans sa puissance, le meilleur, c'est-à-dire celui où le plus grand nombre de réalités sont réunies et combinées en un même ensemble (*optimisme*). Tout ce qui existe est par conséquent pour le mieux dans l'enchaînement universel, fût-il imparfait en soi, et aucune chose ne peut être autrement qu'elle n'est (1). Tout être est fait pour atteindre au plus haut degré de bonheur que comporte sa nature, et pour contribuer, selon son rang, à la perfection du tout dont il fait partie.

L'existence du mal n'est point en contradiction avec cet ordre de choses. Dans ce qui est mauvais, Leibnitz distingue un mal métaphysique, un mal physique et un mal moral. Le mal métaphysique n'est autre chose que la limitation nécessaire imposée à la nature des êtres finis, limitation dont le mal physique, la souffrance, et le mal moral, le péché, sont des conséquences inévitables. Le mal moral a sa raison dans la liberté des esprits finis;

---

(1) Principia § LV—LX; Théodicée 1, p. 8—9.

cette liberté est la faculté de choisir en vertu de raisons déterminantes entre plusieurs manières d'agir physiquement possibles. La prévision de Dieu étendue aux actions libres n'est point en contradiction avec la liberté, et ne la modifie en aucune manière, car les actes libres et contingens n'excluent qu'une nécessité absolue, ils n'excluent point la nécessité conditionnelle. Bien que dans le monde tout soit conditionnellement nécessaire, l'homme, auquel il n'est point donné de connaître l'avenir, n'en doit pas moins agir uniquement d'après sa conscience et sa raison. Ces dernières idées avaient été adoptées par Leibnitz dans le but de combattre la fatalité absolue du cartésianisme, qui ne laissait à la puissance divine aucune influence. Dieu ne veut pas, d'une manière absolue, l'existence du mal, soit physique, soit moral; seulement, comme conséquence nécessaire de la limitation également nécessaire des êtres finis, il permet que ce mal existe aux conditions les mieux appropriées à la plus haute perfection possible de l'ensemble universel, c'est-à-dire en établissant, par sa sagesse et sa bonté, une certaine harmonie entre l'ordre de la nature et celui de la grâce, harmonie dans laquelle consiste le gouvernement du monde. Ce furent le scepticisme de Bayle et ses attaques contre les doctrines religieuses qui firent entreprendre à Leibnitz cette *Théodicée* (1), dans laquelle

---

(1) Voyez la préface de la Théodicée.

il maintient l'accord de la raison et de la révélation, et fait entrer dans sa doctrine philosophique plusieurs dogmes théologiques.

Ouvrages à consulter : Fr. Ch. *Baumeister*, historia de doctrina de optimo mundo. Gorlitii. 1741.

Wolfart, Cuntroversiæ de mundo optimo. Jen. 1745.

(*Reinhard*), Dissertation qui a remporté le prix proposé par l'acad. roy. des sciences de Prusse, sur l'optimisme, avec les pièces qui ont concouru. Berl. 1755, in-4.

Recueil des écrits sur la doctrine du meilleur des mondes. Rostock, 1759. in-8 (all.). Voyez aussi l'ouvrage de *Werdermann*, indiqué § 38. II c).

Divers écrits publiés à l'occasion du débat entre *Platner* et *Wezel* sur la Théodicée de Leibnitz. Leips. 1782, in-8 (all.).

Leibnitii doctrina de mundo optimo sub examen revocatur denuo a Chr. A. Leonh. *Creuzer*. Lips. 1795, in-8.

Robinet, dans son livre de la nature, a donné un essai de théodicée qui se rapproche du système de Leibnitz. Amsterd. 1761-68, 5 vol. in-8.

Emmanuel *Kant*, sur le mauvais succès de toutes les recherches philosophiques pour établir une théodicée; dans le t. III de ses œuvres mêlées (all.).

§ 358.

Leibnitz n'a donné nulle part une exposition complète de toutes les parties de son système. Chacune de ses doctrines est restée plus ou moins séparée de l'ensemble. Il n'a touché que légèrement la philosophie morale (1). Ses idées sont pour la plupart le résultat d'un certain esprit d'analyse et de combinaison, d'un savant artifice pour concilier les difficultés et le différend entre la théologie et la philosophie, et d'un examen, exclusif et incomplet dans ses vues, de la faculté de connaître. Préoccupé de cette idée, que par la pensée on peut arriver à connaître la réalité des choses, il s'adresse à l'entendement seul, comme Locke s'était adressé à la seule sensibilité, pour découvrir le principe absolu de l'être et de la connaissance. Par là, il confond la possibilité et l'actualité logiques avec la réalité positive, il intellectualise les phénomènes, et méconnaît la part de l'observation dans l'acquisition de nos connaissances (2). Si son système était solidement fondé,

---

(1) Voyez les dissertations suivantes sur cette partie : De principiis juris observationes. 1700. Anonymi sententia de tractatu cl. viri Sam. Pufendorfii qui inscribitur de officiis hominis et civis; dans un programme de Just. Chr. *Bœhmer*, 1709, in-4. Sur le droit naturel selon Leibnitz, voyez la préface au Corpus juris gentium, et plusieurs de ses lettres.

(2) Voyez Emman. Kant, Critique de la raison pure, v^e édit., p. 316 et suivantes, sur l'amphibologie des idées de réflexion.

il n'en résulterait réellement qu'un déterminisme
universel, incompatible avec la liberté des êtres raisonnables. Néanmoins sa philosophie, pleine d'hypothèses hardies et de vues supérieures, a fait faire
de nouveaux pas à la science; elle a mis en circulation une foule d'idées neuves, avec d'autant plus de
succès qu'il s'était servi de la langue française pour
les publier. Leibnitz eut un grand nombre de partisans et d'adversaires (1) : les uns laborieusement

---

(1) *Bayle*, dans son Dictionnaire; Leibnitz lui répondit par
ses Éclaircissemens des difficultés que M. Bayle a trouvées
dans le système nouveau de l'union de l'âme et du corps,
Journ. des Savans, 1698, et Histoire des ouvrages des Savans, 1698, p. 329; en outre : Réponse aux réflexions dans
la seconde édition de M. Bayle, article *Rorarius*; sur le système de l'harmonie préétablie, dans l'Histoire critique de la
République des Lettres, t. II; et Recueil des diverses pièces,
t. II, p. 389. — Sam. *Clarke* (§ 348), et Js. *Newton* (nous
avons indiqué ci-dessus, au § 353, les ouvrages qui ren-
ferment la dispute entre Leibnitz et Newton, ainsi que ceux
qui traitent des rapports de ces deux doctrines entre elles);
l'abbé *Foucher*, article contre l'harmonie préétablie dans le
Journal des Savans, année 1695, p. 638 sqq., auquel Leibnitz
répondit dans le même journal, 1696, p. 255 — 259; Fr.
Lamy, de la Connaissance du système, etc., t. II, p. 225 sqq.;
et de la part de Leibnitz : Réponse aux objections que le P.
Lamy, bénédictin, a faites contre le système de l'harmonie
préétablie, dans le Journ. des Sav., 1709, p. 593. — On peut
aussi placer sur la même ligne tous ceux qui, plus tard, se
portèrent pour antagonistes de *Wolf*, particulièrement Pierre

occupés pendant long-temps de développer et de fortifier ses principes dans leurs bases, les autres s'attachant pour la plupart à attaquer sa philosophie dans ses conséquences plutôt que dans ses principes; de là naquit un conflit animé qui rehaussa l'intérêt des recherches philosophiques, et il en résulta insensiblement une habitude plus forte et plus savante d'approfondir les conditions fondamentales de la connaissance humaine.

§ 359.

Projet développé d'une histoire complète de la philosophie leibnitienne par C. Günther *Ludovici*. Leips. 1737, 2 parties, in-8.

Voyez aussi les dissertations de *Suabedissen*, *Schwab*, *Reinhold*, *Abicht*, etc. (indiquées au § 38, II b.).

La philosophie de Leibnitz fut accueillie d'abord avec beaucoup de faveur même dans les écoles; mais n'ayant pas encore reçu une forme systématique et retardée par l'influence de deux savans nommés au

---

de *Crouzaz*, (§ 365); dans sa Critique du poème de Pope sur l'Homme, dans ses Réflexions sur l'ouvrage intitulé : La Belle Wolfienne. Lausanne, 1743, in-8. De *Vattel* opposa à ce dernier une Défense du système Leibnitien contre les objections et les imputations de M. Crouzaz, contenues dans l'Examen de l'Essai sur l'Homme, de Pope. Leyde, 1741, in-8.

§ suivant, hommes d'une réputation et d'un mérite distingués, qui tentèrent par diverses voies la réforme philosophique et la ruine de la scholastique, la doctrine leibnitienne ne put se propager rapidement dans les universités ni devenir dominante en Allemagne. D'autres obstacles s'opposèrent également à son triomphe en France et en Angleterre. Parmi les successeurs de Leibnitz se distinguèrent Michel Gottlieb *Hansch* (1) et Christian *Wolf*, le plus célèbre soutien de cette école, et qui lui valut une grande influence dans le monde philosophique; ensuite ses disciples, *Bilfinger* et *Baumgarten* (§ 369).

§ 360.

Autres savans contemporains de Leibnitz.

Ehrenfried Walther *de Tschirnhausen* (2), célèbre

---

(1) Né en 1651 à Kieslingswaid, dans l'Oberlausitz, mort en 1708.

(2) Né en 1683, près de Dantzick, mort à Vienne en 1752.

M. Gottl. *Hansch*, Principia philosophiæ. Ci-dessus, en av. du § 354.

Du même, Ars inveniendi, s. synopsis regularum præcipuarum artis inveniendi, etc., 1727, sans désign. de lieu. — Selecta moralia. Hal. 1720, in-4.

physicien et mathématicien qui avait étudié à l'université de Leyde, et s'était de bonne heure attaché aux ouvrages de Descartes et de Spinosa, travailla à un art de faire des découvertes et à une méthode pour l'observation scientifique, en prenant sans cesse pour modèle les procédés des mathématiques (1). Christian *Thomasius* (2) s'efforça de populariser la philosophie dans son rapport à la morale et au sens commun, et de la répandre par des ouvrages écrits en langue allemande (3). En morale, il s'attacha

---

(1) (Chr. Walth. *Tschirnhausen*), Medicina mentis, sive artis inveniendi præcepta generalia. Amstelod. 1687. Lips. 1695—1705—1753, in-4. Une Biographie de l'auteur parut à part à Gœrlitz, 1709, in-8. Voyez Fontenelle, Éloges, p. 166. —Sur le mérite de ses travaux philosophiques, voyez le recueil des Mémoires de G. G. Fülleborn, v^e cahier, p. 32 (all.), où l'on trouve des extraits de sa Medicina mentis.

(2) Né à Leipsick en 1655, mort en 1728 à Halle.

(3) Voyez, dans la Biographie universelle de Schrœckh, l'article relatif à Christ. Thomasius (all.).

Chr. Thomasius, sa Vie et ses ouvrages, par H. *Luden.* Berlin, 1805, in-8 (all.).

G. G. *Fülleborn*, Sur la philosophie de Chr. Thomasius, dans le ive cahier de son Recueil de Mémoires, etc. (all.).

Chr. *Thomasii* Introductio in philosophiam aulicam, seu primæ lineæ libri de prudentia cogitandi atque ratiocinandi. Lips. 1688, in-8. Hal. 1702. Introductio in philosophiam rad'abord à Pufendorf, qu'il défendit contre ses adversaires; ensuite il s'en éloigna (1), moins cependant pour le principe que pour les conséquences, par sa distinction des *præcepta justi, honesti et decori* (justice, générosité, convenance); et par sa réduction du droit naturel aux préceptes purement négatifs qui se rapportent à notre conduite extérieure. Ces idées

---

tionalem in qua omnibus hominibus via plana et facilis panditur, sive syllogistica, verum, verisimile et falsum discernendi, novasque veritates inveniendi. Lips. 1601, in-8. Introduction à la science de la raison. Halle, 1691, in-8, et plus. autr. édit. (all.), Exercice de la science de la raison. Halle, 1710, in-8 (all.). Essai sur l'existence et la nature de l'esprit, etc. Halle, 1699—1709, in-8 (all.).

Chr. *Thomasii* Dissert. de crimine magiæ. Hal. 1701, in-4.

(1) Chr. *Thomasii* Institutionum jurisprudentiæ divinæ libri III, in quibus fundamenta juris nat. secundum hypotheses ill. Pufendorfii perspicue demonstrantur, etc. Francof. et Lips. 1688, in-4. Hal. 1717, in-4. En allem., Halle, 1712, in-4. Fundamenta juris naturæ et gentium, ex sensu communi deducta. Hal. 1705—1718, in-4. En allem., Halle, 1709, Introductio in philosophiam moralem cum praxi. Hal. 1706. L'Art de vivre conformément à la raison et à la vertu, ou Introduction à la Morale. Halle, 1792—1710, in-8 (all.). — Remèdes contre l'Amour déraisonnable, ou Exercice de Morale. Halle, 1696—1704, in-8 (all.).

Fr. *Schneider*, Philosophia moralis secundum principia Thomasiana. Hal. 1723.

lui ont attiré, à une époque récente, de grands éloges et des censures non moins vives (1) de la part de deux écoles rivales. Après Thomasius, elles furent soutenues d'une manière plus claire et plus rigoureuse par Ephraïm *Gerhard*, et surtout par Nic. Jér. *Gundling* (2). Au reste, Thomasius donna pour principe à la morale, l'amour raisonnable qu'il distingue de l'amour de soi, mais qui n'en est, selon lui, qu'une transformation. Il donne, pour fin dernière de l'humanité, le bonheur, c'est-à-dire le repos de l'âme, qui est un résultat de l'amour raisonnable. Ses deux successeurs distinguèrent encore plus nettement le droit naturel de la morale, et le considé-

---

(1) En particulier de la part de G. E. Schulze (Explication du développement des principes philos. du droit civil et pénal. Goettig. 1813, préface, p. 1 et 17 (all.)), ainsi que du célèbre juriste *Hugo*, qui appelle ce droit naturel distinct de la morale, une morale à l'usage de gens prêts à s'égorger mutuellement (*eine Todtschlagsmoral*).

(2) On a d'Ephr. *Gerhard* (mort en 1718) : Delineatio juris naturalis sive de principiis justi libri III, quibus fundamenta generalia doctrinæ de decoro accesserunt. Jen. 1712, in-8.

Nic. Jer. *Gundling*, né à Nuremberg en 1671, mort à Halle en 1729, a donné : Via ad veritatem moralem. Hal. 1714, in-8. Jus naturæ et gentium, etc. Hal. 1714, in-8. Discours sur le droit de la nature et des gens. Francf. et Leips. 1734, in-4 (all.). Voyez son article dans le tome II de Schroeckh, Biographie des Savans célèbres, etc. (all.).

rèrent comme une théorie de la partie de nos devoirs rigoureusement exigible aux termes de la raison et de l'équité, autrement comme la science du droit proprement dit, et des obligations qu'il nous impose strictement dans l'état de nature ; d'ailleurs ils s'en rapportèrent volontiers aux décisions du droit positif. et en particulier à celles du droit romain, auquel on accordait en général une certaine autorité. C'est dans cet esprit que J. Gottl. *Heineccius, Cocceius* et *Pütter* ont traité du droit naturel ; et les mêmes idées furent complètement perfectionnées par Godefr. *Achenwall* (1) qui s'occupa en même temps du droit politique. Toutefois les philosophes se déclarèrent pour Christ. Wolf (cf. § 363).

IV. *Wolf et son école leibnitienne, ses adversaires, et autres savans contemporains.*

§ 361.

Vita, fata, et scripta Chr. *Wolfii.* Lips. et Breslav. 1739, in-8. Chr. *Gottsched,* Éloge historique de Christian baron de Wolf. Halle, 1755, in-4 (all.).

---

(1) Né à Elbingen en 1686, mort en 1756.
Gottfr. *Achenwall*, Jus naturæ. Gott. 1750. Ed. VII, cum præfat. de *Selchow*; 1781, 2 vol. in-8. Observationes juris nat. et gent. Spec. I—IV. Gotting. 1754, in-4. Prolegomena juris nat. Gott. 1758. Ed. V, 1781.

Vie de Wolf dans les Mémoires pour la biographie des hommes célèbres, de *Büsching*, t. 1, p. 3-138.

Chr. *Wolfii* Dissertat. inauguralis : Philosophia practica universalis methodo mathematica conscripta. Lips. 1701, in-4.

Du même : Pensées raisonnables sur les facultés de l'entendement humain. Halle, 1710, in-8, et autr. édit. (all.). Le même ouvrage trad. en latin — Pensées raisonnables sur Dieu, le monde et l'âme humaine, et sur toutes les choses qui existent en général. Francf. et Leips. 1719. in-8, viie édit. 1736 (all.). Remarques pour ce même ouvrage. Francf. 1724, 1727, 1733, in-8 (all.). Essais sur les notions de la nature et de l'art, 3 vol. Halle, 1721-23, in-8 (all.). Pensées raisonnables sur les forces et les opérations de la nature. Halle, 1723, in-8 (all.), Des fins données aux choses naturelles. Francf. 1724, in-8 (all). De l'action et de l'omission dans la conduite de l'homme. Halle, 1720 (all.). De la vie sociale et de la chose publique. Halle, 1721, in-8 (all.), Institutiones juris naturæ et gentium. Hal. 1750, in-8, en allem. 1754, in-8. Notice sur ses propres ouvrages, publiés en langue allemande sur les diverses parties de la philosophie. Francfort, 1726, in-8 (all.). Recueil de ses mélanges philosophiques. Halle, 1740, iv part. in-8 (all.).

Oratio de Sinarum philosophia. Hal. 1726, in-4. Philosophia rationalis; s. logica methodo scientifica pertractata. Francof. et Lips. 1728, in-4. Éd. ii, 1732. Philosophia prima, sive Ontologia. *Ib.* 1730. Cosmologia generalis, ib. 1731. Psychologia-empirica, ibid. 1732. Psychologia rationalis, Francof. et Lips. 1734. Theologia naturalis, 1736, 1737, 2 vol. in-4. Philosophia practica universalis, ib. 1738, 1739, 2 vol. in-4. Jus naturæ; 1740, 8 vol.

in-4. Philosophia moralis sive Ethica. Hal. 1750, 4 vol. in-4. Philosophia civilis sive politica, continuée par Mich. Chr. *Hanovius.* Hal. 1746, 4 vol. in-4. Jus gentium. Hal. 1750, in-4.

C. Günther *Ludovici*, projet développé d'une histoire complète de la philosophie wolfienne, IIe édit. Leips. 1737, III part. in-8 (all.). — Nouveaux développemens de la philosophie leibnitienne-wolfienne. Leips. 1738, in-8 (all.). Recueil et extraits de tous les ouvrages polémiques publiés au sujet de la philosophie wolfienne. Leips. 1737, II part. in-8 (all.).

Ge. Volkmar *Hartmann*, introduction à l'histoire de la philosophie leibnitienne-wolfienne, et de la controverse provoquée au sujet de cette philosophie par le professeur *Lange.* Francf. et Leips. 1737, in-8 (all.).

A. *Meissner*, Lexique philosophique pour l'application du système de Chr. Wolf, composé à l'aide des ouvrages publiés en allemand par ce célèbre philosophe. Bayreuth et Hof, 1737, in-8 (all.).

Christian *Wolf* naquit à Breslau en 1679. Ce fut par l'étude des mathématiques, de la philosophie cartésienne et de la Medicina mentis de Tschirnausen qu'il se prépara à devenir l'un des philosophes les plus profonds de l'école dogmatique. Il possédait moins le don de l'invention que celui de l'analyse et de l'esprit systématique, joint à un certain talent de popularité. Il sut mettre à profit ces avantages pour assurer, pendant un assez long temps, l'empire de la philosophie leibnitienne, qu'il compléta dans plusieurs de ses parties. Par ses ouvrages élémentaires, publiés en allemand, il détermina la chute complète de la scholastique dans les universités allemandes, résultat auquel Thomasius contribua également; enfin il rendit à l'esprit allemand un service durable en hâtant les progrès de sa culture scientifique et de ses habitudes d'ordre, de liaison et de méthode. La dissertation qui lui valut son premier grade universitaire (*Magisterdisputation*), annonça la tendance de son talent. En 1707 il devint professeur de mathématiques à Halle, après de longues disputes avec ses envieux collègues (entre autres J. Joach. *Lange*, § 364), qui l'accusaient d'athéisme; il se vit chassé de son emploi par leurs cabales en 1723, et alla enseigner à Marbourg, comme professeur de philosophie; on le rappela ensuite avec honneur à Halle en 1740, et il mourut en cette ville le 9 avril 1754, après avoir survécu à sa renommée.

§ 362.

Wolf est le premier philosophe qui ait tracé une encyclopédie complète des sciences philosophiques, et qui l'ait en grande partie réalisée. Voici sa division de la philosophie spéculative : logique et métaphysique, celle-ci comprenant l'ontologie, la psychologie rationnelle (distincte de l'empirique), la cosmologie et la théologie. Il divise la philosophie pratique en : philosophie pratique universelle, morale, droit naturel, politique. Ces divisions de la philosophie, en y ajoutant l'Æsthétique, sont encore aujourd'hui généralement adoptées. Quant à la matière même de sa philosophie, il la trouva toute préparée par d'autres. Il admit les idées de Leibnitz, à l'exception de la doctrine des facultés perceptives des monades, qu'il rejeta entièrement, et de l'harmonie préétablie, qu'il qualifia formellement d'hypothèse; pour tout le reste, il reproduisit le système leibnitien sous la forme d'un dualisme dogmatique, et ne laissa point de remplir plus d'une lacune, soit par des vues neuves, soit par un habile développement des données de ce système. Son mérite principal consiste dans l'unité, la solidité et l'enchaînement systématique qu'il sut donner à tout l'ensemble à l'aide de la méthode appelée mathématique, méthode qui, selon lui, n'était autre chose que l'application la plus parfaite des lois du raisonnement. La fixité des principes, l'ordre, la distinction précise des idées, et une terminologie mieux arrêtée furent les avantages obtenus par Wolf à l'aide de cette méthode. Les défauts de sa philosophie consistent en ce qu'il prit exclusivement son point de départ dans la pensée; méconnut les conditions formelles et matérielles de la connaissance; considéra la philosophie comme la science du possible en tant que possible; érigea le principe de contradiction en un principe suprême de toute connaissance; plaça en tête des sciences des notions de l'entendement et des définitions nominales, tandis qu'il écartait ou laissait inaperçue leur signification réelle ; admit l'impossibilité de trouver une démarcation suffisante entre les notions rationnelles et expérimentales ; réduisit l'activité de l'âme aux simples phénomènes de la perception ; enfin, négligea la distinction des caractères propres qui séparent la philosophie et les mathématiques dans leur forme et leur matière. Sa méthode s'opposa à la connaissance de soi-même ; elle produisit la prétention chimérique que tout peut se démontrer. Ce défaut la fit tomber dans tous les abus d'un formalisme pénible, et par la lenteur et l'étalage futile des notions logiques elle en vint jusqu'à inspirer le dégoût des études spéculatives, particulièrement des recherches métaphysiques. Enfin, un inconvénient de la doctrine leibnitienne qui se retrouve dans cette philosophie, c'est de favoriser le déterminisme.

§ 363.

C'est surtout dans la philosophie pratique que Wolf a fait époque par la force et la sévérité de sa méthode. Il rechercha une notion fondamentale d'après laquelle il lui fût possible de déduire d'un bout à l'autre l'ordre entier de la philosophie pratique, et qui pût lui servir de lien systématique pour en rattacher les diverses parties à une théorie générale, dont il a le premier donné un essai parmi les modernes. Il crut avoir rencontré cette notion fondamentale dans l'idée de la perfection, et l'expérience lui sembla venir à l'appui de sa découverte. Par la perfection morale il entendit la concordance des suites d'un acte libre, non avec les lois de la raison, mais avec les manières d'être ou états antérieurs et postérieurs des êtres d'après une loi de la nature établie en vertu de la volonté Divine. De ce double rapport naît une double obligation. La vertu est la disposition la plus propre à rendre notre état de plus en plus parfait. La règle suprême de toute morale, est celle-ci : Fais que ta personne et ton état devienne de plus en plus parfait (*perfice te ipsum*), et pour y parvenir, travaille aussi à rendre plus parfait l'état d'autrui. La conscience de notre perfection donne le contentement; un état de contentement durable fait le bonheur; la conscience d'un progrès soutenu et que rien n'arrête vers une perfection toujours plus grande, est la plus haute félicité et le bien suprême de l'homme (1). De là Wolf déduit et développe avec une facilité apparente les principes de la morale, du droit naturel (dans lequel il fait entrer une théorie générale des droits et des devoirs) (2), et de la politique, passant de ces

---

(1) Ouvrages de Wolf sur la morale, voyez § 361. Et : J. Aug. *Eberhard*, Doctrine morale. Voyez § 376, notes.

(2) En cela il fut généralement suivi par les écrivains philosophiques qui ont traité du droit naturel ; *Baumgarten* (§ 369) et Henri *Kœhler* ramenèrent seuls cette matière dans le cercle étroit, où Gundling l'avait renfermée (§ 360). Les

principes aux règles de détail avec la même confiance. Ce qui procura à ce système un immense avantage sur tous les autres, ce fut d'abord son unité et sa conséquence, ensuite cette circonstance particulière, savoir que la raison y était proposée comme l'autorité sur laquelle repose la connaissance des règles morales ; mais malheureusement le vague et l'indétermination de l'idée fondamentale, la difficulté d'en déduire tous les devoirs, surtout les devoirs qui tiennent à la condition générale de l'homme et aux droits sociaux, enfin l'absence de ressorts moraux capables de donner l'impulsion à la conscience, sont autant de défauts essentiels dont les meilleurs esprits attachés à ce système n'ont pu réussir à le débarrasser. Dans le fait, il n'offrait que l'apparence d'un système rationnel, et faute de donner un développement complet de la conscience morale, il aboutissait à l'eudémonisme (cf. § 376). Toutefois certaines matières de détail ont été quelquefois traitées dans cette école avec un véritable succès, en particulier par Thomas *Abbt* (1).

---

principaux auteurs qui ont envisagé le droit naturel d'après les principes de Wolf, sont : *Netterblatt* (§ 369), *Darjes*, et enfin le criminaliste J. Chr. Fréd. *Meister*, Traité du droit naturel. Francf.-s.-l'Oder, 1809, in-8 (all.). Les éclectiques L. Jul. Fréd. *Hoepfner* (mort en 1797), et J. Aug.-Henri *Ulrich* (mort en 1813), ne s'écartent de cette école que sur quelques points particuliers.

(1) Né à Ulm en 1738, mort en 1766.

§ 364.

La jalousie, la haine et le fanatisme suscitèrent contre Wolf un ennemi dangereux dans la personne de Jean-Joachim *Lange* (1), enthousiaste et piétiste, qui sonna le tocsin d'alarme au sujet de cette philosophie, comme d'un fléau également funeste à l'ordre public et religieux par les dogmes du déterminisme et de l'athéisme. Bientôt ce même Lange inspira les mêmes animosités à d'autres savans, tels que Dan. *Stralher* (2), Jacques-Frédéric *Müller* (3), etc.,

---

Thom. *Abbt*, Du Sacrifice de notre vie pour la Patrie. Bresl. 1761, in-8. — Du mérite. Berl. 1765, in-8.

(1) Né en 1670 à Gardelegen, professeur de théologie à Halle, de 1709 à 1744.

J. Joach. *Lange*, Causa Dei et religionis naturalis adversus atheismum, etc. Hal. 1723, in-8. Modesta disquisitio novi philosophiæ systematis de Deo, mundo et homine, et præsertim harmonia commercii inter animam et corpus præstabilita. Hal. 1723, in-4. L'auteur cherche à établir la conformité du Spinozisme avec les doctrines de Leibnitz sur cette matière. —Placidæ vindiciæ modestæ disquisitionis. *Ibid.* — La fausse et dangereuse philosophie dévoilée par une démonstration polie et complète. Halle, 1724, in-4 (all.). — Nova anatome seu idea analytica systematis metaphysici Wolfiani. Francof. et Lips. 1726, in-4.

Collection complète des ouvrages publiés dans le débat entre Wolf et Lange. Marbourg, 1737, in-8 (all.).

(2) Examen des pensées raisonnables de M. Wolf sur Dieu, etc., 1re partie. Halle, 1723, in-8, IIe partie, 1724. Wolf

et parvint à faire interdire aux facultés de théologie, dans les universités, l'enseignement de la doctrine de Wolf. La plupart de ceux qui se déclaraient contre la philosophie leibnitienne-wolfienne étaient des esprits étroits, déterminés, soit par leurs préjugés et leurs vues exclusives, soit par un zèle louable en lui-même pour le maintien de la liberté de penser, et par la haine de l'esprit de secte; leurs attaques portaient presque toujours sur des parties isolées ou sur des conséquences, sans remonter jusqu'aux principes. Un petit nombre de bons esprits surent pénétrer jusqu'au fond de cette doctrine pour l'apprécier, et se firent connaître par là d'une manière honorable, savoir J.-André *Rüdiger* (§ 365), J.-P. *Crouzaz*, surtout Chr.-Aug. *Crusius* (§ 366), et J.-G. *Darjes* (*ibid.*). En général on s'occupa moins, dans ces débats, de l'ensemble du système que de théories partielles, comme la monadologie, l'harmonie préétablie, la liberté et le déterminisme. On y rencontre çà et là d'ingénieuses observations sur la méthode.

---

répondit par un écrit intit. : Moyen sûr contre les imputations fausses et calomnieuses. 1723 (all.).

(3) Doutes opposés aux pensées raisonnables de M. Chr. Wolf sur les facultés de l'entendement humain, etc. Giessen. 1731, in-8 (all.).

§ 365.

André *Rüdiger* (1) se distingua par un éclectisme assez original, où il fit preuve de talent et de science; il observa sur divers points les imperfections de la philosophie jusqu'alors en usage; s'efforça d'y remédier, changea souvent de manière de voir, et ne put jamais arriver à un système fixe, pour lequel il aurait eu besoin de plus de profondeur dans les idées. Ses travaux les plus recommandables furent consacrés à la logique, dont il confondit cependant le domaine avec celui de la métaphysique, et spécialement à la distinction de la vérité et de la vraisemblance, distinction absolument négligée jusqu'alors. Ses idées sur la méthode de démonstration sensible (mathématiques) et intellectuelle (philosophie) présentent dans le détail des vues lumineuses et les premiers germes d'une bonne distinction des mathématiques et de la philosophie. Il place dans la sensibilité le fondement de la connaissance philosophique; attribue l'étendue à la substance de l'âme ainsi qu'à toutes les choses créées, et considère l'élasticité comme la propriété essentielle des corps. Il combat contre Wolf l'harmonie préétablie, comme incompatible avec le libre arbitre de l'âme humaine. Son influence, comme professeur, fut

---

(1) Né en 1673 à Rochlitz, disciple de Thomasius (§ 360); mort en 1731 à Leipsick.

considérable (1). J.-P. *Crouzaz* (§ 351) donna une critique solide et approfondie de la méthode de Wolf (2); il était éclectique, ainsi que J.-Fr. *Buddeus* (3), J.-G. *Walch* (4), Sam.-Christ. *Hollmann* (5),

---

(1) Andr. *Rudigeri* Disp. de eo, quod omnes ideæ oriantur a sensione. Lips. 1704. De sensu veri et falsi libri IV. Hal. 1709, in-8. Edit. II. Lips. 1722, in-4. Philosophia synthetica. Hal. 1707, II° édit. intit. : Institutiones eruditionis. 1711, in-8, III° éd. corr. 1717. Physica divina, recta via, eademque media inter superstitionem et atheismum, etc. Francof. ad M. 1716, in-4. Philosophia pragmatica. Lips. 1723, in-8. Opinion de Wolf sur l'existence et la nature de l'âme et d'un principe spirituel et général, et objections de Rüdiger. Leips. 1727, in-8 (all.).

(2) J. P. *de Crouzaz*, Observations critiques sur l'abrégé de la logique de M. Wolf. Genève, 1744, in-8. (Cf. § 358, note 3). La Logique, ou Système des réflexions qui peuvent conduire à la netteté et à l'étendue de nos connaissances. Amsterd. 1712, in-8, III° éd. Amsterd. 1725, IV vol. in-8. Logicæ systema. Genev. 1724, II vol. in-8. De mente humana substantia a corpore distincta et immortali, Dissert. philosophica theologica. Groning. 1726, in-4. De l'Esprit humain. Bâle, 1741, in-4. Traité du beau. Amsterd. 1712, II° éd. 1724, II vol. in-12. Traité de l'Éducation des enfans. La Haye, 1722, II vol. in-12. (Cf. § 351).

(3) Né en 1667 à Anklam, en Poméranie, mort en 1729.
Jo. Franc. *Buddei* Elementa philosophiæ instrumentalis, sive institutionum philosophiæ eclecticæ, t. I—III. Hal. 1703, in-8. Ed. VI. 1717. Elementa philos. theoreticæ. Ibid. 1703, in-8, et autr. édit. Theses de atheismo et superstitione. Jen. 1717. Difficultés sur la philosophie de Wolf. Fribourg. 1724 (all.). Modeste réponse aux observations de Wolf. Jena, 1724,

et plusieurs autres savans de son temps; néanmoins ses ouvrages sont remplis d'excellentes remarques et de jugemens solides.

§. 366.

Christ.-Aug. *Crusius* mérite, par son habileté en fait de raisonnement et d'observation philosophique, le premier rang parmi tous les adversaires de Wolf. Né en 1712 à Leune, près de Mersebourg, il étudia sous Rüdiger, et devint professeur de philosophie et de théologie à Leipsick, où il mourut en 1775.

---

in-8 (all.). Modeste démonstration pour prouver que les difficultés proposées par Buddeus subsistent. *Ibid.* (all.). Elementa philosophiæ practicæ. 1695, in-8, et autr. éd. Selecta jur. nat. et gent. Hal. 1704—1717, in-8. — Autres ouvrages du même, indiqués ailleurs. Voyez la table.

(4) Né à Meiningen en 1695, mort en 1775. Georg. *Walch*, Introduction à la philosophie. Leips. 1927, in-8 (all.). *Id.* en latin, 1730, in-8. Dictionnaire philosophique. Leips. 1726 (all.). 1733, in-8. IV° édit., 1775, 11 vol. in-8, publ. par Hennings.

(5) Mort en 1787. L'un des premiers adversaires de Wolf, qu'il attaqua dans sa Commentatio philosophica de harmonia inter animam et corpus præstabilita. Viteb. 1724, in-4. (Cf. §. 369, note 1). Institutiones philosophicæ, 11 vol. Viteb. 1727. Paulo uberior in omnem philosophiam introductio, t. I. Viteb. 1734, t. II et III. Gott. 1737—1740, in-8. Philosophia prima quæ metaphysica vulgo dicitur. Gotting. 1747, in-8. Diss. de vera philosophiæ notione. Viteb. 1728, in-4.

L'éloignement pour le système de Wolf, que lui avait transmis son maître, se fortifia en lui sous l'influence de son caractère moral et de son attachement sincère au système théologique. Il s'efforça de fixer une doctrine qui fût d'accord avec la saine raison et la théologie, et qui pût redresser les erreurs des théories wolfiennes, auxquelles il reprochait surtout l'abus du principe de la raison suffisante; mais pour découvrir le vice radical du dogmatisme de son temps, il lui aurait fallu plus de profondeur et de liberté d'esprit, et moins de préoccupations exclusives dans ses réflexions sur la nature de l'esprit humain. Aussi ne put-il opérer une véritable réforme, quoique ses vues fussent beaucoup plus justes que celles de ses contemporains; il donna un système soigneusement conçu et habilement construit, mais dans lequel il se perd souvent en hypothèses arbitraires et en spéculations mystiques (1). Selon lui, la philosophie est la somme

---

(1) Chr. Aug. *Crusius*, Chemin pour arriver à la vérité et à la certitude des connaissances humaines. Leips. 1746, in-8 (all.). Essai sur les vérités rationelles nécessaires. Leips. 1745, in-8 (all.). Dissertatio de usu et limitibus rationis sufficientis. Lips. 1752. De summis rationis principiis. Lips. 1752, in-8. Dissertation sur l'usage légitime et les limites du principe dit de la raison suffisante, ou mieux de la raison déterminante. Leips. 1766, in-8 (all.). Conseils pour vivre d'une manière conforme à la raison. Leips. 1767, in-8 (all.).

Justin Elie *Wüstemann*, Introduction au système du Dr Crusius. Wittenb. 1751, in-8.

des vérités rationnelles, dont les objets subsistent d'une manière positive et durable; elle se distingue des mathématiques par son objet et sa méthode; ses parties sont la logique, la métaphysique et la philosophie disciplinaire. A la place du principe de contradiction, il propose le principe de conceptibilité, comme supérieur, et comprenant à la fois le principe de contradiction, celui d'indivisibilité et celui d'incompatibilité. Il admet, comme garantie immédiate de la certitude des connaissances humaines, une certaine nécessité intérieure et le penchant naturel de notre esprit; ensuite, pour raison dernière, la véracité de Dieu. En logique, il part de certaines observations logiques, et il attribue à l'âme plusieurs facultés fondamentales. En métaphysique, il limite le principe de la raison suffisante par sa distinction de la cause en tant qu'existante et de la cause en tant que causatrice (*existential*, *causalursache*), et en donnant à la liberté un principe fondamental d'activité, théorie qui le conduisit à l'indifférentisme. Il défendit la légitimité de la notion d'existence; pour celles de l'espace et du temps, il en fit des *abstracta existentia*, ce qui l'obligea d'en faire les attributs de Dieu et des substances simples. Quant à la démonstration de l'existence de Dieu, il n'y voulut admettre, comme preuves, ni l'idée d'un être souverainement parfait (attendu que ce serait confondre l'existence idéale et l'existence réelle), ni les phénomènes contingens du monde, mais bien l'existence contingente des substances. Attribuant à Dieu une liberté arbitraire, indifférente et illimitée, il le considéra comme l'auteur purement volontaire du monde et comme maître absolu, dont les ordres deviennent la loi suprême des êtres raisonnables, et dont la création a pour but de manifester la toute-puissance. Par cette doctrine, Crusius est aussi conduit à rejeter l'optimisme de Leibnitz. — Un éclectique, très-goûté de son temps, pour la netteté de ses définitions philosophiques, J.-Ge. *Darjes* (1), se rapprocha de Crusius à l'égard de plusieurs des propositions précédentes.

§ 367.

En morale, Crusius prit pour son point de vue non des notions de l'esprit, mais les dispositions de la volonté et les mouvemens de la conscience; il fit ressortir l'autorité du devoir, l'obligation morale, et la liberté comme faculté fondamentale de

---

(1) Né à Güstrow en 1714; mort professeur de philosophie à Francfort-sur-l'Oder en 1791.

J. Ge. *Darjes*, Via ad veritatem. Jen. 1755, en allem. 1776, in-8. Elementa metaphysices. J. 1743—44, II vol. in-4. Observations sur quelques propositions de la métaphysique de Wolf. Francf. et Leips. 1748, in-4 (all.). Loisirs philosophiques. Jen. 1749—1752, en IV recueils in-8 (all.). Premiers principes de la morale philosophique. Jen. 1755, in-8 (all.). Institutiones jurisprudentiæ universalis. Jen. 1745, in-8. — Sur sa vie, voyez le Nécrologe de *Schlichtegroll*, année 1792, II vol.

l'âme, envisageant toutefois cette liberté par son côté négatif (c'est-à-dire comme indépendante de toute loi physique et de toute sujétion régulière); il éclaircit la distinction des conditions formelles de nos actes libres et de leurs motifs. Mais l'idée d'une loi morale le ramenant à celle d'un maître qui fût l'auteur de cette loi, il fut de nouveau induit, comme dans sa métaphysique, à donner pour principe à la morale la volonté arbitraire de Dieu. Suivant sa règle, ce qui répond aux perfections de Dieu et à ses vues, est bien, et constitue une loi obligatoire pour toute créature raisonnable. Or Dieu, par sa volonté, exige, immédiatement et avant toutes choses, de ses créatures libres qu'elles soient vertueuses, ensuite il se propose encore, dans sa bonté, qu'elles soient heureuses. Ainsi, Crusius eut le tort de faire porter la philosophie morale sur un principe étranger à elle-même, dont la connaissance est problématique : par là il renouvela un exemple donné avant lui par les scholastiques, et malgré les vérités précieuses que renferme son système, malgré ses distinctions sages, mais non encore approfondies de la nécessité et du devoir (*des Sollens und Müssens*), de la vertu et de la félicité; comme ce système manque d'un principe intérieur qui constitue la loi, et d'une notion positive de la vertu, il est resté encore bien en arrière du but de la science.

§ 368.

Malgré ses nombreux adversaires, malgré des résistances et même des persécutions opiniâtres, surtout pendant le premier quart du XVIIIe siècle, Wolf réunit un grand nombre de partisans, et forma une école qui fut assez long-temps dominante (pendant le second quart du XVIIIe siècle), et qui exerça une grande influence sur les destinées de la philosophie par le grand nombre de bons esprits dont elle put se glorifier. Le système Leibnitien-wolfien fut d'abord traité dans une forme rigoureusement appropriée aux écoles, par ceux de ses partisans qui s'occupèrent de le défendre, de le perfectionner et de l'appliquer; ensuite on y introduisit des formes moins sévères et de meilleur goût dont les ouvrages composés en France et en Angleterre offraient le modèle. Cependant (vers le milieu du même siècle) l'intérêt qu'on avait attaché à cette philosophie déchut progressivement, et l'on tourna en ridicule le formalisme pédantesque des Wolfiens (1); la métaphysique perdit de plus en plus dans l'opinion; dès lors les esprits se portèrent moins vers l'unité du principe que vers la diversité et la multiplicité de l'application, moins vers la liaison et l'enchaînement interne des connaissances que vers les travaux excentriques propres à en élargir le cercle. L'empirisme de Locke gagna

---

(1) Le persiflage français contribua beaucoup à cette décadence. Cf. *Voltaire*, Candide, ou l'Optimisme, 1re édit., 1757. Collection complète des écrits polémiques publiés dans la querelle de Maupertuis et de Samuel Kœnig. Leips. 1758, in-8 (all.).

de jour en jour plus de faveur, et l'influence de cette école, celle du goût dominant à cette époque, et de l'histoire de la philosophie, dont l'étude fut reprise avec plus de soin, donnèrent naissance à une sorte d'esprit général éclectique, syncrétiste et populaire, plus attaché à des motifs d'intérêt, d'agrément, d'utilité publique qu'à la recherche rigoureuse de la vérité dans ses principes.

§ 369.

Les plus célèbres partisans de Wolf sont G. Bern. *Bilfinger* ou plus exactement *Bülffinger* (1), L. Phil. *Thümmig* (2); les théologiens J. Gust. *Reinbeck* (3),

---

(1) Professeur à Tubingue, né en 1693, mort en 1750.

Ge. Bern. *Bilfinger*, Dilucidationes philosophicæ de Deo, anima humana, mundo et generalibus rerum affectionibus. Tubing. 1725, in-4. 1740—1768. Præcepta logica curante Chph. Frid. *Vellnagel*. Jen 1729, in-8. Cf. les ouvrages indiqués au § 355. Et : Epistolæ amœbeæ Bulfingeri et Hollmanni de harmonia præstabilita. 1728. De triplici rerum cognitione, historica, philosophica et mathematica. Tubing. 1722, in-4. Commentationes philosophicæ de origine et permissione mali, præcipue moralis. Francf. et Leips. 1724, in-8. En faveur de la doctrine de Leibnitz sur l'origine du mal.

(2) Né à Culmbach en 1697, professeur à Cassel, mort en 1728.

Lud. Phil. *Thümmig*, Institutiones philosophicæ Wolfianæ. Francof. et Lips. 1725 et 26, in-8, 2 vol. (c'est un court abrégé de la philosophie de Wolf). De immortalitate animæ ex intima ejus natura demonstrata. Hal. 1721. De principio

Isr. Gottlieb *Canz* (1), J. P. *Reusch* (2), et G. Henri *Riebov* ou *Ribbov* (3); les jurisconsultes J. Adam baron *d'Ickstadt* (4), J. Ulrich *de Cramer* (5), et

---

jur. nat. Wolfiano. Cassellis. 1724. Meletemata varii et rarioris argumenti in unum volumen collecta. Sur ses autres écrits, voyez l'Introduction à l'Hist. de la Philosophie de Leibn. et de W., par Hartmann (indiquée ci-dessus § 361); p. 1106.

(3) Né à Berlin en 1682, mort en 1741.

Voyez sa Préface sur l'usage de la philosophie en théologie, en avant des Considérations sur les vérités divines contenues dans la Confession d'Augsbourg et sur celles qui s'y rapportent, etc. Berl. et Leips. 1731, in-4 (all.).

(1) Né à Tubingue en 1690, mort en 1753.

Isr. Gottl. *Canz*, Philosophiæ Leibnitzianæ et Wolfianæ usus in theologia. Francof. et Lips. 1728—1734, in-8. Disciplinæ morales omnes, etc. Lips. 1739, in-8. Antologia. Tubing. 1741, in-8. Plusieurs autres ouvrages théologiques.

(2) Né à Almersbach en 1691, mort à Jena en 1754.

Joh. Pet. *Reusch*, Via ad perfectiones intellectus compendiaria. Isenaci, 1728, in-8. Systema logicum. Jen. 1734, in-8. Systema metaphysicum antiquiorum atque recentiorum. Jen. 1735, in-8. Plusieurs ouvrages théologiques.

(3) Né à Goettingue en 1724, mort en 1774.

Riebovius, Développement des idées de M. Wolf sur Dieu, etc. Francf. et Leips. 1726 (all.). Dissert. de anima brutorum, jointe à son édit. de Rorarius. Helmst. 1729, in-8.

(4) Né en 1702, mort en 1776.

De Ickstadt, Elementa juris gentium. Wirceb. 1740, in-4. Opuscula juridica. Ingolst. et Aug. Vindel. 1747, II vol. in-4.

(5) Né à Ulm en 1706, mort en 1772.

Jo. Ulr. *Cramer*, Usus philosophiæ Wolfianæ in jure. Marb.

Dan. *Nettelbladt* (1), mais surtout J. Henri *Winckler* (2), J. Christophe *Gottsched* (3), J. J. *Schierschmidt* (4), J. Aug. *Ernesti* (5), Fred. Christ. *Baumeister* (6), Martin *Knutzen* (7); ces trois derniers, auteurs d'ouvrages élémentaires estimés; Alex.

Specimina XIII, 1740, in-4. Opuscula, Marb. 1742, IV vol. in-4.

(1) Né à Rostock en 1719, mort en 1791.
Dan. *Nettelbladt*, Systema elementare universæ jurisprudentiæ naturalis usui jurisprudentiæ positivæ accommodatum. Hal. 1749. Ed. V, 1785, in-8.

(2) Né à Leipsick en 1703, mort en 1772.
J. H. *Winckler*, Institutiones philos. Wolfianæ, etc., usibus academicis accommodatæ. Lips. 1735, in-8.

(3) Né près de Kœnigsberg en 1700, mort en 1766.
J. Cph. *Gottsched*, Premiers principes de toute la philosophie, etc. Leips. 1734, II vol. in-8; IIe édit. 1735—36 (all.), et beaucoup d'autres ouvrages.

(4) Mort à Erlangen en 1778.

(5) Né à Tennstaedt en 1707, mort en 1781.

(6) Né en 1708, mort en 1785.
Fr. Chr. *Baumeister*, Philos. definitiva, hoc est definitiones philosophicæ ex systemate libri baronis a Wolf in unum collectæ Viteb. 1735, in-8, 1762.

(7) Mort en 1751.
Mart. *Knutzen*, Elementa philosophiæ rationalis sive Logica. Regiomont. 1771.—De la nature immatérielle de l'âme. Francf. 1744, in-8 (all.).—Systema causarum efficientium. Lips. 1745, in-8.

Gottlieb *Baumgarten* (1) qui acquit une grande réputation par une analyse savante, par des vues neuves, en assez grand nombre, et par le premier essai sur l'Æsthétique; il définit la philosophie, la science des choses et des rapports qui peuvent être connus sans avoir recours à la foi; enfin G. F. *Meier* (2), disciple du précédent, qui commenta les

---

(1) Né à Berlin en 1714, mort à Francfort-sur-l'Oder en 1762.

Alex. Gottl. *Beaumgarten*, philosophia generalis, edidit cum dissert. prooemiali de dubitatione et certitudine. J. Chr. Foerster. Hal. 1770, in-8. Metaphysica. Hal. 1739, in-8. Ethica philosophica. Hal. 1740; in-8. Jus naturæ. Hal. 1765, in-8. De nonnulis ad poëma pertinentibus. Hal. 1735, in-4. Æsthetica, Francof. ad Viadrim, 1750—58, II vol. in-8. Ed. Francf. 1759.

Ge. Fred. *Meyer*, Vie de Baumgarten. Halle, 1763, in-8.

(2) Mort à Halle en 1777.

Voyez Sam. Gotthilf *Lange*, Vie de G. F. Meier. Halle, 1778, in-8 (all.).

G. F. *Meier*, Essai d'une méthode d'explication universelle. Halle, 1756. in-8 (all.). Métaphysique. Halle, 1756, IV vol. in-8 (all.). Preuve de l'immortalité de l'âme humaine, 2ᵉ édit. Halle, 1754, in-8. Défense de l'ouvrage précédent. Halle, 1755 (all.). Preuve de l'impossibilité que la matière pense. Preuve de l'harmonie préétablie. Halle, 1743, in-8 (all.). Théorie des mouvemens de l'âme. Halle, 1744, in-8 (all.). Essai d'une théorie nouvelle sur l'âme des bêtes. Halle, 1756, in-8 (all.). Pensées sur l'état des âmes après la mort; jugement sur le nouveau système de Théodicée; pensées sur la Religion; principes élémentaires des belles-lettres. Halle, 1748; II édit. 1754, III vol. in-8 (all.). Morale philosophique.

ouvrages de son maître, et traita séparément de quelques matières spéciales.

§ 370.

A la même école appartiennent encore : le physicien et théologien Hermann-Samuel *Reimarus* (1), qui sut réunir la profondeur et la clarté dans ses ouvrages sur la logique, la théologie et l'instinct des bêtes; Godefroi *Ploucquet* (2), esprit subtil, qui s'efforça d'ame-

---

Halle, 1753—1761, v vol. in-8 (all.). Considérations sur le penchant naturel à la vertu et au vice. Halle, 1776, in-8 (all.). Droit de la nature. Halle, 1767, in-8 (all.). Essai sur la nécessité d'une révélation spéciale. Halle, 1747, in-8 (all.). Examen de diverses matières appartenant à la philosophie. Halle, 1768—71, iv vol. in-8 (all.).

(1) Né à Hambourg en 1694, mort professeur au Gymnase de cette ville en 1765.
Herm. Sam. *Reimarus*, Théorie de la raison, ou Méthode pour faire un bon usage de la raison dans l'étude de la vérité. Hambourg et Kiel, 1756, v^e éd. 1790, in-8 (all.). Les principales vérités de la religion naturelle. Hamb. 1754. La ve édit. contient aussi la dissertation de Jean Albert *Reimarus* sur l'existence de Dieu et de l'âme humaine. 1781, in-8; vi^e édit. 1791 (all.). Considérations sur l'instinct des animaux. 1762, in-8 (all.). v^e édit., avec notes de J. Alb. *Reimarus*. 1798. Fragmens d'un anonyme de Wolfenbüttel.

(2) Né en 1716, professeur à Tubingue, mort en 1790.
Godefr. *Ploucquet*, Cf. § 356 et 374, notes. En outre : Methodus tractandi infinita in metaphysicis. Tubing. 1748, in-4. Methodus tam demonstrandi directe omnes syllogismo-

ner la logique à la plus haute simplicité possible, et qui donna des éclaircissemens sur les principales difficultés de la monadologie ; J.-Henri *Lambert* (1), mathématicien, physicien et philosophe distingué ;

---

rum species quam vitia formæ detegendi ope unius regulæ. Tubing. 1763, in-8. Principia de substantiis et phænomenis : accedit methodus calculandi in logicis ab ipso inventa, cui præmittitur comment. de arte characteristica universali. Francof. et Lips. 1753, in-8. Ed. II, 1764, in-8. Fundamenta philosophiæ speculativæ. Tubing. 1759, in-8. *Ibid.* 1782, in-8. Institutiones philosophiæ theoreticæ. *Ibid.* 1772. Dernière édit., intit. : Expositiones philos. theor. Stuttg. 1782, in-8. Elementa philos. contemplativæ s. de scientia ratiocinandi, notionibus disciplinarum fundamentalibus, etc. Stuttg. 1778, in-8. Collection des écrits concernant le calcul logique de M. le prof. Ploucquet, avec de nouvelles additions, publ. par Aug. Fred. *Boeck*. Francf. et Leips. 1766, nouv. édit. (all.). Solutio problematis Lugdunensis qua ex una hac propositione concessa : existit aliquid, existentia entis realissimi cum suis attributis eruitur. Tubing. 1758, in-4. Commentationes philos. selectiones, etc.. recognitæ. Ultraj. ad Rhenum, 1781, in-4. Variæ questiones metaphysicæ cum subjunctis responsionibus. Tubing. 1782, in-4. Voyez en outre la table.

(1) Né à Mulhausen sur l'Ill, mort en 1777.

J. Henri *Lambert*, Nouvel Organon, ou Pensées sur la manière de rechercher et de déterminer les caractères de la vérité, en les distinguant de l'erreur et des apparences. Leips. 1764, II vol. in-8 (all.). Traités de logique et de philosophie (éditeur J. *Bernouilli*), t. I. Dessau. 1782, in-8 (all.). Préparation à l'Architectonique, ou Théorie des élémens simples

ami de Kant, qui s'appliqua à donner aux principes de la logique et de la métaphysique la rigueur et l'enchaînement des mathématiques. Cette méthode lui fit rechercher quelles sont les idées les plus simples pour en faire la base de la connaissance philosophique, et il imagina des signes mathématiques pour ces idées. Au reste, il en était venu à reconnaître que la méthode de Wolf, en métaphysique, avait essentiellement besoin d'être perfectionnée et refondue.

I. *Scepticisme de Hume.*

§ 371.

En Angleterre, l'esprit de l'école empirique continua de prédominer. Le médecin David *Hartley* (1), dont le caractère, sous les rapports religieux et moraux, présente beaucoup d'analogie avec celui

---

et primitifs de nos connaissances philosophiques et mathématiques. Riga, 1771, II vol. in-8 (all.). Lettres cosmologiques sur l'organisation du Monde, etc. Augsb. 1771, in-8 (all.). Correspondance de Kant et de Lambert dans le t. III du Recueil des Œuvres diverses de Kant, p. 91 et suiv.

(1) Né à Illingworth en 1704, mort à Bath en 1757.
David *Hartley's*, Observations on Man, his frame, his duty, and his expectations, in two parts. Lond. 1749, in-8, II vol. trad. en allem., avec remarques et additions, par Pistorius. Rostock et Leips. 1772, II vol. in-8. Theory of human mind with essays by Jos. Priestley. Lond. 1775, in-8.

de Bonnet (§ 374), suivit, dans le point de vue exclusivement matérialiste, les recherches psychologiques de Locke. Il fonda la théorie de l'activité intellectuelle de l'homme sur l'association des idées, et celle-ci sur l'hypothèse des vibrations des nerfs et de l'éther; il défendit en même temps les doctrines du déterminisme et de l'immortalité de l'âme. Selon lui, Dieu est la cause unique de tous les effets de la nature et de toutes les actions de l'homme; sa morale est toute relative au principe du bonheur. — Un esprit bien supérieur entra ensuite dans les voies ouvertes par Locke pour arriver à un scepticisme plus fort et plus étendu. L'idéalisme peu suivi de Berkeley (§ 348), au lieu de servir de barrière à l'esprit sceptique, n'avait fait que lui inspirer une nouvelle confiance, et contribuer à ses progrès. C'est ce qu'aperçut David *Hume*, né à Édimbourg en 1711, lequel, après s'être d'abord consacré à la jurisprudence, avait abandonné cette étude pour celles de l'histoire et de la philosophie, devenues les uniques occupations de sa vie (1). Du point de vue em-

---

(1) Biographie de Hume : The life of Dav. Hume written by himself. Lond. 1777, in-12. Trad. latine, 1787, in-4. Trad. Franç. Lond. 1777, in-12. Supplement to the life of D. Hume. (C'est une lettre d'Adam Smith à Will. Straham, jointe à ses Mémoires).

A Letter to Ad. Smith on the life, death and philosophy of his friend D. Hume by one of the people called Christians. Oxford, 1777.

pirique de Locke, il jeta un regard plein de profondeur et de sagacité sur la nature de l'homme

---

Apology for the life and writings of Dav. Hume, etc. Lond. 1777.

Curious particulars and genuine anecdotes respecting the late lord Chesterfield and Dav. Hume, etc. Lond. 1788.

Anecdotes et traits de caractère tirés de la vie de D. Hume, par Chr. Fr. *Stœudlin*, dans le journal mensuel de Berlin Novemb. 1791 (all.).

H. Dav. *Hume's* Treatise of human nature, etc. Lond. 1738, II vol. in-8, 1739, II vol. in-4. Trad. allem., avec un examen critique de cet ouvrage, par L. Henri *Jacob*. Halle, 1790—1791, III vol. in-8.

Essays moral, political, and litterary. Edinb. 1742, 1re partie, in-8. Inquiry concerning human understanding. Lond. 1748, in-8. (L'auteur donna, dans le troisième volume de ses Essais, une nouvelle exposition de cet ouvrage sur l'entendement humain). Sulzer et ensuite Tennemann ont donné, en allemand, des traductions de l'Inquiry, etc. La première Hamb. et Leips. 1755, in-8. La seconde, accompagnée d'une dissertation de Reinhold sur le scepticisme. Jen. 1793, in-8. —Political discourses. Lond. 1749. Edinb. Lond. 1749. Edinb. 1752 (reproduits dans le tome II des Essais). Inquiry concerning the principles of moral, Edinb. 1751, in-8.—The natural history of religion. Lond. 1755, in-8. (Ces deux derniers ouvrages se retrouvent dans le tome IV des Essais). La nouvelle édition des Essais est intitulée : Essays and Treatises on several subjects, IV vol. Lond. 1770—1784, in-8.

Dialogues concerning natural religion. Ed. II. Lond. 1779, in-8. Trad. en allemand par *Schreiter*, avec un Dialogue sur l'athéisme, par Ern. *Platner*. Leips. 1781, in-8 (all.).

(Voyez, à ce sujet, *Jacobi*: David Hume, ou de la foi, de

considéré comme un être intelligent et actif. Des raisonnemens bien déduits de conséquence en conséquence l'amenèrent à ce résultat sceptique, qu'il ne saurait y avoir une connaissance objective philosophique, et que nous sommes réduits à notre conscience, aux phénomènes qui passent devant elle, et à leurs relations purement subjectives. Dans ces recherches de Hume, le scepticisme philosophique se montre accompagné d'une puissance logique, d'une vigueur de principes, et en même temps d'une netteté, d'une clarté, d'une élégance telles qu'il n'avait jamais apparu ni aussi formidable ni aussi séduisant. Selon Hume, tout ce qui se passe en nous se réduit à des impressions ou sensations, et à des notions ou idées; ces dernières ne sont que des copies des premières; et tout ce qui les distingue de leurs originaux, c'est d'être moins fortes et moins vives. Tous les objets de la raison sont ou des relations d'idées auxquelles se rapportent les principes mathématiques, ou des faits d'expérience. Notre croyance, par rapport à la réalité d'un fait, repose sur la sensation, sur la réflexion, et sur une induction du rapport de cause et d'effet. La notion de cette causalité ne vient point d'un principe *a priori*, elle résulte insensiblement de l'expérience, et lorsque nous atten-

---

l'idéalisme et du réalisme. Breslau, 1787, in-8, et dans ses Œuvres (all.)).

— Essays on suicide and the immortality of the soul. Lond. 1789, in-8.

dons de causes semblables des effets semblables, nous ne faisons qu'obéir au principe de l'habitude en tirant nos conclusions d'une liaison constante entre divers phénomènes, ou de l'association de nos idées. Il n'existe donc aucune connaissance pour nous hors de l'expérience ; il n'y a donc pour nous aucune métaphysique possible. Or, l'expérience n'offre point, comme la démonstration mathématique, le caractère de l'évidence ; en définitive, elle se fonde sur un instinct qui pourrait nous abuser. Tout au moins l'opposition de l'instinct et de la philosophie sur les idées d'espace, de temps et de causalité peut-elle nous faire douter de son témoignage, si toutefois le scepticisme des philosophes a quelque valeur contre l'instinct naturel. La géométrie et l'arithmétique sont les objets de la science abstraite ; la critique (l'æsthétique) et la morale sont des objets relatifs à la sensibilité, et n'appartiennent point à l'entendement. En morale, Hume démontra fort habilement que l'amour de soi ne saurait être le principe de la vertu, et soutint que la raison ou la faculté de réfléchir n'avait sur nos actions aucune influence effective ; et il plaça le principe de la vertu dans le sentiment moral, qu'il établit comme analogue au goût. Cette théorie fournit un nouvel appui au système du sens moral. Le suicide ne paraît point à Hume un acte immoral. Cet écrivain, qui semble d'abord n'attaquer que les prétentions de la philosophie spéculative, mais dont le scepticisme sape profondément la réalité de la connaissance humaine, tourna spécialement ses objections contre l'existence de Dieu, la providence, les miracles, l'immortalité de l'âme, et soutient que ces croyances ne sont garanties suffisamment par aucun principe évident et solide. Dans sa vie pratique, on ne retrouve plus le même scepticisme ; sa conduite et son caractère furent exemplaires. Il mourut, avec la plus grande sérénité, le 25 août 1776.

Adversaires de Hume, et autres philosophes écossais et anglais.

§ 372.

Le scepticisme de Hume, qui compromettait non-seulement la réalité des objets de l'expérience, mais encore celle des notions religieuses, avait dû nécessairement produire beaucoup d'effet dans le monde philosophique. Plusieurs écrivains entrèrent en lice pour le combattre : mais sans pouvoir attaquer la base de ses raisonnemens sceptiques, ni en affaiblir la conséquence, ils en appelèrent au sens commun de l'humanité (*common sense*), en d'autres termes, à un instinct naturel, ce qui était précisément ce que voulait Hume. Parmi ceux de ses adversaires qui adoptèrent cette marche, parurent en première ligne trois Écossais : Thomas *Reid* (1), esprit sincèrement

---

(1) Né en 1704, professeur à Glasgow, mort en 1796.

dévoué à la recherche de la vérité, qui reconnut bien certains principes de la connaissance humaine comme indépendans de l'expérience, mais qui ne donna à la philosophie d'autres fondemens que les principes du sens commun, ou une sorte d'instinct spirituel; l'éloquent Jacques *Beattie* (1), défenseur plus ardent, mais avec moins d'esprit philosophique, des vérités attaquées par le scepticisme, partisan du système du sens moral, et auteur de recherches esthétiques, remarquables par l'élégance et le bon

---

Thom. *Reid*, Inquiry into the human mind on the principle of common sense, III edit. Lond. 1769, in-8. Trad. en all. Leips. 1782, in-8. Essays on the intellectual powers of man. Edinb. 1785, in-4. Son principal ouvrage est intit. : Essays on the powers of the human mind. Lond. 1803, III vol. in-8.

(1) Né en 1735, professeur de morale à Edinbourg, et ensuite à Aberdeen, mort en 1803.

Account of the life of James Beattie, by Alex. *Bower*. Lond. 1804.

James *Beattie*, Essay on the nature and immutability of truth in opposition to sophistry and skepticism. Edinb. 1770, v° edit. Lond. 1774. Trad. en all., par *Gerstenberg*. Copenhagen et Leips. 1772, in-8. D'après la v° édit. Leips. 1777. *Id.* avec les Œuvres de Beattie en all. Leips. 1779—1780, II vol. in-8. Theory of the language. Lond. 1788, in-8. Dissertations moral and critical. Lond. 1783, in-4. (Tr. en all. par L. *Grosse*. Goetting. 1789—90, III part. in-8). Elements of the science of moral, t. I. Edinb. 1790, t. II, 1793. (Tr. en all. par *Moritz*. 1790, t. I, in-8.

goût; enfin, Jacques *Oswald*, membre du clergé d'Écosse, lequel fit du sens commun de l'humanité (1) le principe universel, la règle suprême de toute recherche philosophique. Ces écrivains font bien sentir, il est vrai, l'abus de la spéculation qui prétend expliquer toutes nos croyances par voie démonstrative; mais ils tombent à leur tour dans le défaut contraire où leur principe les conduit, savoir : l'hypothèse de la raison aveugle et passive.

§ 373.

Un célèbre physicien, Joseph *Priestley* (2) critiqua en même temps Hume et ses adversaires, mais il fut plus heureux contre ceux-ci, dont il appelait avec raison les principes instinctifs du nom de *qualitates occultæ*, qu'avec Hume, auquel il opposa une preuve fausse et inadmissible par elle-même de l'existence de Dieu (3). Il combattit d'ailleurs en déter-

---

(1) James *Oswald*: Appeal to common sense in behalf of religion. Edinb. 1766—1772, II vol. in-8. (Tr. en all. par *Wilmsen*. Leips. 1774, II vol. in-8).

(2) Né à Fieldhead en 1733, mort en 1804.

(3) Jos. *Priestley*, An examination of Dr Reid's Inquiry into the human mind, Dr Beattie's essay on the nature and immutability of truth, and Dr Oswald's appeal to the common sense. Lond. 1774, in-8. — Letters to a philosophical

ministe prononcé le spiritualisme et la liberté d'indifférence, dans le même sens que Hartley, et prétendit prouver la matérialité de l'âme. (1). Auprès de lui se place Édouard *Search* qui, en morale,

---

unbeliver containing an examination of the principal objections to the doctrines of natural religion and especially those contained in the writings of M. Hume. Bath, 1780, P. 1, 11. Tr. all. Leips. 1782. Additional Letters. 1781—87. Et : A continuation of the letters. Northumberland-town. 1794, in-8.

The life of Jos. Priestley with critical observations on his works and extracts from his writings illustrative of the character, principles, etc., by J. *Corry*. Lond. 1804, in-8.

(1) Jos. Priestley, Disquisitions relating to matter and spirit, etc. Lond. 1777. in-8.

Three dissertations on the doctrine of materialism and philosophical necessity. Lond. 1778, in-8.

The doctrine of philosophical necessity illustrated, etc. Lond. 1777, in-8.

Letters on materialism and Hartley's theory of the human mind, by Priestley. Lond. 1776, in-8. — Ces derniers ouvrages donnèrent lieu à diverses réfutations de *Palmer*, et de *Bryant*; et particulièrement à l'ouvrage de Richard *Price*, intit. : Letters on materialism and philosophical necessity. Lond. 1778, in-8.

Extraits des ouvrages du Dr *Priestley* sur la nécessité de la volonté, et sur les vibrations des nerfs frontaux, comme causes matérielles de la sensibilité et de la pensée, avec des considérations sur ce sujet, et un parallèle de l'hypothèse des vibrations avec la cranologie du Dr Gall. Altona, 1806, in-8 (all.).

rapporte tout à l'intérêt personnel (1). D'un autre côté, Richard *Price* (2) opposa au principe de l'empirisme qui fait sortir de la sensibilité toutes nos connaissances, un principe tout contraire, savoir que l'entendement ou la faculté pensante est essentiellement distincte de la sensibilité, et qu'il en résulte un ordre de faits dont les caractères lui sont propres exclusivement, et ne peuvent être confondus avec ceux des faits sensibles. Cet écrivain éclaircit avec beaucoup d'habileté plusieurs des questions morales les plus importantes, et combattit le système du sens moral, comme incompatible avec le caractère immuable des notions fondamentales de la vertu et du devoir, reconnaissant dans ces notions ainsi que dans celles de substance et de cause, des principes éternels et primitifs de l'intelligence, indépendans de la volonté divine. Price a parfaitement exposé la différence essentielle qui sépare la moralité de la sensibilité, la vertu du bonheur, et en même temps les rapports qui rattachent l'un à l'autre ces deux derniers élémens (3). Malgré ses efforts, le système du sens

---

(1) Ed. *Search*, Light of nature pursued. Lond. 1769—70, v vol. in-8, tr. en all. par J. P. *Erxleben*. Goetting. 1771, in-8.— Freewill, fore-knowledge and fate. Lond. 1763, in-8.

(2) Né à Tynton en 1723, mort en 1791.

(3) *Price*, Review of the principal questions and difficulties in moral, particularly those respecting the origin of our ideas of virtue, its nature, relation to the deity, obligation, subject, matter and sanctions. Lond. 1758, in-8, III ed. Lond. 1787, in-8.

moral, se maintint, défendu par Henri *Home* (1), célèbre par son ouvrage sur l'æsthétique, et Adam *Ferguson* (2), qui fit consister la vertu dans un effort soutenu par lequel se développe en nous la perfection de l'âme. Adam *Smith* (3), ami de Hume, connu principalement par son traité classique sur la richesse des nations, prétendit que la nature de la mo-

---

(1) Né à Edimbourg; s'appela ensuite lord *Kaimes* depuis l'année 1752, mort en 1782.

Henry *Home*, Essays on the principles of morality and natural religion. Edimb. 1751, in-8. (Tr. en all. par *Rautenberg.* Brunswick, 1768, II vol. in-8). — Historical law. 1759, in-8. Et : The principles of equity, 1760, in-fol. (Trad. all. Leips. 1778, in-8). — Elements of criticism. Lond. 1762, III vol. in-8, IIIe Edimb. 1765, III vol. in-8. (Trad. all., par Meinhard. Leips. 1772—1790, III vol. in-8. Sketches on the history of man. Lond. 1774, II vol. in-4. (Trad. all. Leips, 1778—1783, II vol. in-8.)

(2) Né à Logierait, dans les montagnes d'Écosse, en 1724, mort en 1816.

Ad. *Ferguson*, Institutes of moral philosophy. Lond. 1769, in-8. (Tr. all., par *Garve*. Leips. 1772, in-8). Principles of moral and political science. Edimb. 1793, II vol. in-4. (Tr. all., par *Schreiter*. Zurich. 1795, II vol. in-8). Essay on civil society. Edimb. 1766, in-4. (Trad. all. Leips. 1768, in-8).

(3) Né à Kirkaldy en 1723, mort en 1790.

Ad. *Smith*, Theory of moral sentiments, VI ed. Lond. 1790, II vol. in-8. (Trad. all. Brunswick, 1770; autre par *Kosegarten*. Leips. 1791, II vol. in-8). Inquiry into the nature and causes of the wealth of nations. Lond. 1776, II edit. 1777, II vol. in-4. (Plus. trad. all. Leips. 1776, II vol. in-8, par

ralité ne peut consister que dans des actes qui, pour avoir ce caractère, doivent obtenir l'assentiment universel, et il fit de la sympathie le principe de la morale. Par la sympathie nous nous supposons à la place de celui que nous voyons agir, et nous jugeons de la convenance de ses actes d'une manière impartiale, dégagés que nous sommes d'ailleurs de ses diverses dispositions personnelles. De ces jugemens impartiaux résultent autant de règles générales pour toutes les actions particulières. Le résumé de cette morale est : agis de telle sorte que les autres hommes puissent sympathiser avec toi. Thomas *Payne* (1) l'un des fondateurs de la république des États-Unis, étonna les Anglais eux-mêmes par l'audace de ses théories démocratiques. Il faut encore rattacher aux

---

Garve. Breslau, 1794, IV vol. in-4. II° edit. 1799, III vol., par *Lüder.* Berlin, 1800, III vol. in-8). Essays on philosophical subjects, etc., to which is prefixed an account of the life and writings of the author by *Dugald* Stewart. Lond. 1795, in-8.

(1) Né dans le comté de Norfolk en 1737, mort en Amérique en 1809.
Common sense. Philadelphia. 1776, in-8. (Trad. all. dans les matériaux pour la statistique de *Dohm*, 1re livraison ; et Copenhague, 1794, in-4). Rights of man, being an answer to Mr Burke's attack on the french revolution. P. 1, II. Ed. VII, 1791—92. (Trad. all. Berlin, 1792, in-8). The age of reason being an investigation of true and fabulous theology. P. 1, II. Lond. 1794.

recherches psychologiques des Anglais leurs essais sur l'æsthétique (par exemple les traités sur le goût d'*Alison*, de *Gerard*, de *Burke*), ainsi que leurs travaux relatifs au langage et à l'histoire de l'humanité.

II. *École empirique en France.*

§ 374.

L'esprit philosophique s'était maintenu en Angleterre dans les voies de l'empirisme, et avait presque renfermé tous ses efforts dans des observations expérimentales, les unes profondes et ingénieuses, les autres étroites et sèches, en faisant d'ailleurs de la religion l'objet principal de ses recherches et de ses doutes; de même en France il conserva les habitudes empiriques, mais sous des influences différentes qui tenaient les unes au caractère de la nation française; les autres aux limites imposées à la liberté de penser par la puissance du clergé. La métaphysique de Descartes et de Malebranche fut oubliée; les suffrages se portèrent en grand nombre sur Gassendi et Newton; un plus grand nombre encore se déclarèrent en faveur de Locke. *Montesquieu* (1), qui consacra un véritable génie

---

(1) Charles Secondat, baron de Montesquieu, né en 1689, au château de la Brède, près de Bordeaux, mort en 1755.
De l'Esprit des Lois, 1748. Nombr. éditions. — Œuvres. Lond. 1759, III vol. in-4. v vol. in-8. Nombr. édit. Œuvres posthumes, 1798, in-8.

philosophique à observer les lois des nations, tout en suivant la direction empirique, ne révoqua point en doute les principales vérités religieuses, non plus que *Maupertuis* (1), mathématicien et physicien distingué. L'influence de *Voltaire* (§ suivant) eut un caractère plus prononcé et plus funeste. Charles *Batteux* (2) fut en France le père de la théorie des beaux-arts. Étienne *Bonnot de Condillac* (3) travailla à perfectionner le système empirique, et

---

(1) P. L. Moreau de Maupertuis, né à Saint-Malo en 1698, mort à Bâle en 1759.

Essai de philosophie morale. Lond. 1750, in-8. Essai de cosmologie. Berl. 1750, in-8. OEuvres. Lyon, 1756, IV vol. in-8.

(2) Né à Allendhuy en 1713, mort en 1780.

Les beaux arts réduits à un même principe. Paris, 1746. Plus. édit. (Trad. all. Gotha. 1751; autre par Adolphe Schlegel, II vol., avec dissertations du traducteur. Leips. 1769—70, IIIe édit. Extraits, par Gottsched. Leips. 1751). Cours de belles-lettres, ou Principes de la littérature. Paris, 1747—50. Plus. édit. (Tr. all., par Ch. Guill. *Ramler*. Leips. 1756—58. V^e ed. 1802, in-8).

(3) Né en 1715 à Grenoble, mort en 1780.

Cours d'Études du prince de Parme, par M. l'abbé de *Condillac*. Paris, 1776, XVI vol. in-8.

Essai sur l'origine des connaissances humaines. Amsterd. 1746, II vol. in-12. (Tr. all., par Hissmann. Leips. 1780, in-8).

Traité des sensations. Lond. 1754, II vol. in-12.

Traité des animaux. Amsterd. 1755, II vol. in-12.

OEuvres philosophiques, VI vol. Paris, 1795, in-12. Plus. aut. édit.

prétendit ramener toutes les facultés actives de l'âme à la sensation ou à la sensibilité au moyen du principe de la transformation des sensations. Selon lui, la formation et le perfectionnement du langage auquel il donne pour origine les accens spontanés du plaisir et de la peine, sont le moyen par lequel toute science se développe. Il s'attache à ramener toutes les sciences à leur expression la plus simple, et croit pouvoir les traiter suivant la méthode des mathématiques. En même temps, ce philosophe confond les maximes de l'expérience et de la spéculation, regardant comme le résultat le plus parfait de la science la déduction qui fait de toutes nos idées autant de conséquences d'une seule proposition identique, et admettant l'existence des corps au nombre des faits primitifs, doctrine par laquelle il se rattache à celle de Gassendi sur les atomes (§ 335). Condillac est resté jusqu'à ces derniers temps le type de la philosophie française et son chef avoué. Avec lui, Charles *Bonnet* (1) rendit beaucoup de services à la

---

(1) Né en 1720 à Genève, mort en 1793.

(Ch. de *Bonnet*), Essai de psychologie, ou Considérations sur les opérations de l'âme, sur l'habitude et sur l'éducation. Lond. 1755, in-8. (Tr. all., par C. W. Dohm. Lemgo, 1773, in-8).

Essay analytique sur les facultés de l'âme. Copenh. 1759 —1760. IIIe édit. 1775. (Tr. all., avec notes et additions, par Ch. Godef. *Schütz*. Brême, 1770, 11 vol. in-8).

La palingénésie philosophique, ou idées sur l'état passé et

psychologie. C'était un excellent observateur de la nature, et un esprit habituellement tourné vers les idées religieuses. Il ne laisse pas néanmoins de déduire toutes les idées des sensations, au moyen de certaines fibres nerveuses et de leurs mouvemens, et il n'accorde primitivement à l'âme, qu'il distingue du corps, qu'une double propriété de sentir, et une force motrice. Niant les idées innées, et faisant dériver tous les faits intellectuels de la sensibilité, il fut conduit à soutenir que l'âme n'est capable d'aucun développement que par l'entremise du corps. Il n'était point défavorable au matérialisme, et admit une certaine affinité entre l'âme des animaux et celle des hommes. D'autres hommes poursuivirent avec plus de suite et d'audace dans le sens de l'athéisme, du matérialisme et d'un rigoureux déterminisme, les conséquences du système empirique par rapport à l'âme et à la morale : ce furent entre autres *La Mettrie* (1), homme

---

sur l'état futur des êtres vivans. Genève, 1769, II vol. in-8. (Tr. all., par *Lavater*. Zurich, 1771.)

Œuvres d'Histoire naturelle et de philosophie. Neuchâtel, 1779. II ed. 1783, VIII, in-4.

Mémoires pour servir à l'Histoire de la vie et des ouvrages de M. Ch. Bonnet, par J. Trembley. Berne, 1794, in-8. (Tr. all. Halle, 1795, in-8).

(1) Jul. *Offroy de La Mettrie*, né à Saint-Malo en 1709, mort à Berlin en 1751.

Œuvres philosophiques de M. de La Mettrie. Lond. (Berl.),

TROISIÈME PÉRIODE.

d'un caractère décrié, qui prétendit expliquer l'âme et tous ses effets comme un pur mécanisme; *Helvetius* (1), qui ramène tout à la perception sensible,

---

II vol. 1751, in-4. Amsterd. 1753—1764, II vol. in-8. Histoire naturelle de l'âme. La Haye (Paris), in-8. Ouvrage brûlé de la main du bourreau par arrêt du Parlement. — Traité de la Vie heureuse de Sénèque. Postdam, 1748. L'École de la Volupté (*Id.* sous le titre de l'Art de Jouir), 1750. L'Homme machine. Leyd. 1748, in-12. L'Homme plante. Poisdam. 1748, in-8.

Voyez, en réfutation de ces ouvrages : l'Homme plus que machine, par Elie *Luzac*. Lond. 1748. IIe ed. Goetting. 1755, in-12. De machina et anima humana prorsus a se invicem distinctis commentatio. auct. Balth. Lud. *Tralles*. Breslav. 1749, in-8.

— Godofr. *Ploucquet*, Dissert. de materialismo. Tubing. 1750. Cum supplemento et confutatione libelli : L'Homme machine. *Ib.* 1751, in-4.

(1) Claude Adrien *Helvétius*, né à Paris en 1715, mort en 1771.

De l'Esprit, Paris, 1758, in-4, II vol. in-8. (Trad all., par *Gottsched*. 1757; autre par *Forkert*. Liegnitz et Leips. 1760, II vol. in-8.)

De l'Homme, de ses facultés et de son éducation. Lond. (Amsterd.) 1772, II vol. in-8. (Tr. all., par *Wichmann*. Breslau, 1774, II vol. in-8).

Les Progrès de la Raison dans la recherche du vrai. Lond. 1775, in-8. (Voyez en outre la note suivante).

Œuvres complètes. Amsterd. 1776, V vol. in-12. Deux-Ponts, 1784, VII vol. in-8. Paris, 1794. V vol. in-8, 1796, X vol. in-12.

et considère la notion de l'infini comme une simple négation (Voyez § suivant); et l'auteur du fameux *Système de la nature*, qu'on croit être *La Grange* ou le baron *d'Holbach* (1). On peut attribuer principalement à l'influence des encyclopédistes en France

---

Éloge de M. Helvétius (Genève), 1774, in-8. Essai sur la Vie et les Ouvrages de M. Helvétius (par Duclos?), en avant de son poëme didactique, intitulé : le Bonheur. Lond. (Amsterd.) 1773, in-8; et dans les Œuvres complètes.

(1) Paul Henri Dietrich, baron d'*Holbach*, mort en 1789.
Système de la Nature, ou des Lois du Monde physique et du Monde moral, par feu M. *Mirabaud* (La Grange? le baron d'Holbach?). Lond. 1770, II vol. in-8. (Tr. all., par Ch. G. *Schreiter*. Francf. et Leips. 1783, II vol. in-8).

Contre cet ouvrage, voyez : *Bergier*, Examen du Matérialisme, ou Réfutation du Système de la Nature. Paris, 1771. II vol. in-8.

De Castillon, Observations sur le livre intitulé : Syst. de la Nat. Berl. 1771, in-8.

Réflexions philosophiques sur le Syst. de la Nat., par M. *Holland*, (Georg. Jonath.). Paris, 1772, II vol. in-8. Neuchâtel, 1773. (Tr. all., par J. L. *Wetzel*. Berne, 1772, in-8).

(*Voltaire*), Réponse au Système de la Nature. Genève, 1772; et Encyclopédie, artic. Dieu.

Le Vrai sens du Système de la Nature (par Helvétius), ouvrage posthume. (Tr. all., Francf. et Leips. 1783, in-8). Ce livre ne consiste qu'en extraits.

F. X. V. *Mangold*, Réfutation calme du Matérialisme, servant de réponse à l'auteur du Syst. de la Nat. Augsb. 1803, in-8 (all.).

la grande faveur qu'y obtint une manière de philosopher (1), qui consistait à raisonner hardiment sur
tout ce qui surpasse les notions communes, à l'aide
d'hypothèses matérialistes absolument arbitraires, ou
d'analogies poussées beaucoup plus loin qu'elles ne
pouvaient conduire; prétention à laquelle se joignait
la manie de rendre populaires les sciences de toute
espèce, et de bafouer comme de la pédanterie toute
étude philosophique plus sérieuse et plus profonde.

§. 375.

Les hommes qu'on appelait à cette époque, en
France, les philosophes, s'efforçaient de faire pré-
valoir la liberté de penser; mais dominés par des
dispositions étroites et frivoles, ils ne mirent en crédit que des doctrines sans aucune valeur, qui con-
fondaient l'homme avec la nature, ou divinisaient le
monde, qui déclaraient la croyance en Dieu dou-
teuse et peu nécessaire, et qui combattaient toute
religion positive comme une imposture des prêtres.
La corruption des mœurs parmi les classes élevées du
royaume, et l'insignifiance d'un culte réduit à des
cérémonies tout extérieures firent accueillir aisément
ces opinions. C'est dans cet esprit que travaillèrent

---

(1) Voyez, sur l'Empirisme français, W. R. *Bochner*, le
Vulgaire et les Métaphysiciens, ou Doutes et Vues critiques
sur l'école empirique. Paris, 1802, in-8.

à l'envi les encyclopédistes, notamment *Diderot* (1) et *d'Alembert* (2), secondés par les succès d'*Helvé-*

Voyez les ouvrages de MM. de *Barante* et *Jay* sur la littérature française au XVIII° siècle. (Trad. all., par *Ukert*. Jena, 1810, in-8).

(1) Denis *Diderot*, né à Langres en 1713, mort en 1784.
Encyclopédie, ou Dictionnaire raisonné des sciences, des arts et des métiers, par une société de gens de lettres; mis en ordre et publié par M. Diderot. Paris, 1751 — 1765; XXVII tom. in-fol. pour le texte. VI vol. de planches. Seconde édition. 1783—1800. 63 livraisons, in-4.
Vues philosophiques, ou Protestations et Déclarations sur les principaux objets des connaissances de l'homme; nouv. éd. Berlin, 1755, in-12 (par Prémontval).
Diderot. Pensées philosophiques. La Haye, 1746, in-12. (Ouvrage dirigé contre le christianisme; brûlé en 1746 par le bourreau. Trad. all., par Jacq. *Elsner*. Halle, 1747. Lettre sur les aveugles, à l'usage de ceux qui voient. Paris, 1749. Pensées sur l'interprétation de la nature. Paris, 1754 et 1759, in-12. Œuvres philosophiques, VI vol. Amsterd. 1772. Œuvres complètes. Lond. 1773, V vol.
Mémoires pour servir à l'Histoire de la Vie et des Ouvrages de feu M. Diderot, par Mad. de *Vaudeuil*, sa fille, dans l'ouvrage périodique de *Schelling*, intitulé : *Zeitschrift für Deutsche*, 1er cahier. 1813.

(2) Jean *Le Rond d'Alembert*, né en 1717 à Paris, mort en 1783.
Mélanges de Littérature, d'Histoire et de Philosophie de M. d'Alembert. Paris, 1752, V vol. in-12. 1770, V vol. in-8.
Condorcet, Éloge de M. d'Alembert. 1783.

tius et du *philosophe de Ferney* (1); d'autres, animés d'un meilleur esprit, tels que J.-J. *Rousseau*, firent néanmoins plus de mal que de bien, par des déclamations paradoxales mêlées à de bonnes intentions. Pour ce qui concerne la philosophie pratique, l'empirisme dominant favorisa chaque jour davantage l'opinion qui fait reposer la morale sur la psychologie expérimentale. On tenta de déduire directement du principe de l'amour de soi un système de l'intérêt, en contradiction avec la nature réelle du caractère moral : telle fut l'entreprise d'*Helvétius*, qui conçut la vertu comme l'effet d'un mobile intéressé, et fit consister le mérite des actions dans le degré d'utilité selon lequel elles contribuent au bien-être d'une société quelconque (2). D'autres prétendirent à concilier d'une manière peu conséquente les conditions de la vraie moralité avec l'amour de soi : ce furent entre autres *Mably* (3), et *Rousseau*, écrivain

---

(1) Marie Fr. *Arouet de Voltaire*, né en 1694, mort en 1778. Voyez sa Vie, par *Condorcet*; et depuis *Ancillon*, Mélanges de Litt. et de Philos.

Lettres philosophiques, par Voltaire (ouvrage brûlé par le bourreau). Candide, ou l'Optimisme. (Voyez au § 368, not.). OEuvres; nombr. édit.

(2) Dans le livre de l'Esprit, mentionné au § précédent. — On remarque entre autres réfutations de cet ouvrage : Chr. Wilh. Franc. *Walch*, De consensu virtutis moralis et politicæ contra Helvetium. Gotting. 1759.

(3) Gabriel *Bonnot de Mably*, né à Grenoble en 1709, mort en 1785.

éloquent, qui sut développer avec éclat certains points de morale (1), et qui admit un sens moral, aussi bien que J.-B. *Robinet* (2). On peut aussi ranger *Diderot* (3) dans cette seconde classe de moralistes. — En général, depuis les belles considérations de Montesquieu sur les lois, on s'occupa beaucoup en France, mais avec une témérité et une exagération extrême, des théories relatives à la législation, et au droit des gens, envisagées sous le point de vue philosophique (4).

Principes de Morale, par M. l'abbé de Mably. Paris, 1754. Entretiens de Phocion sur le Rapport de la Morale avec la politique. Amsterd. 1763, in-8.

(1) Né à Genève en 1712, mort en 1778.

J. J. *Rousseau*, Discours sur l'origine et les fondemens de l'inégalité parmi les hommes. Amsterd. 1755, in-8. (Tr. all. Berlin, 1756, in-8.). Lettres écrites de la Montagne. Amsterd. 1764, II part. in-8. — Du Contrat Social, ou Principes du Droit politique. Amsterd. 1762, in-12. (Tr. all., par *Geiger*. Marb. 1763, in-8.) — Emile, ou de l'Éducation. Amsterd. 1762, in-8. (Tr. all., IV vol. in-8). OEuvres complètes. Genève, 1782, XVII vol.; nombr. édit.

(2) Dans l'ouvrage mentionné au § 357. En outre : Vue philosophique de la gradation naturelle des formes d'être, ou les Essais de la Nature qui apprend à faire un homme. Amsterd. 1767, II vol. in-8.

(3) Principes de la Philosophie morale, ou Essai sur le Mérite et la Vertu, 1745. (Cf. § 347, notes).

(4) Nous citerons particulièrement : Gasp. de *Réal*, né à Sisteron, en 1682, mort en 1752. Traité complet de la Science du Gouvernement. Paris, 1762—64, VIII vol. in-4. (Tr. all.

III. *Eclectiques en Allemagne.*

§ 376.

En Allemagne, au moment où le scepticisme de Hume commença à faire quelque sensation, l'ardeur pour les profondes recherches scientifiques s'était singulièrement affaiblie, l'exemple de tant de théories renversées les unes sur les autres avait fait naître une méfiance bien naturelle à la suite de tant d'épreuves malheureuses; on se persuadait que la vérité, semblable à un rayon de lumière brisé, devait se trouver éparse dans les divers systèmes; et ainsi s'était introduite, à la place d'un esprit d'examen sévère et profond, une prétention moins élevée de tout admettre, en s'occupant surtout de questions d'utilité générale

---

Francf. et Leips. 1762—67, vi vol. in-8). *Mably,* De la Législation, ou Principes des Lois. Amsterd. 1776, ii vol. in-8. Doutes proposés aux Économistes sur l'ordre naturel et essentiel des sociétés. Paris, 1766, in-12. OEuvres. Paris, 1793, xii vol. in-8. — En outre, l'École des physiocrates, ou Économistes. *Quesnay,* né en 1697, mort en 1774. Ordre naturel et essentiel des Sociétés politiques; *Mirabeau* le père; *Condorcet; Mirabeau* l'aîné; et Emm. *Sieyes.*

Burlamaqui (Jean-Jacq., né en 1694, mort en 1748), Principes du Droit natur. — Emmeric *de Vattel,* né en 1714, mort en 1767. Droit des Gens (d'après Wolf). Lond. 1757, ii vol. in-4; et autr. édit.

(éclectisme et empirisme). J.-George *Sulzer* (1), esprit éclairé et habile investigateur qui réunissait le talent de la spéculation à celui de l'observation et s'est surtout distingué par ses travaux sur l'æsthétique, appela l'attention de l'Allemagne sur la philosophie de Hume. Jusqu'ici l'éclectisme avait été une sorte de bouclier opposé à l'ascendant exclusif d'un système; à cette époque il n'était qu'une conséquence de l'embarras et du doute dont la raison était accablée; les recherches empiriques étouffaient toute métaphysique, et l'influence des mœurs et des idées françaises, secondée par Frédéric-le-Grand, favorisait puissamment cette disposition des esprits. De ce mouvement naquit le système philanthropique et pédagogique de J.-Bern. *Basedow* (2), qui s'efforça

---

(1) Né en 1720 à Winterthur, mort professeur et académicien à Berlin en 1779.

J. G. *Sulzer*, Considérations morales sur les Ouvrages de la Nature, publiées par *Sack*. Berl. 1741, in-8 (all.). Théorie générale des Beaux-Arts. Leips. 1771—74, II vol. II° éd. 1792—94, IV vol. (all.). Divers écrits philosophiques. Leips. 1775—85, II vol. in-8 (all.).

Eloge de M. *Sulzer*. Berlin, 1779, in-8. H. C. *Hirzel*, à Gleim, sur le philosophe *Sulzer*, II part. Zurich. 1780, in-8. (all.). Ses Mémoires, par lui-même. Berl. 1809, in-8 (all.).

(2) Né à Hambourg en 1723, mort en 1790.

J. Bern. *Basedow*, Philalethie, ou Nouvelles Considérations sur la Vérité et sur la Religion rationnelle, jusqu'aux limites de la révélation. Altona. 1764, II part. in-8 (all.). Système métaphysique de la saine raison. Altona, 1765, in-8 (all.).

toutefois d'allier la rigueur logique à des vues d'utilité, proposa pour principes de la vérité le bonheur, l'assentiment intérieur et l'analogie, et admit un devoir attaché à la foi comme une notion supérieure aux sens, et autorisée par un certain degré de vraisemblance. Vinrent ensuite la philosophie de l'israélite Moïse *Mendelssohn* (1), qui, dans ses recherches spéculatives, æsthétiques et psychologiques, s'efforça d'unir l'élégance et la clarté ; le naturalisme de Gotthilf-Samuel *Steinbart* (2), les Essais de J.-August. *Eberhard* (3), penseur exercé, qui, dans les ma-

---

Philosophie pratique pour toutes les conditions de la société. Dessau, 1777, II vol. in-8 (all.). — Voyez le Nécrologe de Schlichtegroll, 1790, II vol.

(1) Né à Dessau en 1729, mort en 1786.

Moses *Mendelssohn*, Traité sur l'Evidence dans les sciences métaphysiques. Berl. 1764, in-4. II éd. 1786 (all.). Phédon, ou de l'Immortalité de l'Ame. Berl. 1767, in-8, VI° édit., publiée par le D' *Friedlander*. Berl. 1821 (all.). Matinées, ou Leçons sur l'Existence de Dieu. Berl. 1785. II éd. 1786, II vol. in-8 (all.). Lettres sur les phénomènes de la sensibilité. Berl. 1755, in-8 (all.). Œuvres philosophiques. Berl. 1761. III éd. 1777, II vol. (all.). Mélanges philosophiques, avec une Notice sur la vie de l'auteur, par Jenisch (publ. par Müchler). Berl. 1789, in-8 (all.).

Vie et Opinions de Mendelssohn, et Esprit de ses ouvrages. Hamb. 1787, in-8 (all.).

(2) Né à Züllichau en 1738, mort en 1809.

(3) Né à Halberstadt en 1739, mort en 1809.

J. Aug. *Eberhard*, Théorie générale de la Pensée et de la Sensibilité. Berl. 1776—1786, in-8 (all.). Nouvelle Apologie

tières de philosophie appliquée, eut le mérite de s'attacher aux idées de Leibnitz, et de les remettre en circulation. — Ernest *Platner* (1) s'occupa des idées de Leibnitz avec des dispositions plus sceptiques et

---

de Socrate. Berl. 1772—1788 (all.). De l'Idée de la Philosophie et de sa Division. Berl. 1778, in-8 (all.). Courte esquisse de la métaphysique. Halle, 1794, in-8 (all.). Préparation à la théologie naturelle. Halle, 1781, in-8 (all.). Morale de la Raison. Berl. 1781—1786, in-8 (all.). Théorie des Beaux-Arts et de la Littérature. Halle, 1783. III.ᵉ édit. 1790, in-8 (all.). Manuel d'æsthétique, à l'usage des lecteurs instruits, IV part. Halle, 1803, sq., II.ᵉ édit. 1807, sq., in-8 (all.). Esprit du Christianisme primitif. Berlin, 1807, in-8 (all.). Essai d'une Synonymie générale de la langue allemande, VI part. Halle, 1795. II.ᵉ édit. 1820; continué par Maass (t. XI—XII) (all.). — OEuvres mêlées. Halle, 1784, in-8 (all.). Nouveaux Mélanges. Halle, 1788, in-8 (all.). Magazin philosophique. Halle, 1788—92, IV vol. in-8, (all.). Archives philosophiques, II vol. 1792—95, in-8. — Fred. *Nicolai*, Souvenirs sur J. A. Eberhard. Berl. 1810, in-8.

(1) Né à Leipsick en 1744, mort professeur de médecine et de philosophie en 1818 dans la même ville.

E. *Platner*, Aphorismes philosophiques. Leips. 1776—82, II part., in-8. Nouv. édit. corrigée, 1793—1800 (all.). Anthropologie à l'usage des médecins et des philosophes. Leips. 1772, in-8 (all.). Nouvelle Anthropologie, t. 1, Leips. 1790, in-8 (all.). Entretiens sur l'athéisme. Leips. 1781, in-8 (all.). Manuel de Logique et de Métaphysique. Leips. 1795, in-8 (all.). Pour sa vie et son portrait, voyez dans la feuille de nouvelles du Journ. Littér. de Jena, n° 38, année 1819, la Notice publiée par son fils.

plus de sagacité philosophique ; il y joignit des recherches estimables sur l'anthropologie et la physiologie. La tendance à l'eudémonisme qu'on a remarquée dans la morale de Wolf se reproduit dans l'exposé nouveau que Platner en a donné, avec quelques changemens ; là on trouve le bonheur considéré comme le but de l'existence des êtres vivans, le bien comme ce qui est approprié au bonheur d'un individu et de tous les autres êtres vivans ; enfin, la vertu comme la libre volonté dirigée vers le véritable bien. Christian *Garve* (1) fait consister la moralité dans l'accomplissement par nos actes de certaines règles qui tiennent à la constitution humaine toute entière, et à toutes les relations de l'humanité, savoir : les principes de la vertu, de la convenance, de la bienfaisance, et de l'ordre. A cette même période appartiennent la révision de la philosophie par Christophe *Meiners* (2), les débats de J.-Christ.

---

(1) Né à Breslau en 1742, mort en 1798.

Chr. *Garve*, Dissert. sur l'Union de la Morale et de la Politique. Breslau, 1768 (all.). Considérations sur les principes généraux de la Morale. Breslau, 1798, in-8 (all.) Essai sur les divers objets de la Morale, etc., IIe édit. 1821, in-8 (all.) Sur l'Existence de Dieu. Bresl. 1802, in-8. Cf. la table.

(2) Né en 1747, mort en 1810.

Christophe *Meiners*, Révision de la Philosophie, 1. part. Goetting. et Gotha. 1772, in-8 (all.). Esquisse de la Psychologie, 1773 (all.). Recherches sur les Facultés de penser et de vouloir. Goetting. 1806, 11 part. in-8 (all.). Beaucoup d'autres ouvrages sur la philosophie et la morale. Voyez la table.

Lossius (1), et de Jean-Nic. *Tetens* (2) sur l'objectivité de la vérité; la tentative du premier pour tirer des fibres nerveuses et de leurs mouvemens la loi première de la pensée; enfin, les traités et manuels appropriés au grand nombre des lecteurs, par J.-Ge.-H. *Feder* (3), et J.-A.-H. *Ulrich* (voyez

---

(1) J. Christ. *Lossius*, Causes Physiques de la Vérité. Gotha, 1775, in-8 (all.). Doctrines de la saine Raison. Gotha, 1777, II part. in-8 (all.). Nouveau Dictionnaire universel de la Philosophie, traitant des matières et des faits qui concernent cette science. Erfurdt, 1803—1807, IV vol. in-8 (all).

(2) Né à Tetenbüll en 1736, mort en 1805.
J. Nic. *Tetens*, Essais Philosophiques sur la nature humaine et sur son développement. Leips. 1776—77, II vol. in-8 (all.). Pensées sur quelques-unes des causes du peu de vérités arrêtées et incontestables que présente la métaphysique. Bützow et Wismar. 1760, in-8 (all.). Sur la Philosophie générale spéculative. Bützow. 1775, in-8, anonyme (all.).

(3) Né en 1740, mort conseiller de justice à Hanovre en 1821.
J. Ge. H. *Feder*, Institutiones logicæ et metaphysicæ. Francof. 1777. Esquisse des Sciences Philosophiques. Cobourg. 1767, avec les Observations de Gottlob A. *Tittel*. 1785, in-8 (all.). Principes de Logique et de Métaphysique. Goetting. 1784, in-8 (all.). C'est la dernière forme sous laquelle il reproduisit son Compendium, souvent réimprimé depuis 1769. —Recherches sur la volonté humaine, sur ses déterminations naturelles, ses modifications, etc. Goettingue et Lemgo. 1779 1793, IV part., in-8. IIe édit. 1773 seq. (all.). Beaucoup d'autres ouvrages.—Sur le Sentiment Moral. Copenhague. 1792, in-8 (all.).

§ 363 not.). Après tout, on reconnaît encore chez les Allemands des traces de leur naturel dans quelques efforts vers la rigueur et la profondeur philosophiques, et dans un certain respect pour les intérêts sacrés de la morale. Témoin surtout le pieux *Gellert* (1), dont les ouvrages et les éloquentes leçons réveillèrent parmi ses contemporains l'esprit moral et religieux.

§ 377.

La métaphysique avait cessé d'intéresser vivement les esprits; en revanche, la philosophie empirique, et spécialement la psychologie, firent, en Allemagne comme en Angleterre, de notables progrès. De ce côté, nous distinguerons les travaux de *Tetens*, qui sut, avec une grande sagacité, et sans tomber dans aucune hypothèse matérialiste, étendre les conséquences de la doctrine de Locke sur l'origine de nos connaissances, découvrir les facultés fondamentales de l'âme, et maintenir les principes de la vérité objective; il essaya de réfuter le scepticisme de Hume,

---

(1) Christian Fürchtegott *Gellert*, né à Haynichen en 1715, mort professeur de morale à Leipsick en 1769.

Discours (en franç.) sur la Nature, l'Étendue et l'Utilité de la morale. Berl. 1764, in-8. Leçons Morales, publiées par Ad. Schlegel et Heyer, II vol. Leips. 1770, in-8 (all.). OEuvres complètes. Leips. 1669—70, VII part., in-8 (all.). Remarques de Christ. *Garve* sur la morale, les ouvrages et le caractère de Gellert. Leips. 1770, in-8.

et ouvrit les voies à une philosophie plus profonde. Malheureusement ses contemporains ne lui accordèrent pas toute l'attention qu'il méritait. Nous nommerons ici plusieurs autres écrivains recommandables par leurs recherches anthropologiques : Charles-Franç. *d'Irwing* (1), Jean-Henri *Campe* (2), Dietrich *Tiedemann* (3), *Platner*, *Garve* (cf. § 376), Ch.-Ph. *Moritz* (4), J.-J. *Engel* (5),

---

(1) Né à Berlin en 1728, mort en 1801..

C. Fr. d'*Irwing*, Expériences et Recherches sur les hommes. Berlin, 1778, IV part., in-8 (all.).

(2) Né à Teersen, dans le Brunswick, en 1746, mort en 1818.

Facultés sensitives et intellectuelles de l'Ame humaine, 1776, in-8 (all.). Sur le Sentiment et la Sensibilité. Hamb. 1779 (all.). Recueil de quelques Ecrits sur l'Education. Hamb. 1777, IIe part., in-8 (all.). Théophron. Hamb. 1783. Brunswick, 1790, et autre édit. (all.).

(3) Né en 1748, mort en 1806.

Recherches sur les Hommes. Leips. 1777—78, III part., in-8 (all.). Manuel de la Psychologie, publié par *Wachler*. Leips. 1804, in-8 (all.). (Voyez au § 38, II. *b*).

(4) Né à Hameln en 1757, mort en 1793.

C. Ph. *Moritz*, Vues pour une Théorie expérimentale de l'âme, x parties, 1782. Magasin psychologique, x parties. 1793—95 (all.). *Id.* pour l'étude de nous-mêmes, dans le Recueil d'Ant. Reiser. 1785—90 (all.). — Traité sur l'Imitation du Beau par les arts du dessin. Brunswick, 1788, in-8 (all.). Esquisse d'une Théorie complète des Beaux-arts (all.); et beaucoup d'autres ouvrages.

(5) Né à Parchim en 1741, mort en 1802.

On a de J. J. *Engel*, outre plusieurs dissertations relatives

Franç.-Joach. *Eschenburg* (1), le grand critique
J.-Gotthold-Ephraim *Lessing* (2), un savant et vaste
génie, le théologien J.-Godefr. de *Herder* (3); sans
compter un assez grand nombre d'auteurs sur la critique et l'esthétique; les uns favorables aux idées
publiées à ce sujet en Angleterre (par Hutcheson,
Gerard, Hume, Home, Burke, etc.); les autres
s'attachant aux théories des Français (particulièrement à celle de Batteux; cf. § 314); d'autres enfin
se frayant par eux-mêmes de nouvelles routes. L'influence de la philosophie devint en outre plus sensible, non-seulement sur les autres sciences, telles
que les mathématiques, la physique, l'histoire natu-

à la Théorie des Arts : le Philosophe des Gens du Monde. Leips.
1775—77, II part., in-8. Nouv. édit. 1801 (all.). *Id.* dans ses
Œuvres. Berlin, 1801, VI vol. (all.).

(1) Né à Hainbourg en 1743, mort en 1820.

Fr. Joach. *Eschenburg*, Projet d'une Théorie et d'une Histoire littéraire des Beaux-Arts et de la Littérature. Berl. 1783,
in-8. IVe édit. 1817, in-8 (all.).

(2) Né à Kaments en 1729; mort en 1781.

Lessing, Divers ouvrages relatifs à la théorie de l'art et à
la critique. En outre : l'Education du Genre Humain (all.).
Œuvres complètes. Berl. 1771—91, xxx vol. in-8 (all.).

(3) Né à Morungen en 1744, mort à Weimar en 1803.

Voyez les ouvrages de *Herder* relatifs à la philosophie, l'histoire, les beaux-arts et la littérature, dans l'édition de ses
Œuvres, données à Tubingue par Cotta en 1805, et ann.
suiv.; spécialement ses Idées sur la Philosophie de l'Histoire
du Genre Humain; son Mémoire couronné sur l'Origine des
Langues. 1772—1789 (all.). Adrastea, Calligone, Terpsi-
chore, etc. (all.).

relle, la médecine, mais encore sur diverses branches secondaires qui avaient été négligées jusqu'alors, bien qu'elles lui appartiennent, savoir : la pédagogie (*Basedou, Campe, Resewitz*, d'après Rousseau); la philosophie des langues (*Herder*, d'après Harris et Monboddo); l'histoire de l'humanité (*Meiners*, Isaac *Iselin* (1) et *Herder*). Ce dernier combattit les doctrines étroites et flétrissantes de son temps, secondé par son ingénieux ami J.-G. *Hamann* (2), ainsi que par *Jacobi* (voyez § 406), et par Mathias *Claudius* (le messager de Wandsbeck). Nous devons encore faire mention ici de l'archevêque prince de *Dalberg* (3), auteur de bons ouvrages dans le même sens.

---

(1) Né à Bâle, en 1728, mort en 1782.
Iselin, Essai sur l'Histoire de l'Humanité. 1764, in-8 (all.).

(2) Né à Kœnigsberg en 1730, mort à Münster en 1788.
J. G. *Hamann*, Œuvres, publ. par Roth., t. i—v. Berl. 1821, in-8 (all.). Voyez sa Correspondance avec Jacobi dans les Œuvres complètes de ce dernier (all.). Cf. les feuilles Sibyllines du Magicien du Nord, publ. par D. Fr. *Cramer*. Leips. 1819, in-8.

(3) Ch. Theod. Ant. Marie *de Dalberg*, électeur, archichancelier, ensuite grand-duc de Francfort, enfin archevêque de Ratisbonne, né en 1744, mort en 1817.
Considérations sur l'Univers, Erfurdt. 1776. vii édit. 1821 (all.). Des Rapports qui existent entre la morale et la science politique. Erfurdt 1786, in-4 (all.). Réflexions sur le Mérite moral et son objet. Erfurdt. 1787, in-4 (all.). Principes de l'Esthétique. *Ibid.* 1791, in-4 (all.). De la Conscience comme fondement universel de la philosophie. *Ibid.* 1793, in-8 (all.), etc.

Coup-d'œil sur ce qui précède.

§ 378.

Si maintenant nous reportons nos regards sur le développement de la philosophie pendant cette dernière époque, nous trouverons qu'elle a gagné en extension plus qu'en substance et en force intrinsèque. Les diverses branches des sciences philosophiques ont, il est vrai, acquis de riches matériaux; une nouvelle étude, celle de l'esthétique, s'y est ajoutée; le cercle des applications de la philosophie s'est agrandi par les développemens nouveaux de la pédagogique et des sciences politiques; enfin, l'influence de la philosophie s'est fait sentir et son autorité s'est fait reconnaître dans tout le domaine de l'intelligence. Cependant, sous le rapport de la méthode scientifique, peu de progrès ont été faits encore. Les questions sur le caractère propre de la philosophie, sur sa forme et son but, ont à peine été soulevées; on n'a point épuisé les solutions diverses du problème de l'origine de nos connaissances; et quoiqu'on ait appliqué de mille manières les méthodes de l'observation, de la réflexion et de la démonstration, on a peu songé encore à fixer les conditions essentielles qui doivent présider à l'application de ces méthodes, non plus que leurs limites. Si les disputes s'étaient ralenties, c'était plutôt par indifférence, par dégoût de tant de spéculations infructueuses, que par le triomphe d'aucune doctrine capable de terminer les différens. Une circonscription et des divisions plus profondément tracées, des habitudes plus rigoureusement scientifiques manquaient encore à toutes les parties de la philosophie, parce qu'elle était dépourvue des principes que sa prétendue réforme, par la psychologie, ne pouvait lui fournir (1).

§ 379.

En matière de philosophie pratique, deux tendances contradictoires s'étaient manifestées pendant cette époque, l'une vers l'empirisme, l'autre vers le rationalisme, et la première avait évidemment prévalu. Si la part de la raison n'avait pas été entièrement méconnue, elle n'avait jamais non plus été déterminée d'une manière assez nette, parce que la raison avait presque toujours été confondue avec la réflexion, et considérée comme étant au service de la sensibilité, et non comme un principe pratique indépendant et absolu. Quelques philosophes, entre autres Rich. Price, avaient bien vu les deux vices radicaux de la plupart des systèmes de morale, savoir : 1° qu'ils partaient de l'amour-propre, ou bien y revenaient, et n'aboutissaient ainsi qu'à une doctrine plus ou moins conséquente de bonheur ou de prudence ; 2°. qu'ils ne reconnaissaient pas la

---

(1) Voyez l'ouvrage de Meiners déjà cité (§ 376), intit. : Révision de la Philosophie (all.).

raison pour la loi première de la liberté ; mais malgré ces aperçus judicieux, on n'avait encore introduit en cette partie aucune réforme durable. Aussi la philosophie morale n'était-elle en général qu'un choix des conseils les meilleurs et les plus raisonnables qu'on pût recueillir dans des vues toutes particulières, et en quelque sorte un formulaire de l'amour-propre et des affections sympathiques. La liberté, cette condition fondamentale de toute saine morale, devenait un point fort embarrassant dans cette doctrine. Plus on sentait vivement les difficultés du problème et la crainte de l'aborder, plus le mouvement scientifique se ralentissait, et on le remplaça par les habitudes plus commodes dont nous avons parlé, celles qui rendaient la science vulgaire et superficielle, et lui fesaient tout admettre faute de rien approfondir (voyez § 376).

On peut rapporter à ces réflexions les ouvrages suivans :
De Prémontval, Pensées sur la liberté. Berlin, 1754, in-8. Le Diogène de d'Alembert, ou Diogène décent. Pensées libres sur l'homme et sur les principaux objets des connaissances de l'homme; nouv. édit. Berl. 1755, in-12. Vues philosophiques. Berl. 1757, 2 vol. in-8. Du hasard sous l'empire de la Providence. Berl. 1755, in-8.

(*Schultz*) Essai d'introduction à une morale à l'usage de tous les hommes. Berl. 1783-87, 4 vol. in-8 (all.).

J. Aug. H. *Ulrich*, Eleutheriologie, ou de la liberté et de la nécessité. Jena, 1786, in-8 (all.). Voy. § 363, not.

TROISIÈME PARTIE.

SECONDE ÉPOQUE; DE KANT JUSQU'A NOS JOURS.

PERFECTIONNEMENT DE LA PHILOSOPHIE PAR L'ESPRIT CRITIQUE.

I. *Philosophie Allemande.*

A. *Idéalisme critique de Kant.*

§ 380.

L. Ernest *Borowski*, Notice sur la vie et le caractère de Kant. Kœnigsberg, 1805, in-8 (all.).

Reinhold Bernhard *Jachmann*, Emmanuel Kant; lettres à un ami sur ce philosophe. Kœnigsb. 1805, in-8 (all.)

C. A. Chr. *Wasianski*, Emman. Kant dans les dernières années de sa vie. Kœnigsb. 1804, in-8 (all.).

Biographie d'Emm. Kant, Leips. 1804, 4 parties, in-8 (all.).

F. Th. *Rink*, Traits de la vie de Kant. Kœnigsb. 1805, in-8 (all.).

Fr. *Bouterwek*, Emm. Kant, souvenir. Hambourg, 1804, in-8 (all.).

J. Chr. A. *Grohmann*, A la mémoire de Kant. Berl. 1804, in-8 (all.).

Fête commémorative de Kant. Kœnigs. 1811, in-8 (all.).

Une réforme en philosophie était nécessaire. Elle fut accomplie par un génie du premier ordre, qui dès long-temps occupé en silence, mais avec ardeur, de toutes les vicissitudes des systèmes philosophiques, s'était préparé à en redresser les vices les plus essentiels : et il parut alors d'autant plus à propos en Allemagne, que déjà plusieurs autres génies pleins d'éclat et d'originalité, entre autres *Lessing, Winkelmann, Hamann,* (§ 377), *Herder, Goëthe,* etc., avaient renouvelé, en divers sens, le mouvement intellectuel, et ouvert la route à de nouvelles idées sur les sciences et les arts. Emmanuel *Kant,* né à Kœnigsberg le 22 avril 1724, professeur en cette ville, où il mourut le 12 février 1804, fut le second Socrate qui, par une méthode nouvelle, ranima l'esprit de recherche, lui apprit à s'orienter, et fit entrer la raison dans une voie scientifique en lui apprenant à se connaître elle-même. De rares talens cultivés et développés avec soin, unis à de vastes connaissances, le rendaient digne d'une telle vocation. Son caractère moral et religieux l'empêcha de suivre la pure spéculation, et devint le caractère même de sa doctrine. Un amour constant de la vérité, joint aux plus pures dispositions morales, était l'âme de son génie philosophique, qui réunissait à un degré éminent l'originalité, la force, la profondeur et la sagacité. Par là, Kant opéra en philosophie une grande révolution, qui ne se fit point sans obstacle, il est vrai, qui fut même quelque temps interrompue et comme suspendue, mais dont les conséquences ont été immenses, et qui a changé complètement la direction de la science.

Pour les ouvrages de Kant, voyez ci-dessous, § 385.

§ 381.

Averti par le scepticisme de Hume (§ 371), il porta d'abord son attention sur les résultats évidemment si inégaux de nos recherches en mathématiques et en philosophie, et sur les causes de cette inégalité. L'examen des divers systèmes philosophiques, et spécialement du dogmatisme tranchant de l'école de Wolf, et ses propres réflexions l'amenèrent à penser que préalablement à toute tentative dogmatique en philosophie, il fallait examiner la possibilité d'une connaissance philosophique, et que dans ce but, la *critique* des diverses sources de la connaissance était indispensable : ainsi il s'attacha à compléter le travail commencé par Locke. Il reconnaît d'abord que la philosophie et les mathématiques sont, quant à leur origine, des sciences rationnelles ou de raison. Ce qui distingue les connaissances rationnelles des connaissances empiriques, c'est le caractère de nécessité et d'universalité qui doit appartenir aux premières. De la possibilité des connaissances rationnelles admise ou niée, dépend absolument celle des connaissances philosophiques. Ces connaissances sont de deux sortes, synthétiques et analytiques; elles forment deux ordres de lois intellectuelles, dont le second repose sur le premier; mais quel est le principe des connaissances synthétiques *a priori*, par lequel on pourra les opposer aux connaissances empiriques, fondées sur la vraisemblance? L'existence des connaissances *a priori* est garantie par les mathématiques, ainsi que par les lumières du sens commun, et c'est sur elles que roule la métaphysique. Donc une science consacrée à vérifier rigoureusement la possibilité de ces connaissances, leur fondement et leur usage, est une science nécessaire à l'esprit humain, et de la plus haute importance. Kant procéda à cette recherche en traçant une ligne profonde de démarcation entre la philosophie et les mathématiques, et en étudiant d'une manière plus complète qu'on ne l'avait fait avant lui, la faculté de connaître; sa pénétration lui fit apercevoir que les connaissances synthétiques *a priori* constituent la *forme* de la connaissance, et ne peuvent être fondées que sur les lois de l'individu, et sur la conscience qu'il a de l'harmonie de ses facultés. De là, pour reconnaître et mettre en lumière toutes ces formes de la connaissance, à l'aide du caractère de nécessité et d'universalité dont elles sont marquées, Kant entreprend la décomposition de nos connaissances, et distingue sévèrement, dans l'intérêt de la science, les élémens qui se trouvent ordinairement confondus dans la réalité.

§ 382.

La faculté de connaître théorétique (spéculative) consiste dans la sensibilité et l'entendement, ou la réceptivité et la spontanéité. Les sensations sont l'élément matériel de la sensibilité, le temps et l'espace en sont l'élément formel. L'espace et le temps ne sont qu'en nous, mais ils y sont *a priori*, comme formes de nos perceptions. L'entendement recueille les matériaux fournis par la sensibilité pour leur imposer des notions et des jugemens. Les lois en vertu desquelles il opère ainsi, indépendantes de l'expérience, ou plutôt régissant elles-mêmes l'expérience, sont les (quatre) catégories, lesquelles, jointes à la forme de l'intuition sensible, temps et espace), donnent les formes et les principes constitutifs de l'entendement pur. Les formes de la sensibilité et de l'entendement sont ce qui détermine la connaissance; elles s'appliquent à la matière fournie par l'expérience sensible; et en elles-mêmes elles sont absolument indépendantes de leur objet phénoménal. Le grand résultat de la critique de Kant, c'est que nul objet n'arrive à notre connaissance qu'autant qu'il tombe sous les lois de la faculté de connaître; ainsi nous ne connaissons nulle chose en soi, mais seulement des phénomènes (idéalisme critique, c'est-à-dire fondé sur la critique de la faculté de connaître, autrement dit, idéalisme transcendental). Par conséquent notre connaissance, en fait d'objets réels, se réduit à l'expérience, et la connaissance *a priori* ne regarde que les conditions formelles, la possibilité de ces objets. Sous cette réserve seulement il peut y avoir des connaissances synthétiques *a priori*, et c'est dans cette limite que la métaphysique est renfermée. Ici se rapporte l'ingénieuse distinction de la pensée et de la connaissance, dont la confusion peut donner lieu à tant de méprises, et dont la séparation servit à séparer entièrement la logique et la métaphysique; de là, la distinction des objets qui nous apparaissent, et de la manière dont nous nous les représentons; enfin la distinction de l'entendement et de la raison relativement aux points de vue logique et transcendental. La raison théorétique, en tant que faculté de raisonnement, tend à l'unité absolue et à l'enchaînement systématique, par les *idées*, qui sont les formes suivant lesquelles la raison s'exerce. Une connaissance réelle en vertu d'idées n'est pas possible: car les idées n'ont point de terme correspondant pour nous dans le domaine de l'expérience, bien que la raison se porte avec d'infatigables efforts vers la connaissance de Dieu, du monde, de la liberté et de l'immortalité de l'âme; et que tout l'appareil de la métaphysique ait de tout temps été dirigé vers ces problèmes. La raison philosophique ne doit faire aucun usage dogmatique de ces idées : autrement elle s'engagerait dans un dédale de contradictions; c'est ce que Kant s'attache à démontrer par la critique des preuves alléguées en faveur de la substantialité et de l'immortalité de l'âme, de la fin du monde et de son commencement, ainsi que de leurs contraires, de la divisibilité ou de la simplicité des substances, de la nécessité ou de la contingence de la cause et de l'être dans le monde, et de l'existence de Dieu. Il est impossible à la raison de démontrer la réalité des objets suprasensibles de ces idées; il ne lui est pas moins impossible de démontrer leur non-existence. Il n'est donné à la raison théorétique que de faire servir nos idées à régulariser nos connaissances.

§ 383.

Mais la raison n'est pas seulement théorique, elle est aussi pratique, en ce qu'elle est chargée de déterminer notre libre arbitre conformément aux idées de devoir et de droit. Le développement des notions de devoir et de volonté bien ordonnée, dans lesquelles la raison commune du genre humain fait consister surtout la valeur de notre nature, conduit Kant à reconnaître des connaissances pratiques *a priori*, lesquelles déterminent pour nous, non ce qui est, mais ce qui doit être. La raison pratique est autonome, c'est-à-dire qu'elle ne dépend que de ses propres lois, et présuppose la liberté comme condition nécessaire. La loi morale s'élève au-dessus du libre arbitre, dont notre volonté est douée dans l'ordre contingent, et se produit à elle à titre d'impératif catégorique ; Kant la place à la tête de la philosophie pratique. Cette loi, en tant que règle universelle de toute volonté raisonnable, constitue une législation universelle absolument obligatoire, elle donne ainsi à nos actions un but suprême et absolu, un motif déterminant qui n'est point un sentiment, un phénomène affectif et passionné, mais le pur respect de la loi. La moralité n'est point le bonheur, mais elle contient implicitement une prétention raisonnable d'être heureux ; en d'autres termes, elle rend digne du bonheur. C'est à la raison pratique que les idées de libre arbitre, d'immortalité, de Dieu, doivent leur certitude. Mais cette certitude n'est point le résultat de la connaissance théorétique, c'est une croyance, une foi attachée à la raison pratique. Arrivé ainsi à l'idée du souverain bien, comme but total de l'être raisonnable, on découvre clairement l'harmonie de la nature sensible et de la nature rationnelle de l'homme, l'accord de la raison théorétique et de la raison pratique. — De la loi morale se distingue la loi juridique, celle-ci ne s'appliquant qu'aux actes extérieurs, et se réglant, dans les limites qu'elle impose à l'usage de la liberté individuelle, sur le devoir de maintenir la liberté de tous (notion du juste ou du droit.). La justice emporte le droit de coercition, et doit être garantie par l'État, dont la nature est la constitution des droits, et qui repose sur un contrat.

§ 384.

La connaissance théorétique fondée sur la notion de la nature, et la connaissance pratique fondée sur la notion de la liberté, forment deux sphères tout-à-fait distinctes par leurs principes. Entre ces deux connaissances, et entre leurs objets, qui sont la nature et la liberté, réunies dans la pensée humaine par un lien inexplicable, la faculté de juger intervient; son emploi est de nous faire réfléchir sur l'ensemble de la nature, en vertu d'un principe qui lui est propre, celui du rapport du moyen à la fin, principe non objectif, mais purement subjectif. Ainsi le jugement subordonne le particulier au général. Tantôt il procède par classification (*subsumptio*), tantôt par réflexion. Dans ce second cas, se livrant à l'habitude ou à la loi qui nous porte à appliquer notre entendement d'une manière libre et indéfinie, il rapporte à la nature des notions tirées de l'entendement, et cette habitude ou cette loi est dans son exercice accompagnée d'un sentiment de satisfaction intellectuelle. C'est de là que naissent la contemplation esthétique de la nature en vertu du principe des causes finales appliqué aux formes de la nature; les jouissances du beau et du sublime; enfin la contemplation téléologique de la nature, d'après le principe des causes finales appliqué non plus aux formes, mais à la constitution intérieure de la nature. Nous ne concevons la nature comme un être organisé, qu'en vertu du principe des causes finales appliqué à l'intérieur, bien que ce principe ne nous serve à en tirer aucun résultat, cependant il imprime un caractère particulier au spectacle de la nature, et ce spectacle nous amène à concevoir un but final donné au monde par une providence cachée aux sens ; cette conjecture est élevée, comme nous l'avons dit, à la certitude par la notion pratique (Physico-Éthico-théologie, ou Téléologie).

§ 385.

Venons aux ouvrages qui furent publiés par Kant. Nous citerons d'abord sa *Critique* de toutes les parties de notre faculté de connaître, à l'usage d'une philosophie transcendentale, c'est-à-dire d'une philosophie qui, par une exposition des facultés de l'esprit humain, développe, en une forme systématique, les principes fondamentaux de toutes nos opérations rationnelles, et recherche dans ces principes les véritables conditions de la possibilité de ces opérations. Kant a exécuté lui-même quelques parties de ce vaste plan avec toute l'originalité, la pénétration et la profondeur qui caractérisent son génie, par exemple, la métaphysique de la nature, théorie dans laquelle il a le premier pressenti la philosophie dynamique; c'est-là en effet qu'on trouve, pour la première fois, cette doctrine, que la matière remplit l'espace au moyen de forces motrices (celles d'expansion et d'attraction). Au même plan se rapportent d'autres traités de Kant, la Métaphysique des mœurs, la Théorie du droit et de la vertu; des Dissertations sur la religion, l'anthropologie, la pédagogique, et autres objets importans, où il a répandu beaucoup de vues précieuses et d'observations profondes.

Les premiers ouvrages de Kant sont : Idées sur la manière d'apprécier les forces vives. Kœnigsberg, 1746, in-8 (all.). Principiorum metaphysicorum nova dilucidatio. *Ibid.* 1755 in-4. Considérations sur l'optimisme. *Ibid.* 1759, in-4 (all.). Essai pour introduire en philosophie la notion des grandeurs négatives. *Ib.* 1762, in-8 (all.). Seule démonstration possible de l'existence de Dieu. *Ib.* 1763, dern, édit. 1794, in-8 (all.). La fausse subtilité des quatre figures syllogistiques. *Ib.* 1764. Francf. et Leips. 1797 (all.). Observations sur le sentiment du beau et du sublime. *Ibid.* 1764, in-8. Riga, 1771. (all.). Rêves d'un homme qui voit des esprits. Riga, 1766, in-8; 1769 (all.). Histoire générale de la nature et théorie du ciel; IVe édit. Zeitz, 1808, in-8 (all.). De mundi sensibilis atque intelligibilis forma et principiis. Regiomont, 1770, in-4 (ouvrage où il proposa l'idée fondamentale de sa Critique). Ces écrits ainsi que plusieurs autres sont rassemblés dans les œuvres diverses d'Emman. Kant. Kœnigsb. et Leips. 1797, 3 vol. in-8 (all.). OEuvres mêlées, édition authentique et complète, (publ. par Tieftrunk). Halle, 1799-1807, 4 vol. in-8 (all.). Recueil de quelques écrits d'Emm. Kant, non publiés jusqu'à ce jour (publ. par Rink). Kœnigsb. 1800, in-8,

Ouvrages principaux :

Critique de la raison pure. Riga, 1781, vi⁰ édit. Leips. 1818, in-8 (all.), Critique de la raison pratique. Riga, 1788. v⁰ édit. Leips. 1818, in-8 (all.) Critique du jugement. Berlin, 1790, iii⁰ édit. 1799, in 8. (all.). Prolégomènes pour toute métaphysique future, etc. Riga, 1785, in-8 (all.). Fondemens d'une métaphysique des mœurs. Riga, 1785, in-8 (all.), iv⁰ édit. 1797 (all.). Principes métaphysiques élémentaires de la science de la nature. Riga, 1786, in-8, iii⁰ édit. 1800 (all.). Sur une découverte d'après laquelle toute nouvelle critique de la raison pure sera rendue superflue par une autre critique plus ancienne. Kœnigsb. 1792, in-8 (all.). La Religion considérée dans les limites de la raison. Kœnigsb. 1793, in-8, ii⁰ édit. augm. 1794 (all.). De la paix perpétuelle; essai philosophique. Kœnigsb. 1795-1796, in-8 (all.). Élémens métaphysiques de la jurisprudence. Kœnigsb. 1799, ii⁰ édit. 1803, in-8. Élémens métaphysiques de la morale. Kœnigsb. 1797, in-8, ii⁰ édit. 1803; elle contient ces deux derniers traités, sous le titre : Métaphysique des mœurs (all.). Anthropologie sous le point de vue pragmatique. Kœnigsb. 1798, iii⁰ édit. 1821, in-8 (all.). Le combat des facultés. *Ibid.* 1798, in-8 (all.).

Les doctrines de Kant ont été reproduites dans les ouvrages suivans : La Logique de Kant, manuel pour les cours académiques (par Gottlob Benj. *Jæhsche*). Kœnigsb. 1800, in-8, publié d'après des cahiers d'élèves (all.). Pédagogique, publ. par *Rink. Ibid.* 1803, in-8 (all.). Leçons sur la philosophie religieuse. Leips. 1817, in-8. (D'après la copie d'un cahier d'élèves) (all.), et Leçons sur la métaphysique, publiées par l'éditeur de la philosophie religieuse, etc. (le prof. *Pœlitz*). Erfurdt. 1821, in-8 (all.).

§ 386.

Voici maintenant les caractères généraux que présente la philosophie critique de Kant. Cette philosophie s'en tenant exclusivement aux données de la conscience, s'applique à reconnaître, par l'analyse des facultés de l'esprit, les principes constans et nécessaires de la connaissance. Observons que dans cet examen elle se fonde sur les distinctions des diverses facultés de l'âme fournies originairement par l'école de Wolf. Considérée dans ses effets, cette philosophie rehaussa la dignité de l'esprit humain, en le prenant pour centre de toutes ses recherches, mais en même temps par le résultat de ces mêmes recherches, elle l'enferma dans un cercle étroit. Mesurant sur nos facultés de connaître les objets accessibles à la connaissance, et attribuant à la raison pratique, en faveur de son but élevé, la prééminence sur la raison théorétique (attendu que le précepte d'agir moralement est universel et absolu, tandis que celui d'acquérir des connaissances et de les étendre n'est que conditionnel et contingent, qu'ainsi la sagesse est le but le plus élevé de la raison), elle modère l'esprit dogmatique et spéculatif et la prétention exagérée de tout démontrer à l'aide des notions de l'entendement, elle ferme tout accès au mysticisme, repousse le scepticisme, et consolide, en le resserrant dans une enceinte déterminée, l'édifice de la science et des croyances humaines. Elle enseigne à démêler et à apprécier dans tous les autres systèmes le principe et la tendance, les vues erronées ou exclusives, ainsi que celles qui sont justes et vraies; enfin, elle porte en elle-même un principe de vie et de réalité propre à éveiller, à fortifier et à entretenir l'ardeur des recherches profondes. La science lui doit d'avoir trouvé une base fixe dans la nature invariable de l'esprit humain. En général, la critique de Kant s'occupe moins de ce qu'elle pourra édifier que du soin de détruire l'échafaudage capricieux et vain du dogmatisme; en même temps elle prépare à la science un avenir plus riche, en apprenant à l'esprit humain à s'étudier lui-même, et en vérifiant sur la nature même de la raison les principes destinés à marquer la distinction des diverses parties de la philosophie. — D'un autre côté, voici les reproches qu'on adresse à cette doctrine : c'est de méconnaître la réalité des idées de la raison, et cela parce que l'auteur attribue à l'expérience une importance exagérée avant même d'avoir balancé ses droits avec ceux du principe opposé, parce qu'il cherche constamment ce que nous savons dans ce que nous pouvons prouver; c'est encore de séparer la raison théorétique et la raison pratique, et de disperser dans ses divisions les pouvoirs de l'esprit humain. On lui reproche aussi un certain formalisme qui se retrouve même dans la philosophie pratique, d'où il résulte une habitude de tout envisager sous le point de vue subjectif, c'est-à-dire des lois et des formes de notre nature, défaut par lequel cette doctrine a paru devoir conduire aisément ses partisans au pur idéalisme.

D. *Jenisch*, Examen du principe et appréciation des découvertes de M. le prof. Kant. Berl. 1790, in-8 (all.).

J. *Neeb*, jusqu'où la raison philosophique est redevable aux travaux de Kant; ii° éd. Francf. (Mein), 1795, in-8 (all.).

Gottob Benj. *Gerlach*, Mémoire couronné sur la philosophie, la législation et l'esthétique, dans leurs rapports actuels avec la culture morale et esthétique des Allemands. Posen, 1804, in-8 (all.).

Flügge, Essai d'une exposition historique et critique de l'influence de la philosophie Kantienne sur la religion et la théologie; ii part. Hanovre, 1796-98, in-8 (all.).

Tr. Ben. Agapp. *Leo*, Criton ou de l'influence salutaire de la philosophie critique. Leips. 1806, in-8 (all.).

Stœudlin, Dissert. sur le mérite de la philosophie critique; dans ses Mémoires pour la philosophie et l'hist. de la relig. iii°, iv°, v° parties. Goetting., 1797-98-99 (all.).

Cf. Bouterwek, Emm. Kant; souvenir.

Arthur *Shopenhauer*, Appendix à son ouvrage, mentionné au § 415, contenant la critique de la philosophie Kantienne.

§ 387.

Premiers adversaires de la philosophie de Kant.

Le premier ouvrage capital que Kant fit paraître ne produisit d'abord aucune sensation, et le caractère personnel de l'auteur peut bien avoir contribué au peu d'éclat avec lequel ses doctrines s'annoncèrent dans le public. Ensuite, lorsque cet ouvrage commença à occuper l'attention générale, une apparition aussi inattendue excita de vives sollicitudes, et sur le fond et sur le but de la nouvelle philosophie. La plupart des philosophes de l'Allemagne se déclarèrent contre elle, parce que la nouveauté même de ses vues et la terminologie qui lui était propre empêchaient de la bien entendre au premier abord. Bien des méprises étaient inévitables : quelques-uns ne lui accordant que l'apparence de la nouveauté, la jugèrent illusoire et superflue ; d'autres la trouvant réellement neuve, la déclarèrent dangereuse et nuisible, comme présentant un système d'idéalisme, destructif de la réalité objective de nos connaissances, des croyances rationnelles sur Dieu et l'immortalité, et par conséquent attentatoire à tout l'ordre religieux. Des attaques, des réfutations en sens divers, furent dirigées contre la doctrine de Kant par des esprits distingués. Nous citerons *Mendelssohn* (1), *Hamann*

On peut consulter (Ch. Gottlob *Hansius*), Matériaux pour l'Histoire de la Philosophie critique, avec une introduction à l'Histoire de la Philosophie Kantienne, III recueils. Leips. 1793, II vol. in-8 (all.).

C. L. *Reinhold*, Sur les Destinées de la Philosophie Kantienne jusqu'à nos jours. Jena, 1789, in-8 (all.).

(1) Mos. *Mendelsshon*, Matinées, II vol. Berlin, 1785, in-8 (all.). (Cf. § 376).

Examen des Matinées de Mendelssohn, ou de toutes les Preuves spéculatives de l'existence de Dieu ; leçons par L. H. *Jacob*, avec une Dissertation de Kant. Leips. 1786, in-8 (all.).

et *Jacobi* (1) (cf. §. 405), *Eberhard* (2), *Feder* (§ 376) (3), Ad. *Weishaupt* (4), J.-Fred. *Flatt* (5), Gottlob-Aug. *Tittel* (6), S. *Reimarus* (cf. §.370); Die-

---

(1) *Hamann*, Lettres à Jacobi. (OEuvres de Jacobi, tom. 1. — IV). *Jacobi*, De l'Entreprise du Criticisme de réduire la raison à l'entendement, etc., dans les Mémoires de Reinhold, pour servir à une revue facile, etc., III, 1 (all.).

(2) J. Aug. *Eberhard*, dans les journaux philosophiques publiés par lui. Cf. §.376, n. 3 (all.).

(3) J. G. H. *Feder*, Sur le Temps et l'Espace, pour servir à l'Examen de la Philosophie de Kant. Gœtting. 1787, in-8 (all.). Bibliothèque Philosophique, par Feder et Meiners, t. 1. Gœtting. 1788, in-8 (all.).

(4) Ad. *Weishaupt*, Sur les Principes et la Certitude de la Connaissance humaine. Examen de la Critique de la Raison pure. Nuremb. 1788, in-8 (all.). Sur le Matérialisme et l'Idéalisme, fragment philosophique. Nuremb. 1787. II° édit. 1788, in-8 (all.). Sur les Perceptions et les Phénomènes dans la Doctrine de Kant. *Ibid.* 1788, in-8 (all.). Doutes sur la Doctrine de Kant au sujet de l'Espace et du Temps. *Ibid.* 1788, in-8 (all.). Sur la Vérité et la Perfection morale. Ratisbonne, III vol. 1793—97, in-8.

Ses objections et celles de Feder furent combattues par *Schaumann* et *Born*.

(5) J. F. *Flatt*, Fragmens sur la définition et la déduction de l'idée et du principe de Causalité, et sur les bases de la Théologie naturelle. Leips. 1788, in-8 (all.).

Cf. § 388, notes.—En outre: Lettres sur le Principe moral de la Connaissance religieuse, au sujet de la philosophie de Kant. Tubing. 1789, in-8 (all.).

(6) Mort en 1816 à Gœttingue.

Gottlob A. *Tittel*, Des Formes de la Pensée, ou Catégories

trich *Tiedemann* (§ 377) (1), *Platner* (§ 376), *Garve* (2), Christophe *Meiners* (3), G.-E. *Schulze* (§ 408), J.-Chr. *Schwab* (4), *Herder* (5), Henri-Guill. de Gersten-

---

de Kant. Francf. M. 1788, in-8 (all.). De la Réforme morale de Kant. Francf. et Leips. 1786, in-8.

(1) Dietrich *Tiedemann*, Théétète, ou de la Connaissance humaine, pour servir à la Critique de la Raison. Francf. M. 1794, in-8. (all.).—On peut voir contre cet ouvrage : J. Chr. F. *Dietz*. Antithéétète. Rostock et Leips. 1798, in-8 (all.); et D. *Tiedemann*, Lettres idéalistes. Marb. 1798, in-8 (all.). Réponses à ces lettres, par Dietz. 1801 (all.); et un article de Tiedemann dans les Mémoires Hessois, III° cahier (all.).

(2) *Garve*, Dans la traduction de l'Ethique d'Aristote, t. 1. Dissertat. sur les divers principes de la morale depuis Aristote jusqu'à Kant. Breslau, 1798, in-8 (all.). Contre cet ouvrage : J. Chr. Fr. *Dietz*, Sur la Philosophie, les Disputes philosophiques, le Criticisme, et la Théorie de la Science, avec un Examen du Jugement de Garve sur le Système critique. Gotha. 1800, in-8 (all.).

(3) Voyez *Meiners*, Histoire universelle de la Morale. Goetting. 1800, II part. in-8 (all.).

(4) Mort à Stuttgardt en 1821.

J. C. *Schwab*, Comparaison du Principe Kantien de la morale avec le Principe Leibnitien-Wolfien. Berlin, 1800, in-8. Sur la Vérité de la Philosophie Kantienne, et l'Amour de la Vérité du Journal Univ. de Litter. d'Iéna en matière de philosophie. Berlin, 1803, in-8 (all.). Le même a donné en outre : Des Perceptions Obscures, etc. Stuttgardt, 1813, in-8 (all.).

(5) J. Godefr. *Herder*, Entendement et Expérience, Métacritique de la Critique de la Raison pure. Leips. 1799, II vol. in-8 (all.). De plus, la Calligone, indiquée au § 377. Leips.

berg (1), Franç. *Baader* (2), et autres (3). Cette doctrine rencontra aussi plusieurs détracteurs em-

---

1800, III part. in-8 (all.).—Contre ces ouvrages : J. Godefr. Ch. Christ. *Kiesewetter*, Examen de la Métacritique de Herder. Berl. 1799, II vol. in-8.

(1) Né en 1737, mort en 1823.

(H. W. *von Gerstenberg*), La Théorie des Catégories développée et éclaircie. Altona, 1795, in-8 (all.). Lettres à Charles *De Villers* sur le Principe commun de la Philosophie théorétique et pratique. Altona, 1821, in-8 (all.). Cf. un article sur la *Cause*, dans la feuille d'annonces du Journal Univ. de Littér., n. 54, 1823 (all.).

(2) Fr. *Baader*, Extravagance absolue de la Raison pratique de Kant; Lettre à Fr. H. *Jacobi*, 1797. Considérations sur la Philosophie Élémentaire, en opposition au Traité de Kant, intit. : Principes Élémentaires de la Science de la Nature. Hamb. 1797 (all.).

(3) Ce sont encore : Gebh. U. *Brastberger*, Recherches sur la Critique de la Raison pure de Kant. Halle, 1790, in-8 (all.).

Gebh. Ehr. *Maass*, Lettres sur l'Antinomie de la Raison. Halle. 1788, in-8.

J. C. F. *Borntræger*, Sur l'Existence de Dieu, au sujet de la Philosophie de Kant et de Mendelssohn, Hanovre, 1788, in-8 (all.).

C. F. *Pezoldi* De Argumentis, quibus Deum esse philosophi probant, observationes quædam adversus Imm. Kantium. Lips. 1787. D'autre part : Fr. Gottl. *Bornii* De Scientia et conjectura specimen metaph. ad diluenda Pezoldi dubia, etc. *Ibid.* eod.

J. F. *Breyer*, Victoire de la Raison pratique sur la spéculative (dans la Doctrine de l'Existence de Dieu), v^e programme. Erlang. 1785—89, in-4 (all.).

portés et violens, tels que *Stattler* (1); et dans plusieurs universités il fut défendu de l'enseigner.

§ 388.

Partisans du criticisme de Kant.

En dépit de ces attaques, la philosophie critique se répandit de jour en jour davantage en Allemagne, et exerça une grande influence sur toutes les sciences. Beaucoup de bons esprits se déclarèrent en sa faveur, et en la soutenant par leurs écrits, soit pour la perfectionner soit pour la défendre, surent bien mériter non-seulement de Kant, mais de la philosophie elle-

---

M. G. L. *Rapp*, Sur l'Insuffisance du Principe du Bonheur individuel ou général pour fonder la moralité. Jena, 1791, in-8 (all.).

C. Ferdin. *Hungar*, Le fils de la Nature, ou Lettres sur l'Eudémonisme et la Félicité humaine, relativement au Système critique de la Morale, 1e part. Leips. 1802, in-8.

C. G. F. *Fürstenau*, Sur la question: Que doit-on conserver de la philosophie Kantienne? Programme. Rint. 1789, in-4. Et: Discussion des Difficultés récemment élevées sur le fondement de la morale et de la théorie des devoirs. Brême. 1795, in-8 (all.).

(1) Ben. *Stattler*, L'Antikant. Munich, 1788, II vol. in-8 (all.). Voyez la Bibliothèque Allemande.
Doit-on étudier la Philosophie de Kant dans les universités catholiques? par Matern. *Reuss*. Wurzbourg. 1789, in-8 (all.)

même. Ce sont entre autres, J. *Schulz* (1), C. Christ. Erhard *Schmid* (2), C. Leon. *Reinhold* (3) (cf. § 390), Salomon *Maimon* (4), Ch. H. *Heydenreich* (5), Jacq.

---

(1) Né à Mulhausen en Prusse, en 1739, professeur à Kœnigsberg, mort en 1805.

J. *Schulz*, Eclaircissemens sur la Critique de la Raison pure du professeur Kant. Kœnigsb. 1784, in-8, et 1791 (all.). — *Du même*, Examen de la Critique de la Raison pure de Kant. 1789—92, II vol. in-8 (all.).

(2) Né à Heilsberg en 1761, mort en 1812 à Jena.

C. Christ. Ehrhard *Schmid*, Esquisse de la Critique de la Raison pure. Jena, 1786, in-8. III édit. Jen. 1794 (all.). — Vocabulaire pour rendre plus facile la lecture des ouvrages de Kant. Jena, 1788, in-8. IV° édit. 1798, in-8 (all.).

(3) Lettres de *Reinhold* sur la Philosophie de Kant (extraites du Mercure Allemand, 1787—88). Leips. 1790, II vol. in-8 (all.).

(4) Né à Neschwitz, en Lithuanie, en 1753, mort à Berlin en 1800.

Sal. *Maimon*, Essai sur la Philosophie transcendentale. Berlin, 1790, in-8. Cf. § suiv., note 1, et § 198.

(5) Né en 1764 à Stolpen, en Saxe, mort en 1801.

Heydenreich, Idées originales sur les objets les plus intéressans de la Philosophie. Leips. 1793—96, V vol. in-8 (all.). Cf. l'appendix à la traduction de Cromaziano Buonafede (§ 38), où il est question de la révolution philosophique opérée par Kant. Voyez, du même, plusieurs autres écrits, tels que: Introduction Encyclopédique à l'Étude de la Philosophie, accommodée aux besoins de notre époque. Leips. 1793 (all.).

Sigism. *Beck* (1), Sam. Alb. *Mellin* (2), Laz. Bendavid (3), J. Christ. Fred. *Dietz* (4), Fred. Guill. Dan., et Christ. Guill. *Snell* (5), J. Chr. Gottlieb *Schau-*

---

(1) Voyez § 591, not.

(2) G. S. A. *Mellin*, Sommaires et tables pour la Critique de la Faculté de connaître, de Kant. Jena. 1794—95, II parties, in-8 (all.). Langue technique de la Philosophie critique, en forme de répertoire alphabétique. Jura, 1798, in-8 (all.). —Supplément, 1800, in-8. — Dictionnaire Encyclopédique de la Philosophie Critique. Züllichau et Leips. 1797—1803, VI vol. in-8; et autres ouvrages (all.).

(3) Laz. *Bendavid* (mort en 1802 à Vienne), Leçons sur la Critique de la Raison pure. Vienne, 1795. II édit. 1802 (all.). Sur la Critique du Jugement, *ibid.* 1796 (all.). Leçons sur la Critique de la Raison pratique, avec un discours sur le but de la philosophie pratique. *Ibid.* 1796, in-8 (all.). Leçons sur les Elémens métaphysiques de la Science de la Nature. *Ibid.* 1798 (all.). Ouvrage couronné sur l'Origine de nos Connaissances. Berl. 1802, in-8 (all.). Essai d'une Théorie du Droit. Berl. 1802 (all.).

(4) Voyez le § précéd., not.—On a en outre de lui: Le Philosophe et la Philosophie, envisagés sous le véritable point de vue, et relativement aux discussions engagées aujourd'hui. Leips. 1802, in-8 (all.). Sur la Science, la Foi, le Mysticisme et le Scepticisme. Lübeck, 1809, in-8 (all.).

(5) F. W. D. *Snell*, Exposition et Eclaircissement de la Critique du Jugement de Kant. Manulseim, 1791—92, II part. in-8.—*Du même*: Ménon, ou Essai en dialogue pour éclaircir les principaux points de la Critique de la Raison pratique. *Ibid.* 1789, in-8. II° édit. 1796, in-8 (all.); et plusieurs Manuels classiques: Manuel pour le premier degré des études philosophiques, II part. IV° édit. corr. 1821 (all.), avec

mann (1), Fr. Gottlob *Born* (2), J. H. *Abicht* (3), (§ 404), Fred. *Schmidt Phiseldeck* (4), Jean *Neeb* (5), de Bonn, L. H. *Jacob* (6), J. H. *Tief*-

---

Christ. *Snell*, Manuel de Philosophie pour les Amateurs. Giessen, 1802, in-8 (all.), avec *Schmid*, Journal Philosophique. Giessen, 1793—95, iv vol. in-8 (all.).

(1) *Schaumann*, Sur l'Esthétique transcendentale, Essai critique, auquel est jointe une lettre à Feder sur l'idéalisme transcendental. Leips. 1789, in-8. (Ouvrage dirigé principalement contre les attaques de Feder).

(2) *Born*, traducteur des ouvrages de Kant, en latin. Leips. iv vol. 1796—98, in-8. A donné aussi : Essai sur les Principes fondamentaux de la Doctrine de la Sensibilité, ou Examen de divers doutes, et en particulier de ceux de Weishaupt, etc. Leips. 1788 (all.). Essai sur les Conditions primitives de la Pensée humaine, etc. Ibid. 1791 (all.). Voyez la note suivante.

(3) *Abicht* et *Born*, Nouveau Magasin Philosophique, consacré au développement du Système de Kant. Leips. 1789—91, ii vol. in-8 (all.). Essai de Recherche critique sur la Volonté. Francf. 1788 (all.) Essai d'une Métaphysique du Plaisir selon Kant, etc. Leips. 1789 (all.). Philosophie pratique des Mœurs, 1e part. Leips. 1798 (all.).

(4) *Schmidt-Phiseldeck*, Philos. crit. secundum Kantium expositio systematica. Koppenhag. 1796—98, ii vol. in-8.

(5) *Neeb*, Système de la Philosophie critique, fondé sur le principe de la conscience. Bonn. et Francf. 1795, ii part. in-8 (all.).

(6) Né à Wettin en 1759; professeur de droit public à Halle.

Outre ceux de ses ouvrages désignés dans les notes sui-

TROISIÈME PÉRIODE.

trunk (1), J. Jodef. C. Christ. *Kiesewetter* (2), Fr. *Bouterweck*, Guill. Trangott *Krug*, Jacq. *Fries*, et autres (3). Ainsi se forma une nombreuse école Kan-

---

vantes: Annales de la Philosophie et de l'Esprit philosophique. Halle et Leips. 1795—97, in-4 (all.). Divers Traités de Philosophie, etc. Halle, 1797, in-8 (all.). Voyez les notes du § 371.

(1) *Tieftrunk* (prof. à Halle), L'Univers, considéré dans le point de vue de l'humanité. Halle, 1821, in-8, 1e partie (all.).

(2) *Kiesewetter*, Essai d'un Exposé complet des principales vérités de la Philosophie moderne. Berlin, 1795 et 1798—1803, ii part. in-8 (all.). Logique, IIIe édit. Leips. 1825 (all.). Voyez les notes du § précédent, et les notes suivantes du présent §.

(3) And. *Metz* (professeur à Würzbourg), Courte et claire Exposition du Système de Kant. Bamberg. 1795, in-8 (all.).

Seb. *Mutschelle*, Essai d'un Exposé complet de la Philosophie de Kant (continué par J. *Thanner*). Munich, 1799—1805, xii cahiers, in-8 (all.).

J. F. *Græffe*, Commentaire sur un des endroits les plus difficiles des Élémens métaphysiques de la Science de la Nature, par Kant. Zelle, 1798, in-8 (all.).

H. L. *Pœrschke*, Lettres sur la Métaphysique de la Nature. Kœnigsberg, 1800, in-8 (all.). Introduction à la Morale. Breslau 1797, in-8 (all.).

H. *Kunhardt* (professeur à Lubeck), Élémens de la Métaphysique de la Morale selon Kant, réduits à un langage technique et complet, avec un Examen de ces élémens. Lubeck et Leips. 1800, in-8 (all.). Ses ouvrages postérieurs s'éloignent de la philosophie critique, tels que : Fragmens

tienne, qui comprenait aussi sans doute beaucoup d'écoliers faibles, exclusifs et aveuglément voués aux formules de la nouvelle philosophie. Au reste, les rapides progrès de cette école servirent incontestablement à développer un nouvel esprit plein de vigueur. Les plus habiles surent mettre à profit les principes de la philosophie critique pour étudier plus profondément et retravailler dans des formes plus systématiques les diverses branches de la science, et en particulier pour dégager, étendre et fortifier la méthode. La logique (1) fut développée avec succès par Sal. Maimon, J. Christophe *Hoffbauer*,

---

Sceptiques, ou Doutes sur la possibilité d'une Philosophie comme science de l'absolu. Lubeck, 1804, in-8 (all.). Sur le Caractère réel de l'Humanité, et les Limites de la Connaissance philosophique. Leips. 1813 (all.). Considérations sur les Limites de la Science théologique. Neustrelitz, 1820, in-8 (all.).

(1) Sal. *Maimon*, Essai d'une Nouvelle Logique, ou Théorie de la Pensée, etc. Berlin, 1794, in-8 (all.). (Cf. § 146, note).

Hoffbauer, Analyse du Jugement et du Raisonnement. Halle, 1792. in-8 (all.).—Elémens de la Logique. Halle, 1794. IIe édit., augmentée d'une Introduction psychologique. 1810, in-8 (all.). Sur l'Analyse en Philosophie, avec des dissertations sur des questions analogues. Halle, 1810, in-8 (all.).—Essai sur l'Application la plus difficile et la plus facile de l'Analyse dans les Sciences philosophiques; ouvrage couronné, avec des supplémens. Leips. 1810, in-8 (all.).

J. Gebh. Ehrenfried *Maas* (1) J. G. C. *Kiesewetter*, *Krug*, *Fries*, etc. ; la métaphysique (2), par *Jacob*, *Schmid*, *Krug* ; la morale, par *Schmid*, *Jacob*, *Tieftrunck*, *Hoffbauer*, *Heydenreich*, *Staudlin*, *Krug*,

---

Jakob, Esquisse de Logique générale, et Elémens critiques de la Métaphysique générale. Halle, 1788, in-8. IV édit., 1800, in-8 (all.).

Maass. Esquisse de Logique. Halle, 1793, in-8. IVe édit. augm. 1823.

Ch. Chr. Ehr. *Schmid*, Esquisse de Logique. Jena, 1797, in-8 (all.).

Tieftrunck, Esquisse de Logique. Halle, 1801, in-8 (all.).

Kiesewetter, Esquisse d'une Logique générale d'après les principes de Kant, etc. Berl. 1791—92, II part. (all.). IIe édit. 1802 et 1806 (all.). — Logique à l'usage des Ecoles. Ibid. 1797 (all.). Les Principes les plus importans de la Doctrine de la Raison, à l'usage des gens du monde. Hamb. 1806, in-8 (all.).

C. Chr. *Flatt*, Quelques Observations contre l'Esquisse de Logique Universelle de Kant et de Kiesewetter. Tubing. 1802, in-8 (all.).

(1) Professeur à Halle, mort en 1823.
(2) *Jakob*, Examen des Matinées de Mendelssohn, avec une dissertation de Kant. Leips. 1886, in-8 (all.). Preuve de l'Immortalité de l'Ame, tirée du Devoir. Züllichau, 1790—90—1800, in-8 (all.). Sur la Preuve de l'Existence de Dieu par la morale. Libau. 1791, in-8. IIIe éd. augm. 1798 (all.).

Schmid, Esquisse de la Métaphysique. Jena, 1799, in-8 (all.). Voyez plus tard les ouvrages de *Krug* et de *Fries*.

Fries, H. *Kunhardt*, etc.; la philosophie du droit (1) par Gottlieb *Hufeland* (2), *Heydenreich*, J. Gottlieb

---

(1) *Schmid*, Essai d'une Philosophie morale. Jena, 1790, in-8. iv édit. 1802—1803, ii vol. in-8 (all.). Esquisse de la Philosophie morale. Jena, 1793. iie édit. 1800, in-8 (all.). Adiaphora, Recherche philosophique, théologique et historique. Jena, 1809, in-8 (all.).

Kiesewetter, Sur le Premier Principe de la Philosophie morale, avec une dissertation sur la liberté, par *Jakob*. Halle, 1788. iie édit. Berl. 1790—91, ii part. in-8 (all.).

Jacob, Théorie philosophique de la Morale. Halle, 1794, in-8 (all.). Principes de la Sagesse et de la Conduite de l'homme en cette vie. Halle, 1800, in-8 (all.). Sur le Sentiment Moral. Halle, 1788, in-8 (all.).

Tieftrunck, Recherches philosophiques sur la Morale. Halle. 1798—1805, ii vol. in-8 (all.). Esquisse de la Théorie Morale. Halle, 1803, ii part. (formant la morale et le droit naturel), in-8 (all.).

Hoffbauer, Recherches sur les points les plus importans de la Philosophie morale, spécialement des devoirs et de la théologie morale, 1e part. Dortm. 1799, in-8 (all.). Élémens de la Philosophie morale, et spécialement de la théorie du devoir, avec une Histoire générale de cette philosophie. Halle. 1798, in-8 (all.).

Heydenreich, Introduction à la Philosophie morale d'après les Principes de la raison pure. Leips. 1794, iii part., in-8 (all.). Sur la Liberté et le Déterminisme, et la Conciliation de ces deux systèmes. Erlang. 1793, in-8 (all.). Plusieurs ouvrages consacrés à la morale populaire.

C. F. *Stæudlin*, Esquisse de la Théorie morale et religieuse. Gœtting. 1800, in-8.

G. *Henrici*, Recherche sur le premier principe de la Théorie morale, 1e part. Leips. 1799, in-8 (all.).

TROISIÈME PÉRIODE.

Buhle (3), *Jacob*, *Maas*, *Hoffbauer*, Théod. *Schmalz*, P. J. Anselme *Feuerbach*. *Fries*, C. Salom. Za-

---

Leonh. *Creuzer*, Considérations sceptiques sur la Liberté de la Volonté. Giessen. 1793, in-8 (all.).

(2) G. *Hufeland*, Essai sur le principe du Droit Naturel. Leips. 1785, in-8 (all.). Théorie du droit Naturel. Jena, 1790. II° édit. 1795, in-8 (all.).

Heydenreich, Système de la Nature, d'après les principes critiques. Leips. 1794—95, II part. in-8 (all.). Principes du Droit Naturel politique, avec plusieurs dissertations sur le droit politique. Leips. 1795, II part. in-8 (all.). Essai sur la Sainteté de l'Ordre Politique et la Moralité des Révolutions. Leips. 1794, in-8 (all.).

Buhle, Manuel du Droit Naturel. Goett. 1781, in-8 (all.). Idées sur la Jurisprudence, la Morale et la Politique, 1er recueil. Goetting. 1799, in-8 (all.). Plan d'une Philosophie transcendentale. Goetting. 1798, in-8 (all.). Sur l'Origine et la Vie de l'Espèce humaine, et sur la vie future après la mort. Brunswick; 1821, in-8 (all.).

Schmid, Esquisse du Droit Naturel; ouvrage à l'usage des étudians. Jena et Leips. 1795, in-8 (all.).

Jakob, Théorie philosophique du Droit. Halle, 1795. II° édit. 1802, in-8 (all.). Extrait de cet ouvrage. *Ibid.* 1796, in-8 (all.). Antimachiavel. Halle, 1794 et 1796, in-8 (all.).

Maas, Du Droit et des Devoirs Obligatoires. Halle, 1794, in-8 (all.). Recherches sur les principales questions du Droit Naturel. Halle, 1790, in-8 (all.). Esquisse du Droit Naturel. Leips. 1808, in-8 (all.).

Hoffbauer, Droit naturel, déduit de l'Idée du Droit, Halle, 1793. III° édit. 1804, in-8 (all.). Recherches sur les points les plus importans du Droit Naturel. *Ibid.* 1793, in-8 (all.). Droit Politique Universel, etc. Halle, 1797, in-8 (all.). Du

chariæ (4), C. H. L. *Pœlitz* (5); Ch. H. *Gros*, etc. ; la science de la Religion, que l'on fit rentrer dans

---

Droit Naturel et de la Morale dans leur dépendance mutuelle, etc. Halle, 1816, in-8 (all.).

Th. *Schmalz*, Droit de la Nature, 1 part. Kœnigsb. 1792. IIe édit. 1795, in-8. IIe part. : Droit Naturel Politique. 1794. IIe édition, 1795 (all.). Droit Naturel de la Famille et de l'Église. *Ibid.* 1795, in-8 (all.). Déclaration des Droits de l'Homme et du Citoyen. *Ibid.* 1798, in-8 (all.). Manuel de la Philosophie du Droit. *Ibid.* 1807, in-8 (all.).

P. J. Anselme *Feuerbach*, Critique du Droit Naturel. Altona, 1796, in-8 (all.). Sur l'Unique argument possible contre l'Existence et la Validité du Droit Naturel. Leips. et Gera. 1795, in-8 (all.). L'Antihobbes. Erfurdt. 1798, in-8 (all.).

Ch. Sal. *Zachariæ*, Élémens du Droit Civil Philosophique. Leips. 1804, in-8 (all.). Élémens du Droit Criminel Philosophique. *Ibid.* 1805, in-8. Quarante Livres sur la Politique, 11 vol. Stuttgardt et Tubingue, 1820, in-8 (all.).

C. H. L. *Pœlitz*, Les Sciences Politiques éclairées par l'époque actuelle, IV vol. Leips. 1823 sq. On a du même plusieurs ouvrages antérieurs à celui-ci sur la théorie du droit et de la politique, et sur les autres parties de la philosophie ; de plus, une Revue Encyclopédique des Sciences philosophiques. Leips. 1813, in-8 (all.).

C. H. *Gros*, Manuel de la Philosophie du Droit. Tubingue, 1802. IIIe édit. 1815, in-8 (all.).

J. Christ. Gottlieb. *Schaumann*, Science du Droit Naturel. Halle, 1792, in-8 (all.). Dissertation Critique sur la Théorie Philosophique du Droit. Halle, 1795, in-8 (all.). Essai d'un Nouveau Système du Droit Naturel. *Ibid.* 1796, in-8 (all.).

G. *Henrici*, Idées sur les Bases de la Théorie du droit, ou sur

le domaine de la philosophie pratique (6), fut habilement exposée par *Heydenreich, Schmid, Jacob, Tieftrunck, Krug* et d'autres; l'esthétique (1), par

---

la notion et les premiers principes du Droit, etc. Hanovre, 1809—1810, II part. in-8. IIe édit. augm. 1822, in-8 (all.).

J. A. *Bruckner*, Essai sur la Nature et l'Origine des Droits. Leips. 1810, in-8 (en français).

(3) *Buhle*, Professeur à Brunswick, mort en 1821.
(4) *Zachariæ*, Professeur de droit à Heidelberg.
(5) *Poelitz*, Professeur de droit politique à Leipsick.
(6) *Heydenreich*, Considérations sur la Philosophie de la Religion Naturelle. Leips. 1790—91, II vol. in-8 (all.). Principes de la Théorie Morale de Dieu. Leips. 1793, in-8 (all.). Lettres sur l'Athéisme. *Ibid.* 1797, in-8 (all.). Cf. § 358.

Schmid, Dogmatique Philosophique. Jena, 1796, in-8 (all.).

Jakob, Religion Universelle. 1797, in-8 (all.).

Tieftrunck, Essai d'une Nouvelle Théorie de la Philosophie Religieuse. Leips. 1797, in-8 (all.).

Hoffbauer, Recherches sur les Objets les plus importans de la Religion Naturelle. Halle, 1795, in-8 (all.).

J. E. *Parrow*, Esquisse de la Religion de la Raison. Berlin. 1790, in-8 (all.).

G. Christ. *Müller*, Essai d'une Théorie Philosophique de la Religion, 1re part. Halle, 1797, in-8 (all.).

Plusieurs critiques furent publiées contre la Philosophie Religieuse de Kant, par *Rœtze, Storre, Jachmann*, G. E. *Schulze, Schelling*.

(1) *Heydenreich*, Système de l'Esthétique. Leips. 1790, in-8 (all.). Vocabulaire Esthétique, IV parties. Leips. 1793 et ann. suivantes (all.).

Heydenreich, J. H. Gottlieb *Heusinger*, Ferdin. *Delbrück*; la psychologie (1), par *Schmid*, *Jacob*; *Snell*, *Maas*, *Hoffbauer*, *Fries*; la pédagogique (2), par

---

J. H. Gottlieb *Heusinger*. Gotha, 1797, II vol. in-8 (all.).

L. *Bendavid*, Essais sur la Critique du Goût. Vienne, 1797 (all.). Essai d'une Théorie du Goût. Berl. 1799, in-8 (all.).

Ferd. *Delbrück*, Du Beau. Berl. 1800, in-8 (all.).

(1) J. *Ith*, Antropologie. 1794, in-8 (all.).

Schmid, Psychologie empirique, 1 part. Jena, 1791. II² édit. 1796, in-8 (all.). Magasin Psychologique depuis 1796 (all.). Journal Antropologique 1803 (all.).

Jakob, Esquisse de la Psychologie empirique. Halle, 1791. IV° édit. 1810, in-8. V° édit. Leips. 1814, avec des développemens (all.).

Hoffbauer, Histoire Naturelle de l'Ame, en lettres. Halle, 1796, in-8 (all.). Recherches sur les Maladies de l'Ame. Halle, 1802. III parties, in-8 (all.). Psychologie appliquée à la science du droit. Halle, 1808, in-8 (all.). Voyez aussi l'Esquisse qui précède sa Logique, particulièrement dans la II° édit. Halle, 1810 (all.).

Kiesewetter, Courte esquisse de la Psychologie empirique. Berlin, 1806, in-8. II° édit. 1814 (all.). Exposition facile de la Psychologie empirique. Hamb. 1806, in-8 (all.).

F. W. D. *Snell*, Psychologie empirique. Giessen, 1802, II° édit. 1810 (all.).

Maas (voyez § 38,) Essai sur les Passions. Halle, 1805—7, II vol. in-8 (all.). Essai sur les Sentimens, et en particulier sur les Affections de l'Ame, II part. Halle et Leips. 1811—12, in-8 (all.).

(2) J. H. Gottlieb *Heusinger*, Essai d'un Manuel de l'Education. Leips. 1795, in-8 (all.).

Heusinger, Aug. Her. *Niemeyer*, *Schwartz*, etc. ; tous ces auteurs furent plus ou moins utiles les uns pour le fond les autres pour la forme. Les branches les plus éloignées comme les plus voisines du tronc philosophique se ressentirent de l'influence puissante qu'exerçait au centre la doctrine Kantienne. Ses adversaires eux-mêmes finirent par lui rendre plus de justice. Elle ne tarda pas à être enseignée dans toutes les universités allemandes. En France (1) et en Angleterre (2) elle

---

A. H. *Niemeyer* (né à Halle en 1754), Principes de l'Éducation. Halle, 1796. in-8. vi°édit., iii vol. 1810 (all.) Guide de la Pédagogique et de la Didactique. Heidelberg, 1807, in-8 (all.).

Fred. H. Chr. *Schwartz* (professeur de théologie à Heidelberg), Manuel de la Pédagogique et de la Didactique. Heidelb. 1807, in-8 (all.): Théorie de l'Éducation. Leips. 1802 —4, iii vol. in-8 (all.).

J. Lud. *Ewald*, Leçon sur la Théorie de l'Éducation, iii part. Manh. 1808, in-8 (all.).

(1) Philosophie de Kant, ou Principes fondamentaux de la Philosophie transcendantale, par Charles *Villers*. Metz, 1801, ii vol. in-8. Cf. le Journal Critique de Schelling et Hegel, t. 1, iii° cahier, p. 69 et suiv. (all.).

Voyez en outre plusieurs articles du Spectateur du Nord (en franç.). Hambourg, 1798—99. Insérés la plupart dans le Conservateur par François de Neufchâteau. Paris, 1800, ii vol. Et des traductions françaises de divers morceaux séparés de Kant.

Philosophie Critique découverte par Kant, fondée sur le dernier principe du savoir, par J. Hoehne. Paris, 1802, in-8.

eut peine à se faire connaître, malgré les soins zélés de quelques hommes attachés à sa cause; mais elle trouva plus d'accès en Hollande et dans les pays du nord (1). On peut regarder comme des suites inévi-

---

Essai d'une Exposition succincte de la Critique de la Raison pure de Kant; par M. *Kinker*, traduit du hollandais par J. Le Fr. Amsterdam, 1801, in-8. De la Métaphysique de Kant, ou Observations sur un ouvrage intitulé : Essai d'une Exposition, etc., par le citoyen *Destutt Tracy*, dans les Mémoires de l'Institut national. Sciences Morales, etc., t. IV.

(2) *Nitsch*, General and introductory view of Kant's principles concerning man, the world, and the deity. Lond. 1796, in-8.

The Principles of Critical philosophy selected from the works of Emm. Kant, and expounded by James Sig. *Beck*. Translated from the german. Lond. and Edimb. 1797, in-8.

Willich's, Elements of the critical philosophy. Lond. 1798, in-8.

(1) Paul van *Hemert*, Beginsels der Kantiansche Wysgeerte. Amsterd. 1796, in-8.—Magazyn voor de Critische Wisbegeerte en de Geschiedenis van dezelve. Amsterd. 1798, in-8. Epistolæ ad Dan. Wyttenbachium. Amst. 1809, in-8.

(Dan. *Wyttenbach* contre Hemert) Φιλομαθείας τὰ σποράδην, miscellaneæ doctrinæ, lib. I et II. Amsterd. 1809—1811, in-8.

J. *Kinker*, Essai d'une Introduction, etc. Voyez ci-dessus.

F. H. *Heumann*, Principes moraux de la Philosophie critique, développés et appliqués à une législation externe, fondée sur la justice, la liberté et l'égalité naturelle. Amsterd. 1799, in-8.

Van *Bosch*, Ethica Philosophiæ criticæ.

tables de la vogue qu'elle obtint un certain nombre de travers auxquels elle donna lieu, tels que l'abus des formules et de la terminologie, la manie exclusive d'une seule méthode, et le mépris des notions empiriques.

B. *Philosophie après Kant.*

§ 389.

La philosophie critique avait à lutter contre des partis trop nombreux, des prétentions, des vues, des habitudes trop diverses pour que son triomphe fût de longue durée. Les malentendus de toute espèce qu'elle avait occasionnés, même après qu'on était parvenu à les lever, formaient encore un préjugé peu favorable soit à ses formes soit au fond même de ses doctrines. Quelques-uns prétendirent qu'elle était en contradiction avec le sens commun de l'humanité, attendu qu'elle ne donnait qu'un pur idéalisme et qu'elle ôtait au monde sa réalité; d'autres lui reprochèrent, à cet égard, de ne prendre qu'un demi-parti, c'est-à-dire de ramener, par une porte de derrière, l'être en soi après avoir refusé de l'admettre directement. De plus, on la trouva incomplète, en ce que divisant sans cesse, et séparant avec soin divers principes de l'esprit humain (tels que: principes de la pensée et de la connaissance, principe de la science théorétique, et principe de la raison pratique.), elle n'établissait entre eux aucune unité commune, et se contentait de les coordonner les uns aux autres (§ 386) sans les rapporter à aucun principe supérieur. Suivant plusieurs de ses adversaires (1), loin de repousser le scepticisme, elle ne devait servir qu'à lui donner de nouvelles forces. Un grand nombre de ses partisans lui firent tort, soit par diverses applications maladroites de ses formules (2), soit par l'exagération des espérances qu'ils fondaient sur ses résultats futurs. Au surplus, le point de vue offert par cette philosophie, savoir la délimitation de la connaissance et de la science, était trop nouveau pour pouvoir être d'abord généralement saisi, et trop contraire au penchant naturel des esprits vers la spéculation, pour pouvoir les engager sans peine à accepter aussitôt la sévère méthode du professeur de Kœnigsberg. De là vint, qu'à l'occasion

---

(1) Sal. *Maimon* (voyez le § précédent) admit la partie négative (antidogmatique) de la philosophie critique, mais il rejeta la partie positive (la connaissance synthétique donnée *a priori* par l'expérience), et fit de la *déterminabilité* le principe de la pensée réelle, ainsi que de la pensée pure *a priori*. Voyez ses Discussions sur des matières de philosophie. Berlin, 1793, in-8 (all.). Dans cet ouvrage, ainsi que dans la logique ci-dessus indiquée, se trouve sa dissertation sur les progrès de la philosophie. Voyez encore ses Recherches critiques sur l'esprit humain, ou sur le Principe de la Connaissance et de la Volonté. Leips. 1797, in-8 (all.).

(2) Par exemple : Exposition développée des bases d'un système général des postes. Gœttingue, 1801 (all.).

de la philosophie critique, plusieurs tentatives furent faites, les unes pour réhabiliter les anciens systèmes dogmatiques (1), les autres pour élever cette philosophie elle-même aux plus hautes régions de la science jusqu'à l'absolu, dans lequel l'être et la science doivent être identiques, dans lequel doivent disparaître toutes les oppositions des termes de la réflexion. Ainsi, insensiblement l'esprit des philosophes fut entraîné de nouveau à dogmatiser; de nouveau s'élevèrent différens systèmes dans lesquels chacun se flattait de reconnaître et d'atteindre l'absolu, ceux-ci par l'intuition, ceux-là par la pensée, d'autres par une certaine science, d'autres encore par une croyance. D'un autre côté le scepticisme dut se ranimer de plus en plus, à mesure que la prétention à la science démonstrative devint le caractère dominant de la nouvelle philosophie. Ainsi, de l'école critique sortirent de nouveaux essais dogmatiques et sceptiques.

§ 390.

Ces nouveaux développemens de l'école kantienne furent en premier lieu l'ouvrage de Ch. Léonard *Reinhold* (né à Vienne en 1759, professeur à Kiel,

---

(1) Nous rappelerons ici l'Empirisme de C. G. *Selle* (Principes de la Philosophie pure. Berlin, 1788, in-8 (all.)); le Rationalisme d'*Eberhard*, et l'Eclectisme de *Feder*.

mort en 1823). Après de sérieuses études consacrées à la philosophie critique, et secondées par un rare talent d'analyse, il crut reconnaître dans cette philosophie les conditions essentielles pour établir la concorde entre les penseurs, et pour accomplir dans le monde les plus salutaires innovations (1). Mais en voyant ces espérances contrariées par les nombreux malentendus auxquels elle avait donné lieu, il s'efforça de lui trouver un point d'appui interne, à l'aide duquel il pût donner une vérité de fait à ce qui n'avait encore qu'une vérité de raisonnement. Pour cela, il observa que Kant avait bien décomposé la faculté de connaître, mais non les phénomènes ou représentations de la conscience, quoique dans la réalité ces représentations soient les élémens intégrans de toutes nos connaissances, et que les formes particulières de celles-ci soient déterminées par la forme générale des premières. Il reprocha aussi à la philosophie critique de n'être pas assez rigoureusement scientifique, et de manquer principalement d'un principe commun à toutes ses parties, d'une théorie élémentaire qui devrait découler de ce principe, et qui servirait de base tout à la fois à la logique, à la métaphysique et à la critique de la raison. En conséquence, il posa ainsi le principe de la conscience comme devant remplir ce rôle

---

(1) Voyez les lettres sur la Philosophie de Kant indiquées au § 388.

capital : dans la conscience, la représentation se rapporte à deux termes dont elle est distincte, savoir ce qui est représenté (c'est-à-dire sa cause extérieure), et ce qui représente. Par là, Reinhold, en développant l'idée de la représentation et de ses formes (variété et unité), s'attacha à déterminer les lois et la constitution propre de la conscience et de la connaissance, et en général tous les résultats de la critique de la raison. Cette théorie, dite de la faculté représentative (1), parut donner à la philosophie critique ce qui lui manquait en unité et en liaison, tout en la rendant moins difficile et moins embarrassée par une lumière jetée en même temps sur ces principes et sur ses résultats. Mais ces appa-

---

(1) Essai d'une nouvelle Théorie de la Faculté représentative. Prague et Jena, 1789, in-8, et 1795 (all.). — Sur les destinées de la Philosophie Kantienne depuis son origine jusqu'aujourd'hui. Jena, 1789, in-8 (all.). Sur le Fondement de la Science Philosophique. Jena, 1791, in-8 (all.). Mémoires sur les moyens de remédier aux malentendus en philosophie, t. I et II. Jena, 1790—94, in-8, contenant une Nouvelle Exposition des points principaux de la Philosophie Elémentaire (all.). Choix d'OEuvres mêlées, II parties. Jena, 1796, in-8. Mémoire couronné sur cette question : Quels progrès la métaphysique a-t-elle faits depuis Leibnitz et Wolf? (joint à d'autres Mémoires couronnés de Schwab et Abicht). Berlin, 1796, in-8 (all.). Préliminaires d'une Conciliation des principes en matière de morale d'après le point de vue du sens commun et du bon sens. 1 vol. Lübeck, 1798, in-8 (all.).

rences étaient illusoires : la théorie n'était pas sans mérite ni sans utilité, mais elle ne pouvait répondre à tout ce que prétendait l'auteur. Elle fut attaquée successivement par des adversaires dogmatiques et sceptiques, *Flatt*, *Heydenreich*, *Beck* (voyez le § suivant), et en particulier par l'auteur de l'Ænésidème (1). Reinhold, frappé des objections qu'on lui opposait, cessa insensiblement de compter sur la solidité de sa théorie ; il tâcha de la maintenir tantôt en améliorant les termes, tantôt en écartant les points

---

(1) (Gottlob Ernest *Schulze*), Ænésidème, ou des Fondemens donnés à la Philosophie Élémentaire par le professeur Reinhold, avec une Défense du Scepticisme contre les prétentions de la Critique de la raison. (Helmstadt.), 1792, in-8 (all.).

Contre Ænésidème : J. H. *Abicht*, Hermias, ou Solution des doutes d'Ænésidème relativement à la validité de la philosophie élémentaire. Erlangen, 1794, in-8 (all.).

J. C. C. *Visbeck*, Points principaux de la Philosophie Élémentaire de Reinhold, envisagés par rapport aux attaques d'Ænésidème. Leipz. 1794, in-8.

Jacq. Sigism. *Beck*. Exposition de l'Amphibolie des Idées de Réflexion, avec un Essai de Réfutation des principales objections dirigées par Ænésidème contre la Philosophie Élémentaire de Reinhold. Francfort, 1795, in-8 (all.).

Contre la Théorie de la Faculté Représentative : Détermination d'un seul point de vue possible, d'après lequel la Philosophie Critique doive être jugée. Rige. 1796, in-8 (all.).

Reinhold, Fichte, Schelling, par Jacq. *Fries*. Leips. 1803, in-8 (all.).

contestés, jusqu'à ce qu'enfin il l'abandonna tout-à-fait, en se déclarant d'abord pour *Fichte* (1), ensuite pour *Bardili* (2). Dans ses dernières années, cet ami sincère de la vérité, dans le but de contribuer à établir l'accord des idées entre tous les philosophes, s'était consacré à une critique du langage qu'il considérait comme la source de tous les malentendus en philosophie : il envisagea surtout cette critique dans le sens de la synonymie des mots, se proposant de démêler les équivoques et les inconséquences de la logique dans ses formes traditionnelles et communément admises, et, par là, de donner la raison du reproche adressé à la philosophie, d'avoir si long-temps pré-

---

(1) Lettre à Lavater et à Fichte sur la croyance en Dieu. Hambourg, 1799, in-8 (all.).

Sur les Paradoxes de la Nouvelle Philosophie. Hambourg. 1799, in-8 (all.).

(2) Coup-d'œil rapide sur l'Etat de la Philosophie au commencement du XIXe siècle. Hambourg, 1801—3, III cahiers, in-8 (all.).

Introduction à la Connaissance et à l'appréciation de la Philosophie dans tous ses divers systèmes. Vienne, 1805, in-8 (all.).

(Anonyme.) Essai de solution d'un problème dont l'objet est de caractériser nettement et d'approfondir la nature de l'analyse et de la méthode analytique en philosophie. Munich, 1805, in-8 (all.).

Correspondance de *Bardili* et de Ch. Léonard *Reinhold* sur la réalité de la philosophie et la vanité de la spéculation, publiée par Reinhold. Munich, 1804, in-8 (all.).

tendu à devenir une science sans pouvoir y réussir (1). Une autre entreprise de sa vieillesse fut l'essai d'une nouvelle théorie de la faculté de penser, théorie destinée à compléter par rapport au fondement scientifique de la philosophie, la recherche qu'il avait commencée dans sa théorie de la faculté représentative (2). Le fils de ce philosophe, Ernest *Reinhold*, poursuit aujourd'hui les travaux de son père dans ses recherches sur les rapports de la logique et du langage (3).

---

(1) Principes élémentaires de la Connaissance de la Vérité, ramenés à l'A, B, C. Kiel, 1808, in-8 (all.).

Réclamation contre une singulière Confusion de Langage parmi les philosophes. Weimar, 1809, in-8 (all.).

Principes d'une Synonymique applicable au langage des sciences philosophiques. Kiel, 1812, in-8 (all.).

De la Connaissance Humaine, considérée sous le point de vue des rapports établis par le langage entre la sensibilité et la pensée. Kiel. 1816, in-8 (all.).

(2) Sur l'Idée et la Connaissance de la Vérité, etc. Kiel, 1817 (all.). (Cet ouvrage n'a point été mis en vente).

Examen sérieux de cette ancienne question : Qu'est-ce que la vérité? à l'occasion des débats renouvelés depuis peu sur la révélation divine et la raison humaine. Altona, 1820, in-8. Voyez particulièrement la remarque servant de conclusion à cet ouvrage; p. 164.

Contre cet Examen : le comte H. W. A. *de Kalkreuth* : Qu'est-ce que la vérité? Dissertation à l'occasion de l'ouvrage de Reinhold, etc.

(3) Ernest *Reinold*, Essai de nouveaux principes et d'une exposition nouvelle des Formes Logiques. Leips. 1819, in-8

§ 391.

Jacques-Sigismond *Beck* (professeur à Halle, et depuis à Rostock), se distingua, comme disciple de Kant, en donnant un utile extrait de ses ouvrages, et s'efforça de rendre plus facile l'intelligence du système critique en faisant ressortir le point de vue critique, comme étant le point de vue primitif de la perception elle-même ; mais faute d'habileté dans l'art d'exposer ses idées, cet écrivain obscurcit les problèmes qu'il aurait pu éclaircir : il commença par donner ses résultats, et omit ce qui devait les amener, l'analyse de la faculté de connaître. A d'autres égards, comme il ramène tout à l'unité de l'entendement ou à la représentation primitive, et prétend que c'est l'entendement lui-même qui, au moyen de la notion de grandeur, engendre l'espace et le temps, il effaça une ligne de séparation qu'on ne peut méconnaître entre l'intuition sensible et la pensée, et prépara les voies à l'idéalisme transcendental.

Jacq. Sig. *Beck*, Extrait des ouvrages critiques du prof. Kant, propre à en donner une intelligence facile. Riga, 1793-94. I et II° vol. - III° vol. (contre la Théorie de Reinhold) sous ce titre : Détermination du seul point de vue possible d'après lequel la philosophie critique doive être

---

(all.). Esquisse d'un système comprenant les Théories de la Connaissance et de la Pensée. Schleswig. 1823, in-8 (all.).

jugée. Riga, 1796, in-8 (all.). — Esquisse de la philosophie critique. Halle, 1796, in-8 (all.). Propædeutique à toute étude scientifique. *Ibid.* 1796 (all.). Commentaire sur la métaphysique de la morale selon Kant. 1 part. 1798, in-8. Beck a publié depuis les ouvr. suiv : Principes de législation. 1806 (all.). Un Manuel de logique. Rostock et Schwerin, 1820, in-8 (all.), et un Manuel de droit naturel. Jena, 1820, in-8 (all.).

Fichte, Théorie de la science.

Pour la bibliographie, voyez au § 597.

§ 592.

Ces divers essais furent surpassés par les travaux philosophiques de J.-Gottlieb *Fichte.* Il était né le 19 mai 1762, à Rammenau, dans la Haute-Lusace; après avoir étudié à l'école de Pforta, aux universités d'Iéna et de Leipsick; il passa plusieurs années en Suisse et en Prusse, devint, en 1793, professeur de philosophie à Iéna, résigna ses fonctions en 1799, et se retira à Berlin; en 1805 il occupa une chaire à Erlangen; ensuite l'université de Berlin, récemment fondée, lui en offrit une autre qu'il accepta, et il mourut dans cette dernière ville, le 29 janvier 1814. Fichte entreprit d'élever la philosophie critique au rang des sciences exactes fondées sur l'évidence (1); d'en bannir à jamais tout sujet de malentendus et de disputes, enfin de terrasser le

---

(1) Idée de la Théorie de la Science. Préf., p. v. Bases gén. de la Th. de la Science, p. xii.

scepticisme, dont plusieurs défendaient la cause, entre autres Schulze et Salomon Maimon. Encouragé par l'attention qu'avait excitée son *Essai d'une Critique de toute Révélation* (1), et par l'exemple de la théorie de la faculté représentative, il donna toute carrière à son génie éminemment original, profond, énergique, génie attaché avec une fermeté imperturbable, presque voisine de l'entêtement, à toutes les conceptions qui lui paraissaient vraies, et capable de les professer franchement dans toute leur portée. Il résolut donc de donner un système destiné à développer, dans un seul et même principe, la matière et la forme de toute science, à rétablir l'unité négligée dans le système critique, et à satisfaire la raison sur le problème si difficile du rapport de nos représentations avec les objets. De là naquit sa *Doctrine de la Science* (*Wissenschaftlehre*), selon laquelle ni la conscience ni ses objets, ni la matière de la connaissance, ni ses formes, ne sont présupposées comme données, mais sont produites par un acte du moi, et recueillies par réflexion. Fichte ne part point, comme Kant, d'une décomposition de la faculté de connaître, ni comme Reinhold, d'un fait primitif dans l'histoire de la conscience, il part d'un acte primitif du sujet, acte qui construit la conscience elle-même ainsi que tous ses phénomènes. Voici maintenant de quelle manière il procède : il

---

(1) Kœnigsberg, 1792. 2ᵉ édit., 1793.

commence par expliquer ce que c'est que la science : c'est, dit-il, un système de connaissance déterminé par un principe supérieur, lequel exprime la valeur et la forme de notre savoir ; la doctrine de la science est celle qui expose la possibilité et la validité de toute science, qui démontre la possibilité des principes quant à leur forme et leur valeur, enfin qui démontre les principes eux-mêmes, et par là l'ensemble et l'harmonie de tout le savoir humain. Cette doctrine doit avoir un principe qui ne relève d'aucune autre science, car la doctrine de la science est par elle-même la plus élevée de toutes les sciences ; elle est en soi, elle se pose elle-même comme possible et comme valable ; elle est, parce qu'elle est. Par une double conséquence, formant un cercle inévitable, si la doctrine de la science existe, il existe aussi un système ; et s'il existe un système, il existe aussi une doctrine de la science, et un principe premier et absolu. — La doctrine de la science est la philosophie ; elle comprend les modes d'action auxquels l'esprit humain se conforme nécessairement. Telle ou telle détermination particulière de nos modes d'action nécessaires peut donner l'objet d'une science particulière, comme la logique, la géométrie ; or, toute science particulière présuppose une application arbitraire, contingente de l'activité, et par conséquent n'est point susceptible d'être complète en soi. La doctrine de la science, au contraire, est absolument complète, c'est un tout achevé. Elle a donc pour objet les actes primitifs de l'esprit humain, actes qui ont lieu selon un certain mode. Ces actes et leurs modes deviennent des objets de la conscience par la réflexion, laquelle consiste à abstraire et à dégager en toutes choses l'élément de conscience. La réflexion et l'abstraction sont soumises à des règles logiques, qui sont les bases de la doctrine de la science.

§ 393.

Premier principe : A = A. On représentera par X la liaison du tout, le système. A et X étant donnés dans le *moi*, on peut leur substituer cette formule : *moi est moi*. Tel est le principe certain par lui-même de la philosophie et de tout savoir exprimant la forme rigoureuse et le contenu nécessaire de la conscience. C'est en vertu de ce principe que tout jugement a lieu ; or, juger est un fait actif, un acte propre du *moi*. Le *moi* se pose donc absolument lui-même ; il est l'agent et en même temps le produit de l'acte, et c'est ce double rôle qui fait la conscience. L'activité primitive du *moi* consiste en une réflexion sur lui-même, qui a sa raison dans un obstacle, ou arrêt nécessaire, éprouvé par l'activité jusque-là indéfinie. Le *moi* se pose comme sujet, en même temps qu'il s'oppose comme objet à ce point de résistance. Le second principe, déterminé par le premier, est celui-ci : *Le moi n'est pas non-moi.* Il reste à évoquer encore, par un nouvel effort de l'art philosophique, un troisième principe non-contingent quant à sa valeur, et contingent quant à sa forme. A cet effet il faut trouver un acte du *moi* où puisse se rencontrer dans le *moi* l'opposition du *moi* et du *non-moi*, sans que le *moi* y périsse. Or, la réalité et la négation ne sauraient se trouver réunies que dans ce qui est fini, limité. La limitation est donc ce troisième principe que nous cherchons. Maintenant, la limitation nous conduit à la divisibilité : tout divisible est une quantité ; par conséquent, dans le *moi*, sujet à limitation, doit être contenue une quantité divisible, et ainsi le *moi* comprend en lui-même quelque chose qui peut y être mis ou retranché sans que pour cela le *moi* cesse d'exister ; de là un *moi* divisible et un *moi* absolu. *Le moi oppose au moi divisible un non-moi divisible également.* Tous deux sont posés dans le *moi* absolu et par lui, comme étant appréciables et déterminables par l'autre. De là ces deux propositions : 1° le *moi* se pose comme déterminé par un *non-moi*, limite l'activité absolue en lui ; 2° le *moi* se pose comme déterminant le *non-moi*. La réalité de l'un sert de limite à la réalité de l'autre. C'est là dessus que porte toute la lutte de l'idéalisme et du réalisme, et c'est là aussi qu'on peut chercher le moyen de les concilier. Le grand problème de la philosophie spéculative est d'opérer cette conciliation, et d'expliquer le rapport de nos idées avec les objets. La première des deux propositions que nous venons d'établir est nécessaire ; car sans cette opposition il ne pourrait y avoir de conscience ; sans objet, point de sujet. Le *moi* ne peut se poser qu'autant qu'il est déterminé par un *non-moi*. Mais réciproquement sans sujet, point d'objet. Il faut donc que le *moi* se pose encore comme *non-moi*, relativement à ce qu'il détermine. Le premier fait est manifesté par une passion, le second par une action du *moi*. La représentation des objets comme hors de nous est un acte du *moi* par lequel il s'ôte à lui-même une réalité, pour transporter cette réalité dans un *non-moi*. Par là le *non-moi* devient pour le *moi* quelque chose de réel, mais en tant seulement que le *moi* lui fait part de sa propre réalité. Reconnaître une action exercée par les choses extérieures sur le sujet pensant, ce n'est réellement que poser nous-même ces choses comme *non-moi*, en opposition à notre *moi*, et limiter par là notre *moi*, bien que ce soit toujours nous qui agissons en cela, et non les choses. De là se déduit, premièrement, la réciprocité du *moi* et du *non-moi* : l'activité et la passivité du *moi* ne sont, relativement au *non-moi*, qu'une seule et même chose ; secondement, l'unité et l'identité de principes données par l'activité du *moi*, comme contenant en elle-même le double principe idéal et réel sans lequel ne peut être conçu le fait de notre croyance aux choses extérieures. Tout se réduit ensuite à divers points de vue du même fait, dans lesquels nous concevons tantôt le *moi* comme actif, et le *non-moi* comme passif, tantôt tout le contraire. Ainsi se trouvent conciliées les prétentions du réalisme et de l'idéalisme ; ainsi le vrai système de la science philosophique serait trouvé. — La théorie transcendentale de la faculté représentative infère de ces principes les propositions suivantes : 1° la représentation (*Vorstellung*) n'est possible que moyennant une action réciproque du *moi* sur le *non-moi* ; 2° la direction du *moi* par rapport au *non-moi* est opposée à la direction du *non-moi* par rapport au *moi*. Dans le fait de la représentation, le *moi* éprouve une sorte d'hésitation et de chancellement entre deux directions contraires. Ce chancellement est un effet de l'imagination qui reflète également la passivité et l'activité du *moi*, c'est-à-dire les élève à la conscience ; 3° ce chancellement est l'état de contemplation en général (*Anschauen*), état dans lequel on démêle à peine quel est le sujet contemplant et l'objet contemplé ; ce n'est point la réflexion, dont le mouvement est tourné vers le dedans, c'est une pure activité portée vers le dehors, = une production ; 4° de la faculté de contempler résulte une contemplation particulière, au moyen d'une opération qui a sa racine dans l'entendement ; 5° le jugement réfléchit à son tour sur les objets donnés par l'entendement, et détermine leurs rapports ; 7° le sentiment de l'activité absolue du *moi* donne la connaissance de la raison et la base de toute science.

§ 594.

Passage au point de vue pratique de la doctrine de la science. Jusqu'ici deux faits nous ont été nécessaires comme postulats, ou données fondamentales, savoir : l'action réciproque du *moi* et du *non-moi*; et l'achoppement du *moi*, arrêté dans l'exercice de son activité, et posant le *non-moi*. Si l'on ne pouvait tirer du fond même du *moi* la cause intégrante de cet achoppement, dès lors la doctrine de la science manquerait de base et de consistance, attendu que la réalité du *moi*, lequel pose le *non-moi*, est elle-même fondée sur cet achoppement. Or, ce n'est point la partie spéculative, mais la partie pratique de la doctrine de la science, qui peut à cet égard lui fournir la garantie dont elle a besoin. La doctrine de la science dans le point de vue pratique, a pour objet le *moi* absolu, le *moi* pratique, lequel détermine le *non-moi*, et ainsi devient lui-même cause intégrante de l'achoppement, de la limitation de son activité. Ce *moi* est libre, infini, indépendant; il est la seule, la vraie réalité, tandis qu'au contraire le *moi*, comme intelligence, déterminé par le *non-moi*, est fini, limité. En vertu de son énergie illimitée, le *moi* commence par se déterminer lui-même. Par le même acte, il se conçoit comme une force déterminante. Or, cela même suppose nécessairement l'existence de quelque chose de déterminable. Par conséquent le *moi* se pose implicitement comme une force déterminatrice de ce qui est déterminable, c'est-à-dire déterminatrice du *non-moi*; telle est l'activité objective. Elle a sa cause dans l'activité pure dont elle est l'effet immédiat. Le *moi* absolu est essentiellement et infiniment actif : cette activité n'est qu'un perpétuel besoin de produire, d'être cause de quelque chose. Avec ce besoin, le *moi* se lance dans un mouvement illimité : mais il n'atteint jamais le but vers lequel il tend ; il ne devient point cause. De cette impossibilité d'atteindre au but, résulte un retour du principe d'activité sur lui-même pour trouver où s'exercer (réflexion). En vertu de son activité, le *moi*, ne pouvant satisfaire directement le besoin dont il est dominé, oppose à son mouvement un contre-mouvement. Ainsi se produit ce que nous avons appelé l'achoppement, autrement un *non-moi*. Le *non-moi* une fois posé, dès lors le *moi* prend à son égard, dans la lutte qu'il soutient contre lui, des attributions pratiques, déterminantes, causatrices. Cependant le *non-moi* ne cesse de réagir à son tour ; et, en tant que réaction, il détermine aussi le *moi*, et forme un contre-poids à son mouvement ; lui-même devient cause par rapport au *moi*. Percevoir la limitation de l'activité libre du *moi*, c'est sentir. Par là nous arrivons nécessairement à la relation et à l'opposition réciproque du *moi* et d'un monde : d'une part, le *moi* se produit comme enchaîné, comme dépendant du monde, ou comme intelligence ; mais d'autre part aussi, il se manifeste comme libre dans ses rapports avec le monde, en tant que pratique. Ainsi, autant le *moi* est démontré, autant l'est le monde ; et autant le monde, autant le *moi*. Il suit encore que le monde ne peut avoir de réalité que pour un *moi*, dans un *moi*, et par un *moi*. La proposition dominante de cette théorie est celle-ci : le *moi* est l'activité absolue ; tout ce qui existe hors du *moi* est un produit du *moi* comme posé par lui, opposé à lui, c. à. d. le limitant ; le *moi* est *sujet-objet*, et c'est sur cette base que s'élève hardiment tout l'édifice de l'idéalisme transcendental.

§ 395.

Jugement sur l'ensemble de la doctrine de la science. Le système de Fichte se distingue par une rigoureuse unité et une forte conséquence logique ; il lève bien des difficultés, mais il en fait naître beaucoup d'autres, et demeure atteint des reproches suivans : 1° Il propose comme du ressort de la philosophie un grand problème sans commencer par s'enquérir s'il est possible de le résoudre. Il veut tout expliquer, et son explication n'est que l'apparence illusoire d'une déduction transcendentale appuyée dans ses derniers retranchemens sur des affirmations aussi gratuites que hardies auxquelles elle revient toujours. 2° Les principes dont se prévaut ce système, sont bien les lois logiques; mais précisément ce sont des lois incapables de faire jamais arriver notre connaissance jusqu'à l'existence réelle et la constitution essentielle ni du sujet ni de quelque objet que ce soit. Ces lois sont des formes de la pensée, vides en elles-mêmes de toute substance. C'est par surprise qu'on prétend en faire sortir des entités, spécialement lorsque, dans le premier principe (§ 393, au commencement) on substitue le *moi* à l'objet indéterminé. Le vice de ces fausses réalisations est habilement dissimulé par l'artifice logique de toutes ces positions, oppositions et compositions, qui ne donnent après tout qu'un échafaudage arbitraire en place de la connaissance réelle qu'elles annoncent. 3° Ce système fait du *moi* exclusivement l'être absolu et indépendant : il détruit la vie, l'existence indépendante de la nature, et sa participation propre aux lois de l'ordre rationnel. 4° Enfin ce système contient un vice intérieur de contradiction : le *moi* n'est rien, envisagé comme activité infinie; il s'oppose comme limitation un *non-moi*, et par là il produit tous les objets ainsi que l'espace; mais d'abord *a*), qu'est-ce qui oblige le *moi* à se limiter lui-même en posant un *non-moi*, tandis qu'il est illimité et infini dans son activité? Dira-t-on que c'est parce que sans cela il n'arriverait jamais à connaître des objets? Mais quelle nécessité y a-t-il qu'il connaisse des objets, dès qu'il est en lui-même infini et illimité? *b*) L'activité du *moi* par laquelle il pose le monde objectif est un fait primitif; mais elle ne tombe point encore dans l'histoire des faits d'expérience dont nous avons conscience ; on n'y parvient que par une contemplation intellectuelle, dont on fait un postulat rigoureux, c'est-à-dire, que l'on impose illégitimement à la théorie. *c*) Fichte confond le procédé de l'imagination transcendentale dans la construction des figures géométriques avec la production des objets déterminés ou du monde, sans expliquer comment la construction de la forme dans l'espace peut suffire pour donner toute la multiplicité des objets et de leurs organisations diverses. *d*). Cet achoppement par lequel le *moi*, dans l'exercice de son infinie activité, est ramené au dedans de lui-même, ce choc dont on veut faire jaillir la conscience de la nécessité de certaines représentations, ne s'explique lui-même ni par le *moi* ni par le *non-moi*. *e*) Enfin, ce système ne fait que substituer à des mystères de plus grands mystères encore, en prétendant éclaircir les uns par les autres. Il veut rendre compte de ce qui est inexplicable, et finit lui-même par déclarer tel son propre principe. — Ce témoignage d'impuissance est devenu plus saillant dans la nouvelle exposition de la doctrine de la science, telle que l'auteur l'a reproduite. Là, pour expliquer le fait du sentiment de nécessité inhérent à certaines représentations, on dit que le *moi*, ce *moi* dont on fait pourtant une activité infinie, une action absolue, est toutefois contenu dans l'exercice de son activité entre certaines limites déterminées. On qualifie ces limites d'inconcevables et d'inexplicables, et pourtant c'était là précisément ce que l'on avait commencé par considérer comme le point de mire, l'objet propre des solutions demandées à la doctrine de la science, c'est-à-dire à la philosophie. Concluons que cet idéalisme nous offre l'exemple de la spéculation poussée à son dernier excès, et aboutissant ainsi à s'absorber et à se détruire elle-même avec toute science et toute personnalité libre.

Faire la comparaison de cet idéalisme transcendental : 1° avec l'idéalisme supernaturaliste de Berkeley ; 2° avec le réalisme de Spinoza.

§ 396.

De plusieurs parties secondaires de la philosophie traitées par Fichte.

L'auteur de la doctrine de la science s'appliqua à constituer, d'après les principes de cette doctrine, certaines branches de la philosophie, telles que la Morale et le Droit naturel. Ces deux systèmes secondaires, savamment déduits et fortement liés, mais assis sur une base fausse, présentent dans leur ensemble, plus conséquent en apparence qu'en réalité, des idées originales, grandes et précieuses, à côté de beaucoup de propositions étranges et paradoxales. En morale, Fichte, après avoir détruit, par l'idéatisme, la croyance au monde extérieur, et n'avoir laissé subsister qu'un enchaînement de pures illusions phénoménales, s'attache à fonder, par la croyance à la *conscience* (entendez ici la conscience morale, *Gewissen* et non *Bewustseyn*) la croyance à la réalité du monde sensible, celle à un monde intelligible indépendant du premier, et placé dans un ordre supérieur, enfin, la possibilité de rapporter nos actes à un terme qui devra se réaliser. Il part de la notion de la liberté, c'est-à-dire de cette énergie absolue, indépendante, sur laquelle le *moi* fonde l'idée de sa personnalité libre. En conséquence, le principe de la morale pratique, ou la loi morale (la loi essentielle de la liberté), consiste dans cette conviction, nécessairement conçue par l'intelligence, savoir qu'elle est appelée à maintenir sa liberté d'une manière absolue, et conformément à l'idée de la dignité personnelle du *moi* indépendant. En termes plus ordinaires, c'est de suivre rigoureusement et absolument la conscience (1).

---

(1). Dans l'*Instruction pour parvenir à la vie bienheureuse*, p. 153 et suiv; ce point de vue, qui se rapporte à la moralité proprement dite, est envisagé comme supérieur à ceux de la légalité sociale et de la légalité objective ou impérative, catégorique; d'un autre côté, l'auteur subordonne ce même point de vue à celui de la *religiosité*, et à un cinquième, qu'il appelle le point de vue de la *science*. Selon cette doctrine, la vie en Dieu est la seule véritable vie; elle est aussi l'amour : c'est cette vie qui engendre la moralité supérieure; c'est elle enfin qui ouvre un monde nouveau, et le produit au dehors.

Cette conviction constitue le devoir. La vertu consiste dans une conformité parfaite de l'agent libre à sa nature. — Le droit naturel, que Fichte a traité le premier comme une science entièrement indépendante de la morale, expose la relation de droit ou l'action réciproque des êtres libres entre eux, et la déduit de la conscience du *moi*, dont elle est une condition nécessaire. L'homme ne peut se concevoir comme un être raisonnable, qu'autant qu'il s'attribue une causalité libre ; il ne peut s'attribuer cette causalité qu'à condition de l'attribuer aussi à d'autres êtres, dont un certain nombre lui apparaissent doués de raison ainsi que lui : dès lors il faut qu'il se reconnaisse avec ces derniers dans un certain rapport, rapport de droit, en vertu duquel il limite sa propre liberté par celle d'autrui. Fichte nie l'existence d'un droit primitif, et ne l'admet que comme une fiction nécessaire de la science. Tout droit, selon lui, se rapporte à la communauté, et n'a d'existence que par elle ; d'où il suit que des êtres raisonnables doivent immédiatement entrer en état de société. L'idée de l'État est la réalisation au dehors du droit de la raison. Dans la dernière exposition de son droit politique, Fichte considère comme l'idéal d'un État véritablement conforme à la raison, la réalisation du royaume de Dieu sur la terre, ou une théocratie, fondée sur cette vue claire et manifeste que Dieu est apparu, et qu'il apparaîtra dans l'humanité. En général, le précepte qu'il ne cesse de recommander, c'est de soumettre toutes choses à l'idée de la raison, qu'il faut toujours envisager fixement. De là son projet d'une éducation universelle des nations, et d'une école permanente de savans. — La philosophie religieuse de Fichte a été aussi très-remarquée. Il considère Dieu immédiatement comme l'ordre moral du monde, notion à laquelle le *moi* s'élève au moyen de la conscience qu'il a d'être obligé, dans l'exercice de son activité libre, par l'idée du devoir. En s'efforçant de réaliser le devoir, le *moi*, du sein de ce monde qui n'est que son ouvrage, tend vers un autre monde, vers celui de l'ordre moral : par là il s'approche de Dieu, il acquiert la vie qui vient de Dieu. Dans ce monde de l'ordre moral, le souverain bien s'accomplit par la vertu. — Ce souverain bien n'est pas le bonheur, lequel n'existe point, et ne peut exister; exclusion qui écarte d'avance tout motif d'eudémonisme. Nous n'avons aucun besoin de concevoir Dieu autrement que par l'idée de cet ordre moral du monde, quel que soit d'ailleurs notre penchant à l'imaginer comme un être à part, auquel nous rapportons la cause de cet ordre; car, 1° il n'est pas possible d'attribuer à Dieu l'intelligence et la personnalité sans en faire un être fini semblable à nous; 2° c'est une superstition en contradiction avec l'idée même de Dieu que de le concevoir comme une substance à part, attendu qu'une substance signifie un être doué de sensibilité, placé dans l'espace et dans le temps; 3° nous ne pouvons lui attribuer l'existence, qui ne convient qu'aux êtres doués de sensibilité; 4° on n'a encore rien dit de raisonnable sur la manière dont il faut entendre que le monde a été créé par Dieu; 5° l'attente du bonheur est une chimère, et un Dieu conçu au profit de cette idée est une vaine idole au service de nos passions; ce n'est que le roi de ce monde. — Cette manière de voir, développée dans un esprit paradoxal (1), quoique jointe à un sentiment profond de la conscience morale, fut considérée comme une sorte d'athéisme, et attira à l'auteur de sérieux désagrémens, qu'il n'avait pas entièrement mérités : au reste, il finit plus tard par y renoncer (voy. le § suivant.)

§ 397.

Fichte s'efforça de concilier, en faveur de sa doctrine, les diverses opinions, en la reproduisant sous diverses formes; mais il varia lui-même sur ses divers points, entre autres sur l'accord qu'il avait

---

(1) Voyez spécialement la Dissertation sur le principe de notre croyance à un ordre du monde établi par Dieu (indiquée au § suivant). Dans son ouvrage sur la Destination de l'Homme, p. 287, Fichte prend le ton d'un théiste mystique des plus exagérés.

prétendu établir entre son système et la critique de
la raison, ainsi que sur le moyen de saisir dans la
conscience l'activité primitive du *moi* (1) : d'abord il

---

(1) Ouvrages de Fichte. (*N. B. Tous les ouvrages suivans
sont en allemand.*)

I. *Ouvrages relatifs à la doctrine de la science en général.*

Idée de la doctrine de la Science. Weimar, 1794, in-8. II.
édit. augm. Jena, 1798. Principes fondamentaux de toute la
doctrine de la Science. Weimar, 1794, in-8. II. édit. 1802,
in-8. Esquisse des Principes propres à la doctrine de la
Science. Jena et Leips. 1795, in-8. II. édit. corr. *Ibid.* 1802.
Ces deux derniers ouvrages réunis, sans changement. Tubingue, 1802. Essai d'une Nouvelle Exposition de la doctrine
de la Science, et Introduction nouvelle à cette doctrine; dans
le Journal Philosophe publié par Niethammer et Fichte,
1797, 1er cahier, p. 1; IVe cahier, p. 310, Ve cahier, p. 1, et
VIe cahier. Réponse à C. L. *Reinhold* au sujet de son Essai sur
le moyen d'apprécier facilement l'état de la philosophie au
commencement du XIXe siècle. Tubingue, 1801, in-8. Explication plus claire que le jour (*Sonnenklarer*), sur le vrai sens
de la nouvelle philosophie, etc. Berlin, 1801, in-8. La doctrine de la Science dans ses linéamens généraux. Berlin,
1810, in-8. Les Faits de Conscience; leçons données à
Berlin. 1810—11, Stuttgardt et Tubingue, 1817, in-8.

II. *Ouvrages relatifs à la philosophie de la religion en particulier.*

Essai d'une Critique de toute Révélation, II édit. augm. et
corr. Kœnigsberg, 1793, in-8. Du Principe de notre Croyance
à un ordre divin qui gouverne le monde; Journal Philoso-

avait cherché ce moyen dans les lois de la pensée ; ensuite il eut recours à la contemplation intel-

---

phique, vIII° vol. 1798, 1ᵉʳ cahier. Voyez aussi *ibid*. : Développement de l'Idée de la Religion, par Fr. Ch. *Forberg*. Appel au Public sur les prétendues propositions athées qui lui ont été adressées. Jena et Leips. 1799, in-8. Réponses juridiques des éditeurs du Journal Philosophique contre les imputations d'athéisme. Jena, 1799, in-8: (*Forberg*, Apologie relativement à son prétendu athéisme. Gotha, 1799, in-8). Instruction pour parvenir à la vie bien heureuse, ou Théorie de la Religion, etc. Berlin, 1806, in-8.

III. *Ouvrages de morale et autres.*

Leçons sur la Destination de l'Homme de lettres et du Savant. Jena, 1794, in-8. Système de Morale. Jena et Leips. 1798, in-8. Considérations pour rectifier le jugement du public sur la révolution française, 1793, in-8. Fondemens du Droit Naturel, Jena, 1796—1797, II part. in-8. Sur la Destination de l'Homme, Berlin, 1800, in-8. Le Commerce, comme corporation (der geschlossene Handelstaat); projet philosophique en appendix à la Théorie du droit. Tubingue, 1800, in-8. Leçons sur la Fonction de l'Homme de lettres et du Savant. Berl. 1806, in-8. Traits caractéristiques du siècle présent. Berl. 1806, in-8. Discours à la nation allemande. Berl. 1808, in-8. Leçons sur l'Idée de la véritable guerre, *ibid.*, 1813, in-8. Théorie de l'État, ou plusieurs Discours sur le rapport de l'état primitif avec l'ordre de la raison (posthume). Berl. 1820, in-8; et autr. édit., entre autres : Discours sur diverses matières de philosophie appliquée, contenant aussi les Leçons sur l'Idée de la Véritable Guerre, réimp.

lectuelle. (Voyez son *Explication plus claire que le jour*, etc.). La différence la plus frappante que l'on remarque entre la première et la dernière forme de la doctrine de la science, c'est que l'une est conçue dans le sens idéaliste, et l'autre dans le sens réaliste. Dans la première il part de l'activité du *moi*; dans la seconde, de l'existence absolue de Dieu, comme réalité unique, comme vie unique, pure et indépendante, dont le monde et la conscience sont l'image ou l'empreinte. La philosophie de Schelling paraît avoir contribué autant que l'esprit religieux à cette variation des idées de Fichte. — La doctrine de la science occupa vivement l'attention du monde philosophique, et rencontra de zélés partisans, entre autres Fr. Ch. *Forberg*, Fréd.-Emmanuel *Niethammer* (né en 1766), Ch.-L. *Reinhold* (voy. § 390), *Schelling* (§ 398), J.-B. *Schad* (né en 1758, ancien bénédictin, professeur à Iéna), *Abicht*, qui depuis s'attacha à Schelling, Gottlieb Ern.-Aug. *Mehmel* (professeur à Erlangen), etc. (1). Il se trouva aussi des censeurs

---

(1) *Ouvrages pour servir de développemens à la philosophie de Fichte.*

Journal Philosophique, publié par *Niethammer*. Neustrelitzs et Jena, 1795—96, IV vol. Avec *Fichte*, 1797—1800, tomes V—X.

Fred. Guill. Jos. *Schelling*, Articles pour expliquer l'idéalisme de la doctrine de la Science, dans le Journal Philoso-

rigoureux, des adversaires animés, surtout parmi les Kantiens (1). Cette théorie a fini par avoir la

---

phique de Fichte et Niethammer, 1796—97. Réimpr. dans les Œuvres Philosophiques de Schelling, t. 1.

J. B. *Schad*, Esquisse de la doctrine de la Science. Jena, 1800, in-8. Exposition générale du Système de Fichte, et de la théorie religieuse qui en résulte. Erfurdt, 1799—1801, III vol. in-8. Esprit de la Philosophie de notre temps. Jena, 1800, in-8. Harmonie absolue du Système de Fichte avec la Religion. Erfurdt, 1802, in-8. Logique transcendentale.

G. E. A. *Mehmel*, Manuel de Morale. Erlangen, 1811. Théorie du Droit pur, *ibid.*, 1815, in-8. Antérieurement, le même a pub. : Essai d'une Théorie Analytique de la Pensée, 1803; et : Du Rapport de la Philosophie avec la Religion, 1805, in-8; et autres ouvrages.

(1) *Ouvrages contenant l'examen et le jugement de la doctrine de Fichte.*

Avis d'un homme du nord sur Fichte et sa manière de procéder envers les Kantiens (par Ch. Th. Théod. *Rink*), 1799, in-8.

Des Rapports de l'Idéalisme avec la Religion, ou Examen de cette question : La Nouvelle Philosophie conduit-elle à l'athéisme ? 1799, in-8.

Opinion sincère sur l'Appel de Fichte contre l'Imputation d'Athéisme, etc. Gotha, 1799, in-8.

J. H. Gottlieb. *Heusinger*, Sur le Système Idéaliste-Athée de M. le prof. Fichte. Dresde et Gotha. 1799, in-8.

C. L. *Reinhold*, Lettre à Lavater et Fichte sur la Croyance en Dieu. Hambourg, 1799, in-8.

F. H. *Jacobi* à Fichte. Hambourg, 1779, in-8.

destinée de tous les systèmes, et malgré son ton
imposant, exclusivement favorable à la spéculation
pure, aux dépens des notions réelles qu'elle enseigne
à dédaigner, elle n'a pu acquérir une autorité générale en philosophie. On ne peut méconnaître néanmoins la grande influence que l'idéalisme de Fichte
a exercée sur les âmes de ses contemporains, non
plus que cette sérieuse direction vers les doctrines
anti-sensualistes, imprimée à beaucoup d'esprits par
l'éloquence mâle, qui était l'un des attributs du
talent de l'auteur.

Guill. Traugott *Krug*. Lettres sur la doctrine de la Science. Leips. 1800, in-8.

Gottlob Chr. Fréd. *Fischhaber*, Sur le Principe et le Pro-
blême fondamental du Système de Fichte, et Idées pour en
donner une nouvelle solution. Carlsruhe, 1801, in-8.

C. Christ. Ehr. *Schmid*, Critique développée du livre intitulé : Destination de l'Homme, dans les Mémoires de Schmid
sur des matières de philosophie et de théologie. Jena, 1802,
in-8.

Christian Fred. *Bœhme*, Commentaire sur et contre le premier principe de la doctrine de la Science. Altenbourg, 1802,
in-8.

Jacq. *Fries*, Reinhold, Fichte et Schelling. Leips. 1803,
in-8.

Fréd. Guill. Jos. *Schelling*, Exposition du Véritable Rapport de la Philosophie de la Nature avec la Théorie de Fichte
perfectionnée. Tubingue, 1806, in-8.

TROISIÈME PARTIE.

Schelling. Système de l'identité absolue.

§ 398.

Ouvrages de Schelling (non compris ceux qui sont indiqués dans les notes 1 et 2 de ce §) : Idées pour établir une philosophie de la nature, servant d'introduction à l'étude de cette science. 1re part. Leips. 1797, in-8, IIe éd. refondue entièrement, Landshut, 1803. De l'âme du monde; hypothèse de haute physique pour expliquer l'organisme universel, avec une dissertation sur les rapports de l'idéal et du réel dans la nature, où développement des premiers principes de la philosophie de la nature, appliquées aux lois de la pesanteur et de la lumière. Hamb. 1798, in-8, IIIe édit. 1809 (cette dernière dissertation a été aussi imprimée à part. Hamb. 1806, et Landshut, 1807, in-8). Premier plan d'un système de philosophie de la nature, Jena, 1799, in-8. Introduction au plan d'un système de la phil. de la nat., ou idée de la physique spéculative, etc. *Ibid.* 1799, in-8. Système de l'idéalisme transcendental. Tubing., 1800, in-8. Journal de physique spéculative; tom. I et II. Jena, 1800-1803, in 8. Nouveau Journal. Tubing., 1803. Journal critique de la philosophie, publié par *Schelling* et *Hegel*, 2 vol. Tubingue, 1802-1803, in-8. *Bruno* ou du principe divin et naturel des choses. Dialogue. Berlin, 1802, in-8, IIe édit. Leçons sur les études académiques. Stuttgardt et Tubingue, 1803, in-8, IIe édit. conforme, 1813. Philosophie et Religion. Tubingue, 1804. Exposition des véritables rapports de la philosophie de la nature avec la Théorie de Fichte perfectionnée. Tubingue, 1806, in-8. Annales de médecine théorique (publiées avec *Marcus*); au tome 1, cahier 1er : Aphorismes pour servir d'introduction à la philosophie de la nature. Tubingue, 1806. OEuvres philosophiques, tom. 1. Landshut, 1809 (contenant, outre ses dissertations antérieures, un Discours sur les rapports des arts du dessin avec la nature, et une dissert. intit. : Recherches philosophiques sur la nature de la liberté humaine, et les divers problèmes qui s'y rapportent. Réponse à l'ouvrage de M. F. H. *Jacobi* sur les choses divines, et à l'imputation d'atheïsme. Tubingue, 1812; in-8. Voyez encore le IIIe cahier du Journ. gén. (*Allgem. Zeitschrift von und für Deutsche*) contenant une réponse de Schelling à une critique de son traité sur la liberté, par *Eschenmayer*. — Des divinités de Samothrace. Stutgardt et Tubingue, 1815; in-8, ouvrage où sont traitées des questions de philosophie et de religion.

Après Fichte, qui avait tenté de construire en un système tout idéaliste la science humaine, tant dans ses élémens réels que dans ses formes, est apparu *Schelling*, avec une philosophie qui élève plus haut encore l'esprit spéculatif, puisqu'elle place au sommet de son système non plus le moi sujet-objet, mais l'absolu, et qu'elle entreprend hardiment de satisfaire aux prétentions les plus élevées de la raison, c'est-à-dire d'atteindre à la connaissance de l'absolu, et à l'intelligence des lois qui constituent l'ordre entier des choses finies. Fréd.-Guill.-Jos. *de Schel-*

ling (1) est un penseur plein d'originalité, de richesse et d'éclat, supérieur à Fichte à plusieurs égards, pour la souplesse et la vivacité de l'imagination; l'esprit poétique, l'étendue des connaissances positives, surtout en fait d'histoire, d'antiquités, de philosophie ancienne et de sciences naturelles. Après avoir étudié, à Tubingue, les doctrines de Kant, de Reinhold et d'Énésidème (Schulze), il reprocha à la première l'absence d'une certaine unité (2), qui ramenât ses divers résultats aux derniers principes de toute science, et qui donnât à ses deux parties théorétique et pratique un point de départ commun. Il combattit également l'usage de ce qu'on appela la *preuve morale* (3). Ensuite la doctrine de la science produisit sur lui une forte impression : il s'attacha à l'idée de Fichte avec toute la vivacité d'un esprit jeune

---

(1) Conseiller aulique, actuellement professeur à Erlangen, né à Leonberg dans le Wurtemberg le 27 janvier 1775.

(2) C'est dans ce sens qu'il composa son premier ouvrage : sur la Possibilité d'une Forme générale à donner à la Philosophie. Tubingue, 1795. De plus : Du *Moi* comme principe de la Philosophie, ou de l'*Absolu* dans la Science Humaine. *Ibid.* 1805, in-8 (Dans les Œuvres Philosophiques au t. 1).

(3) C'est ce qu'il fit dans ses Lettres Philosophiques sur le Dogmatisme et le Criticisme, publiées d'abord dans le Journ. Philos. de Niethammer, 1796; ensuite dans les Œuvres Philosophiques.

et ardent, auquel il convenait mieux sans doute de concevoir l'âme et la pensée humaines comme une activité productive infinie, que d'observer rigoureusement cette activité dans ses formes et dans ses lois. A ce début de sa carrière, Schelling vint à Jéna, et se lia étroitement avec Fichte, dont il défendit le système (quoiqu'il s'en écartât sur plusieurs points), contre l'école de Kant et contre les adversaires de cette école; mais insensiblement il s'éloigna de plus en plus du système de Fichte, à mesure qu'il en reconnut mieux le point de vue exclusif et le manque d'évidence.

§ 399.

C'est du *moi* que Fichte déduit toute chose; mais en admettant que le subjectif produit l'objectif, et en refusant d'admettre que le contraire ait lieu, Fichte affirme plutôt qu'il ne démontre. On peut prendre la marche opposée, et aller de la nature au *moi* : dès qu'on s'abandonne à la spéculation sans consulter la méthode critique, l'on peut accorder à l'un de ces procédés autant de confiance qu'à l'autre. Aussi bien Spinoza avait déjà donné un grand exemple du dogmatisme systématique, poussé aussi loin qu'il puisse aller, et d'un réalisme objectif. Ces vues suggérèrent à Schelling l'idée d'une double science philosophique, formée de deux parties opposées et parallèles, savoir : la *philosophie de la nature* et la *philosophie transcendentale*, à chacune desquelles, surtout à la seconde, il a consacré des ouvrages spéciaux (voyez ci-dessous § 401). La première part du *moi*, et en déduit l'objectif, le divers, le nécessaire, la nature; la seconde part de la nature, et en déduit le *moi*, ce qui est libre, ce qui est un et simple. La tendance de toutes deux est de faire concevoir les unes par les autres, et d'expliquer, comme identiques, les forces de la nature et celles de l'âme. Le principe commun est celui-ci : les lois de la nature doivent se retrouver immédiatement au-dedans de nous comme lois de la conscience, et réciproquement les lois de la conscience doivent pouvoir se contrôler par le monde extérieur, où elles se retrouvent comme lois de la nature. Cependant, la première de ces deux philosophies (la philosophie naturelle) ne saurait épuiser la variété des choses; la seconde (la philosophie transcendentale) ne peut atteindre jusqu'à l'absolu, jusqu'à ce qui est essentiellement simple. Nous ne pouvons concevoir par les procédés ordinaires de l'entendement comment de l'unité peut sortir le multiple, ni comment du multiple peut sortir l'unité, réunissant en soi le caractère d'unité et de multiplicité; l'un et l'autre se perdent dans l'infini, qui leur est commun à tous deux. Il faut donc qu'il y ait encore une philosophie plus haute, servant de premier anneau pour les deux autres qui en dépendent également et se réunissent en elle. En poursuivant cette idée, que la science doit reposer essentiellement sur l'unité originelle de ce qui sait et de ce qui est su. Schelling arriva enfin au système de l'*identité absolue* du subjectif et de l'objectif, ou système de l'indifférence du différent, en quoi consiste la nature de l'absolu, ou de Dieu. Cet absolu est amené à notre esprit par un acte absolu de connaissance, acte dans lequel le subjectif et l'objectif concourent implicitement et indistinctement (*contemplation intellectuelle*). Schelling distingue en conséquence et oppose l'une à l'autre la connaissance absolue donnée par les idées, et la connaissance secondaire, qu'il appelle encore le point de vue de la réflexion rapporté aux abstractions de l'entendement. Cette connaissance secondaire a pour objet le conditionnel, l'individuel, le divisé, dont l'entendement forme diverses liaisons abstraites ou notions qui lui sont propres. L'autre connaissance a pour objet l'absolu, ce qui est saisi immédiatement dans les idées, comme indépendant et inconditionnel en soi : c'est proprement la science, laquelle se développe en un tout organique, d'après la loi de sa nature, l'unité, et dans laquelle le subjectif et l'objectif sont indivis et identiques : enfin une telle connaissance, atteignant au point suprême, placée à la hauteur des choses divines, est le seul objet digne d'offrir un dernier terme à nos efforts, et qui mérite d'être appelé philosophie. Nous résumerons donc ainsi qu'il suit les caractères généraux de la philosophie de Schelling : ce qu'elle se propose, c'est de connaître, au moyen des idées de la raison, l'essence et la forme de toutes choses; pour elle, être et connaître sont identiques; de là son titre : Système de l'identité absolue, ou Théorie de l'identité ; c'est un idéalisme transcendental (Schelling l'appelle absolu), qui fait sortir toute science non plus du principe trop exclusif du *moi*, mais d'un principe plus élevé, de l'absolu renfermant dans son sens et le *moi* et la nature ; cette philosophie aspire en conséquence à la connaissance de la nature par les idées (*Philosophie de la nature,* construction *a priori* de la nature), et elle s'applique à établir un parallélisme constant entre les lois de l'intelligence et celles du monde; enfin c'est l'idéalisme et le réalisme ramenés à un point de vue supérieur, celui de l'absolu.

§ 400.

L'absolu n'est ni infini ni fini, ni être ni connaître, ni sujet ni objet : c'est ce en quoi se confondent et disparaissent toute opposition, toute diversité, toute séparation, comme celle de sujet et objet, de savoir et être, d'esprit et nature, d'idéal et réel, c'est donc indivisiblement l'être et le savoir absolus, ou l'essence collective de tous deux. C'est l'absolue identité de l'idéal et du réel, l'absolue indifférence du différent, de l'unité et de la pluralité; c'est l'*Un*, l'unité, qui est en même temps l'univers, la totalité, le tout. (1). L'absolue identité est, et hors d'elle il n'est rien réellement; par conséquent il n'est rien de fini qui existe en soi. Tout ce qui est, est l'identité absolue, et son développement propre. Ce développement a lieu par les oppositions de termes qui, résultant de l'absolu identique comme le type et l'empreinte, comme la face et le revers, comme le pôle et son antipode (loi de polarité), sortent du sein de cet absolu avec un caractère dominant, tantôt plus idéal, tantôt plus réel, et qui rentrent réunis de nouveau (indifférentifiés) par la loi de totalité; d'où cette proposition : l'identité dans la triplicité est la loi du développement. Or ces dégagemens de l'absolu, sortant de son immobile uniformité, Schelling les qualifie de diverses manières, les nommant tantôt division de l'absolu ou mode de différence (dans son Exposition des vrais Rapports de la Philosophie de la Nature avec la Théorie de Fichte); tantôt révélation spontanée de l'absolu, tantôt encore chute des idées tombées de Dieu (dans son ouvrage intitulé : *Philosophie et Religion*). Cette manifestation nous donne la possibilité de connaître d'une manière ab-

---

(1) Voyez Considérations sur les divers Principes de la Philosophie, et en particulier sur le Principe de Schelling, dans les Archives Philosophiques de Fischhaber, 1er cahier.

solue, et la raison est elle-même, en tant qu'absolue, l'identité de l'idéal et du réel. La forme essentielle de l'absolu est la connaissance absolue, connaissance dans laquelle l'identité, l'unité, passe à l'état de dualité, et peut se rendre par cette formule : A—A. En conséquence, voici les principales propositions de cette doctrine : 1° Il n'existe qu'un seul être identique ; toute différence entre les choses relativement à leur réalité est purement quantitative et non qualitative, et réside dans la prédominance du point de vue objectif ou subjectif, de l'idéal ou du réel. Le fini, produit d'une réflexion toute relative par sa nature, n'a qu'une réalité apparente. 2° L'être absolu se révèle dans la génération éternelle des choses, lesquelles constituent les formes de cet être unique. Toute chose est donc une manifestation de l'être absolu sous une forme déterminée, et il ne peut rien exister qui ne participe de l'Être divin. De là suit que la nature elle-même n'est point morte, mais vivante et divine, ainsi que l'idéal. 3° Cette manifestation de l'Absolu s'est produite par les oppositions ou corrélations qui apparaissent à différens degrés du développement total où se rencontre une prédominance diverse tantôt de l'idéal, tantôt du réel; ces oppositions ne sont donc que l'expression de l'identité. La science est la recherche de ce développement; elle est une image de l'univers en tant qu'elle déduit les idées des choses de la pensée fondamentale de l'absolu, d'après le principe de l'identité dans la triplicité, et en tant que dans cette construction, comme l'appelle Schelling, elle reproduit la marche de la nature, c'est-à-dire la succession des formes qu'elle revêt tour à tour. Or cette construction idéale est la philosophie (science des idées) : le plus haut point de vue philosophique est celui suivant lequel on n'envisage dans la pluralité et la diversité qu'une forme relative, et dans cette forme que l'identité absolue. Voici le dessin général de cette construction :

I. L'Absolu, le Tout dans sa forme première (Dieu) se manifeste dans

II. La Nature (l'Absolu selon sa forme secondaire).
Il s'y produit dans deux ordres de Relatif, savoir :
Le Réel.   L'Idéal.

Sous les puissances suivantes :

Pesanteur — Matière.	Vérité — Science.
Lumière — Mouvement.	Bonté — Religion.
Organisme — Vie.	Beauté — Art.

Au-dessus, comme formes réfléchies de l'univers, se placent :

L'Homme (le Microcosme).   l'État.
Le Système du Monde (l'Univers extérieur) l'Histoire.

§ 401.

C'est ainsi que Schelling, en s'attachant à la contemplation intellectuelle, a cru avoir découvert dans les idées l'essence des choses et leur forme nécessaire ; c'est ainsi qu'il a prétendu corriger Kant qui ne nous accorde qu'une notion toute subjective du monde phénoménal, et une simple croyance relativement aux choses en soi ; ainsi il a prétendu réfuter Fichte pour qui le Moi est la réalité unique, et la nature une non-réalité sans âme et sans vie, se produisant uniquement comme limite ou négation opposée à l'activité absolue du Moi ; ainsi, enfin, il s'est flatté de fournir à la science une construction idéale de l'univers, rapportée non pas à ce qu'il peut nous paraître, mais à ce qu'il est en soi. Schelling a développé ses grandes vues avec une habileté supérieure, sans se conformer aux divisions de la philosophie jusque là en usage, et il a su tirer très-heureusement parti des idées de Platon, de Bruno et de Spinoza. Après avoir donné plusieurs expositions de sa doctrine fondamentale, prise dans son ensemble, il s'est attaché principalement à l'une de ses deux parties, c'est-à-dire au point de vue réel, ou à la philosophie de la nature, comme étude du principe vivant et fécond qui produit par lui-même en se divisant sous la loi de la dualité. Quant à la partie idéale il n'en a traité que quelques questions isolées dans ses derniers écrits (1), savoir la liberté et l'origine du mal, la nature de Dieu, etc. En matière de Morale, il enseigne les propositions suivantes : La croyance en Dieu est la base première de la moralité. Si Dieu existe, il s'ensuit immédiatement l'existence d'un monde moral. La vertu est un état dans lequel l'âme se conforme non pas à une loi placée en dehors d'elle-même, mais bien à la nécessité interne de sa nature. La moralité est en même temps le bonheur pur : cette béatitude n'est point un accident de la vertu, ce n'est autre chose que la vertu elle-même. La tendance de l'âme à s'unir avec le centre, avec Dieu, constitue la moralité. La vie commune réglée conformément au type divin par rapport à la morale, la religion, la science et l'art, est l'ordre social ou l'État. C'est, dans un mécanisme extérieur, l'harmonie de la nécessité et de la liberté, harmonie qui a pour base la nature même de la liberté. L'Histoire, dans sa totalité, est une révélation de Dieu, une révélation qui se développe sans cesse progressivement. Dans le traité sur la liberté, Schelling distingue Dieu comme tel dans toute la pureté de cette idée, ou l'absolu, du Dieu existant ou se révélant, lequel sort du sein du

---

(1) Dans son ouvrage intit. : Philosophie et Religion, dans le Traité sur la Liberté, dans la Lettre à Eschenmayer relative à ce Traité, et, en passant, dans les écrits polémiques contre Fichte et Jacobi.

Dieu absolu en vertu du principe de l'existence contenu en lui (principe de la nature en Dieu), et arrive ainsi à la condition d'une existence accomplie, de sorte que Dieu passe dans le monde à l'état de personnalité *Deus implicitus explicitus*. (Cf. le § suivant). Tout être produit par la nature contient en soi un double principe, savoir : un principe obscur et un principe lumineux, qui à un certain degré se confondent l'un dans l'autre. Dans l'homme, ce principe est la personnalité composée d'intelligence et de volonté. Lorsqu'elle se considère comme placée dans une liberté absolue et arbitraire, et qu'ainsi elle s'éloigne de la lumière, c'est-à-dire de la volonté universelle qui doit régir toute la nature, de cette rébellion de la volonté individuelle contre la liberté universelle naît le mal, dont la réalité est toute relative et d'opposition. Le beau, dont Schelling ne s'est occupé que dans son rapport avec l'art, est, selon lui, l'infini représenté dans le fini; l'art, représentation des idées, est une révélation de Dieu dans l'esprit humain. Au reste, Schelling, dans la préface de ses œuvres philosophiques, T. 1, déclare lui-même que son système n'est pas achevé, et on n'en trouve encore l'exposition générale scientifique que dans un simple fragment de peu d'étendue (1).

---

(1) Dans le journal de Physique spéculative, t. II, 2ᵉ cahier, p. 114 sqq.

§ 402.

Observations sur cette doctrine. La philosophie de Schelling se recommande par l'originalité de son point de vue, la profondeur du travail, la conséquence des parties, et l'immense portée des applications. Elle rallie à une seule idée tous les êtres de la nature. Par-là elle écarte les barrières qu'on avait données à la connaissance humaine, soutenant la possibilité pour l'homme non plus seulement d'une représentation subjective, mais d'une connaissance objective et scientifique, d'une science certaine et déterminée de Dieu et des choses divines, à ce titre que l'esprit humain et la substance de l'Être sont primitivement identiques. Cette philosophie embrasse le cercle entier des connaissances spéculatives, attendu qu'elle efface la distinction des notions empiriques et des notions rationnelles. Ses principes se placent également en tête de toutes les sciences. Nous y observerons seulement les difficultés suivantes : 1° Elle semble, relativement à la science pratique, fort à l'étroit et embarrassée; on ne conçoit pas bien comment, dans un tel système d'identité absolue, peut trouver place la nécessité pratique, l'obligation qui soumet les actes à la loi du devoir (1). En effet, ce qui domine dans ce sys-

---

(1) Voyez là-dessus Schelling; Philos. et Relig., p. 53 sq. Œuvres Philos., p. 413 sq.

tème, c'est une destinée aveugle, une nécessité de nature; il faut que Dieu se révèle; l'histoire tout entière, tous les changemens qui s'opèrent dans le monde ne sont que les modifications de son être (1). 2° Outre l'inconvénient de cette unité trop exclusive, on peut reprocher au système de manquer d'une base solide. Comment l'esprit humain peut-il s'élever à cette contemplation intellectuelle? c'est ce qu'on ne démontre point. Les principes ne sont donc ici que des suppositions. Une pensée sans un sujet pensant est une pure abstraction; une identité absolue ne peut être conçue sans une identité relative. Sans cette dernière condition, l'absolu se réduit au néant. On ne saurait démontrer que cet absolu identique soit la nature des autres êtres; la réalité objective repose sur une confusion de la pensée et de la nature des choses. Or, en prétendant que cette abstraction représente la réalité et la nature de toutes choses, on n'avance qu'une hypothèse sans aucune preuve; car celle que l'auteur a avancée d'abord (2) n'a pu se soutenir. A défaut de preuve pour représenter l'absolu, on a souvent eu recours soit à un jeu de mots

---

(1) Exposit. des vrais Rapp. de la Philosophie de la Nat., avec la Doctr. de Fichte, p. 66.

(2) Journal, etc., § 7. Exposit. des Vrais Rapp., etc. p. 50.

arbitraire (l'identité de l'identité et de la non-identité), soit à une contradiction (le lien de l'unité et de la pluralité, la copule, l'absolu dans l'absolu, le divin dans le divin), enfin à un abus de termes vagues et indéterminés. 3° La forme de ce système est moins scientifique en réalité qu'en apparence. Son problème était de déduire, par une démonstration réelle (par construction), le fini de l'infini et de l'absolu, le particulier de l'universel. Or, ce problème n'est point résolu et ne peut l'être (1). Schelling nous assure que dans l'origine des choses, un fini et un infini, un réel et un idéal ont coexisté indivis; ensuite il les dégage à son aise en vertu de cette identité absolue, qu'il a lui-même présupposée. Il en est de même à l'égard de la révélation spontanée : c'est par un simple *il faut* (comme fait moralement nécessaire) (2) qu'il répond à la question, pourquoi Dieu se révèle-t-il? Par fois Schelling a recours à la théorie mystique de Platon, relativement à une chute des idées tombées de l'absolu (3); mais comment se pourrait-il que quelque chose tombât de l'absolu, puisque hors de l'absolu (le tout) il n'existe rien?

---

(1) Voyez là-dessus le journal de Physique Spéculative, t. ii, 2° cahier, p. 18. Bruno, p. 81—131. Philos. et Relig., p. 35.

(2) Traité de la Liberté, p. 492.

(3) Relig. et Philos., p. 35.

Par fois encore il se fatigue à démontrer qu'il n'y a rien hors de l'unité, de la copule, de l'absolu (1); d'où viennent donc et la connaissance finie dans le temps et dans l'espace, et les catégories ? Toute la réalité de la solution de Schelling consiste en ce qu'il substitue à la notion vague et nominale de l'absolu des imaginations et des notions positives qu'il a empruntées à l'expérience. 4° Quel homme enfin peut avoir la téméraire prétention de renfermer la nature de la Divinité dans l'idée de l'identité absolue ? La philosophie de la nature ne donne aucunement la connaissance de Dieu, ou ce qu'elle en donne semble contraire à la croyance religieuse (2). En effet, premièrement elle identifie Dieu avec la nature, et tombe à cet égard dans le panthéisme (3); secondement, elle soumet Dieu lui-même à des conditions supérieures à la nature divine, puisqu'elle la suppose obligée de se révéler, et fait sortir dans le temps la Divinité comme intelligence du sein de l'être non-intelligent (la nature en Dieu, le chaos). Dieu rend passive une portion de son être, avec laquelle il était précédemment actif (4); pour pouvoir le concevoir comme

---

(1) Exposit., p. 62.
(2) Voyez la fin du § précédent.
(3) Schelling a réclamé positivement contre ce reproche; voyez Philosophie et Religion, p. 52. OEuvres Philosophiques, p. 402 sq.
(4) Voyez réponse à Jacobi, etc., p. 94.

un être personnel, il faut renfermer en lui la nature, le négatif (1). Dieu n'est pas seulement un être, mais encore une vie. Or, toute vie a sa destinée, et est soumise à des conditions d'une réceptivité purement passive et d'un développement actif; ce sont donc encore là des conditions auxquelles Dieu s'est soumis volontairement. (2) — En un mot, le système tout entier n'est, à proprement parler, qu'une poésie de l'esprit humain, séduisante par son apparente facilité pour tout expliquer, et par sa manière de construire la nature; conception qui devait offrir à beaucoup d'esprits un puissant attrait, par l'exclusion de toute loi et de toute contrainte morale ou autre, par un grand nombre de belles idées et de vues neuves, et par une vaste perspective offerte à l'espoir d'agrandir indéfiniment nos connaissances. Quant à la manière dont ces doctrines sont exposées, outre l'abus déjà observé d'une terminologie obscure et indécise, nous devons blâmer particulièrement le mélange de formes mystiques et d'expressions à images dans lesquelles Schelling semble imiter Platon, et qui contribuent à rendre plus difficile l'intelligence du système.

---

(1) P. 96—97.

(2) Voyez Diss. Traité sur la Liberté, dans les OEuvres Philosophiques; p. 493.

§ 403.

Partisans et adversaires de la philosophie de Schelling.

L'enthousiasme que cette philosophie a excité s'explique par ses propres caractères et par l'esprit de l'époque. Elle se forma une nombreuse école parmi les philosophes, les théologiens (entre autres Daub), les philologues, les médecins et les naturalistes. De tous ces côtés on s'efforça de traiter chaque science d'après le point de vue de l'identité absolue, et de compléter le système. Les idées de Schelling ont exercé surtout une grande influence sur les recherches naturelles, la mythologie, l'histoire, la théorie de l'art et l'esthétique. Leur influence fut puissamment secondée dans cette dernière branche de travaux par les deux frères *Schlegel* (Frédéric, et Guill. Auguste), alors associés et amis de Schelling. Mais, d'un autre côté, cette école produisit un esprit d'exaltation et de vertige, fécond en idées bizarres et paradoxales, érigeant en sagesse supérieure les imaginations les plus capricieuses et les plus hasardées, favorisant les folies mystiques et la superstition, enfin rappelant l'époque des rêveries néoplatoniciennes. L'ardeur exaltée qui en résulta d'abord pour la philosophie semble se perdre insensiblement dans une vague indifférence.

— A l'école de Schelling appartiennent, entre autres, les noms suivans: H. *Steffens* (1), Jos. *Goerres* (2), le chevalier Franç. de *Baader* (3), L. *Oken* (4), Ign.

---

(1) H. *Steffens*, né en Danemarck, professeur à Breslau, Esquisse de la Science Philosophique de la Nature. Berlin, 1806, in-8. L'auteur y a joint ses autres traités relatifs aux sciences naturelles. De l'Idée des Universités. Berlin, 1809, in-8. Caricatures de ce qu'il y a de plus saint. Leips. 1819—21, II vol. Anthropologie. Breslau, 1822, II vol. De la Fausse Théologie et de la Vraie Foi. Bresl. 1824.

(2) *Goerres* (ci-devant professeur à Coblentz), Aphorismes sur l'Art, etc. Coblentz, 1804, in-8. Aphorismes sur l'Organomie, *ibid.*, 1804, et Francf., 1805, 1 part. Exposition de la Physiologie. Coblentz, 1805. Foi et Science. Munich, 1805. Histoire Mythique, etc.; et un grand nombre d'écrits politiques.

(3) Fr. *Baader* (de l'Académie de Munich), Mémoires sur la Physiologie élémentaire. Hamb. 1797. Sur le carré des pythagoriciens dans la nature. Tubingue, 1799; autres Dissertations dans les Mémoires de Physique Dynamique. Berlin, 1809. Plus tard: Fondemens de la Morale par la Physique. Munich, 1813. De l'Éclair, comme père de la lumière; à H. Jung. 1815. Plusieurs dissertations sur l'Extase. Principes d'une Théorie, destinée à donner une forme et une base à la vie humaine. Berl. 1820. *Fermenta cognitionis*, I—III cahiers. Berl. 1822—23. Le 1er cahier traite de l'origine du bien et du mal chez l'homme. De la Quadruplicité de la Vie. Berl. 1819, in-8. Voyez en outre au § 387.

(4) L. *Oken* (ci-devant professeur à Jena), Examen de l'Esquisse du Système de la Philosophie de la Nature, et de

Phil. Vitalis *Troxler* (1), Ch. Jos. *Windischmann* (2), J. H. *Schubert* (3), Fr. Jos. *Schelver* (4); tous ces

---

la Théorie des Sens qui s'y rattache. Francfort (Mein), 1802, in-8. Esquisse du Système de la Biologie. Goettingue, 1805. De la Génération. Bamberg, 1805. Manuel de la Philosophie de la Nature. Jena, 1809 sqq., III vol. in-8. Manuel de l'Histoire de la Nature, I—III parties. Leips. 1813. Isis.

(1) *Troxler* (médecin en Suisse), Essai sur la Physique Organique. Jena, 1804, in-8. De la Vie et de son Problème. Goettingue, 1807. Élément de la Biosophie. Leips. 1808. Dans cet ouvrage, l'auteur se rapproche davantage de Jacobi. Coup-d'œil sur la Nature de l'Homme. Aarau, 1812, in-8. Théorie Philosophique du Droit Naturel et de la Loi, etc. Zurich, 1820, in-8.

(2) Ch. J. *Windischmann* (professeur à Bonn), Idées sur la Physique, t. I. Wurzbourg et Bamberg, 1805, in-8. Cf. Exposition de l'Idée de la Physique, dans le nouveau journal de Physique Spéculative, publié par Schelling, t. I, 1er cahier, 1802. Sur l'Anéantissement du Temps par lui-même. Heidelberg, 1807, etc.

(3) *Schubert* (professeur à Erlangen), Vues sur la partie obscure de la Science de la Nature. Dresde, 1808, in-8; nouvelle édit. 1817. Premiers aperçus d'une Histoire Générale de la Vie. Leips. III parties, 1806—1820, in-8. Symbolique du Rêve, etc. Bamberg, 1814. IIe édit. 1821. L'Ancien et le Nouveau dans la connaissance interne de l'âme. Leips. 1816, in-8. Le Monde primitif et le Monde externe. Dresde, 1822, in-8.

(4) *Schelver* (professeur à Heidelberg), Théorie Élémentaire de la Nature Organique, 1re part. Organomie, Goetting.

écrivains, hormis Oken, ont eu recours à la foi dans leurs ouvrages ; Ch. Eberhart *Schelling* (1), Phil. Fréd. *Walther* (2), Jos. *Weber* (3), Guill. *Nasse* (4), Dietr. George *Kieser* (5), Fréd. *Ast* (6), Ch. Guill.

1800. Philosophie de la Médecine. Francf. 1809, in-8. Sur le Secret de la Vie. 1814, in-8. Des Sept Formes de la Vie. Francf. Méin, 1817, in-8.

(1) Ch. E. *Schelling*, De la Vie et de son Apparition. Landshut, 1806, in-8.

(2) *Walther* (professeur à Landshut), Sur la Naissance, la Vie et la Mort. Nuremberg, 1807. Sur l'Egoïsme dans la nature, *ibid.*, 1807, etc., etc. Physiologie de l'Homme, etc. Landshut, 1807—8, in-8.

(3) *Weber* (professeur à Augsbourg), Manuel de la Science de la Nature. Landshut 1803—4. Philosophie, Religion et Christianisme en un seul faisceau. Munich, 1808—11, VII cahiers. Science de la Nature Matérielle, ou Dynamique de la Matière. Munich, 1821, etc.

(4) *Nasse* (professeur à Bonn), Sur la Philosophie de la Nature. Freyberg, 1809, in-8. Journal à l'usage des médecins psychologistes. Leips. depuis 1818.

(5) *Kieser* (professeur à Jena). Voyez, pour les travaux de cet écrivain, l'ouvrage de *Blasche* sur ce qui a été fait de plus important en philosophie naturelle depuis 1801 ; et le journal Isis publié par Oken, IXe cahier, année 1819.

(6) *Ast* (professeur à Landshut) Esquisse des Principes Généraux de la Philosophie. Landsh. 1807 ; nouv. éd. 1809 (Au sujet de ces trois principes de la philosophie de la vie, savoir : l'Unité comme base ou principe, l'Opposition comme constituant la vie réelle, actuelle, enfin l'Unité éclairée, comme but de toute vie ou sainteté. Ast prétend que les deux

Fréd. *Solger* (1), E. A. *Eschenmayer*, J. J. *Wagner* (2) (ces deux derniers devinrent ensuite les adversaires de Schelling); Ge. Guill. Fréd. *Hegel* (3),

---

derniers principes ne sont point encore suffisamment développés dans la Philosophie de Schelling; et que la liaison intime, harmonique et vivante des trois élémens peut seule constituer la philosophie d'une manière complète.). Système Théorique de l'Art, ou Manuel d'Esthétique, etc. Leips. 1805. IIe édit. Esquisse de l'Esthétique. Landshut, 1807. Extrait du livre précédent, *ibid.*, 1813. Histoire de la Philos. Voyez § 37.

(1) *Solger* (professeur à Berlin, mort en 1819). Entretiens Philosophiques, 1er recueil. Berlin, 1817, in-8. Erwin, ou Quatre Entretiens sur le Beau et l'Art. Berl. 1815, II part., in-8.

(2) *Wagner*, Ses premiers ouvrages, d'accord avec la Doctrine de Schelling, sont : Philosophie de l'Éducation. Leips. 1803, in-8. De la Nature des Choses. Leips. 1803, in-8. Système de la Philosophie Idéale. Leips. 1804. Dans la préface de ce dernier ouvrage, Wagner se déclara pour la première fois contre le Système de Schelling, lui reprochant de n'être qu'une pure spéculation idéaliste, qui se porte gratuitement pour absolue, qui annonce faussement la prétention de donner le rapport de l'absolu et de la réalité, enfin qui manque du principe religieux et moral. Nous indiquerons plus tard les ouvrages de Wagner d'une époque postérieure.

(3) *Hegel*. Nous ne citerons ici que deux ouvrages de ce philosophe : Différence du Système de Fichte et de celui de Schelling. Jena, 1801, in-8. Le Journal Critique, publié en société avec Schelling, indiqué au § 398.

qui adopta ensuite une doctrine assez différente, ainsi que Ch. Christ. Fréd. *Krause.* Parmi ceux qui enseignèrent expressément la philosophie de Schelling, nous citerons J. B. *Schad* (1) (§ 397); G. M. *Klein* (2), le plus fidèle interprète de cette philosophie; Ign. *Thanner* (3), Thadd. Ans. *Rixner* (4),

---

(1) *Schad*, Système de la Philosophie de la Nature et de la Philosophie Transcendentale, présenté dans son unité sous ce double aspect. Landshut, 1803—4, II part. in-8. *Institutiones Philosophiæ Universæ,* etc.; p. 1. *Logicam complectens.* Charcow, 1812. *Institutiones juris nat. Ibid.,* 1814, in-8.

(2) *Klein* (professeur à Wurtzbourg, mort en 1820), Mémoires pour servir à l'Étude de la Philosophie, comme science du grand Tout, avec une Exposition complète et rapide de ses momens principaux. Wurtzbourg, 1805, in-8. L'auteur a donné, selon les mêmes vues, mais sous des formes plus populaires et plus simples que les autres disciples de Schelling, plusieurs autres ouvrages, tels que : la Théorie de l'Entendement. Bamberg. 1810 (le même ouvrage, refondu sous le titre de : Théorie de la contemplation et de la Pensée. Bamberg et Wurtzbourg, 1818, in-8). Essai pour établir les Bases de la Morale comme Science. Rudolstadt, 1811. Exposition de la Théorie Philosophique de la Religion et de la Morale. Bamberg et Wurtzbourg, 1818, in-8.

(3) *Thanner* (professeur à Salzbourg), Exposition rapide de la Théorie de l'Identité absolue, etc. Munich, 1810, in-8. Manuel pour servir d'introduction à une étude indépendante des sciences, et en particulier de la philosophie, 1re partie, formelle : Théorie de la Pensée. Munich, 1807, IIe partie, matérielle : Métaphysique, 1808, in-8. Manuel de la Philosophie Théorétique, d'après les principes de la Théorie de

qui tous deux la rédigèrent sous des formes didactiques; B. *Zimmer* (1) et A. *Buchner* (2), lesquels s'appliquèrent à la philosophie religieuse et à la morale; Ch. Fréd. *Bachmann* (3), auteur d'une Esthétique, traitée d'après les mêmes principes, lequel

---

l'Identité absolue, 11 parties intit. : Logique et Métaphys., ou Aphorismes Logiques, Métaphysiques, etc. Salzbourg, 1811—12, in-8. Manuel de la Philosophie Pratique, 1re part. Philosophie Pratique Universelle, et Droit de Nature. *Ibid.*, 1811, in-8.

(4) *Rixner* (professeur à Amberg), Guide ou Aphorismes pour la Philosophie. Landshut, 1809, in-8. Même ouvrage refondu : Aphorismes pour toutes les parties de la Philosophie, 11 petits vol. Sulzbach, 1818, in-8. L'auteur rattache en partie sa doctrine à celle de Hegel.

(1) *Zimmer*, Théorie Philosophique de la Religion, 1re part. Théorie de l'Idée de l'Absolu. Landshut. 1805, in-8. Recherche Philosophique sur la Décadence générale du Genre Humain. *Ibid.*, 1809, in-8.

(2) *Buchner*, Sur la Connaissance et la Philosophie. Landshut, 1806. Principes de la Morale, 1808, in-8. De la Nature de la Religion. Dillingen, 1805, in-8. 11e édit. Landshut, 1809.

(3) *Bachmann* (professeur à Jena), La Science de l'Art, exposée d'après ses principes généraux. Jena, 1811, in-8. De la Philosophie et de l'Art. Jena et Leips. 1812, in-8. Voyez ses autres ouvrages aux § 1 et 41. Mémoire couronné, sur l'affinité de la physique et de la psychologie. Utrecht et Leips. 1821.

s'est attaché à d'autres doctrines dans ses derniers écrits; et F. A. *Nüsslein* (1).

Parmi les adversaires de cette philosophie, on distingue les principaux partisans de la philosophie critique (2) et de quelques systèmes nouveaux, savoir : *Herbart*, *Bouterwek*, *Jacobi* et son école (§ 406).

---

(1) *Nüsslein*, Manuel de la Science Esthétique. Landshut, 1819, in-8. Esquisse de la Psychologie Générale. Mayence, 1821, in-8.

(2) Guill. Traugott *Krug*, Lettres sur l'Idéalisme de ces derniers temps. Leips. 1800, in-8; et *Dissertatio de poeticâ philosophandi ratione*. Lips. 1809, in-4.

Jac. *Fries*, Voyez au § 597. — Jugement sur les Nouvelles Théories de Fichte et de Schelling sur Dieu et le Monde. Heidelberg, 1807, in-8.

Fr. *Koeppen*, La Théorie de Schelling, ou à quoi se réduit la Philosophie du néant absolu, avec quelques lettres de Jacobi. Hambourg, 1803, in-8.

Gaët. *Weiller*, Esprit de la Nouv. Philos. de MM. Schelling, Hegel et comp. Munich, 1804—1808, II part. in-8.

Fr. *Berg*, Sextus, ou de la Connaissance Absolue. Nuremberg, 1804, in-8. (Contre cet ouvr. : l'Anti-Sextus, ou de la Connaissance Absolue. Heidelberg, 1807).

J. Christ. Aug. *Grohmann, de recentiss. philos. vanitate*. Viteberg. 1809, in-4. Des Jugemens Philosophiques portés sur les événemens de notre époque. Hambourg, 1810, in-8.

Gottlob. Guill. *Gerlach* : La Doctrine Religieuse a-t-elle gagné par la Philosophie de Schelling? Wittemberg, 1809, in-4.

F. H. *Jacobi*, Des Choses Divines. Leips. 1812. (Contre cet ouvrage, Schelling publia sa réponse, etc.).

Les doctrines religieuses de Schelling ont été particulièrement attaquées par les théologiens, mais souvent aussi elles ont été mal comprises (2). D'autres au contraire (Daub) les ont appliquées à la théologie.

Jos. Ch. *Schmid*, Démonstration de la Fausseté des Principes du Criticisme de Kant et de l'Idéalisme de Schelling. Ulm, 1812, in-8.

Fries, Du caractère de la Philosophie allemande, Vœu pour Jacobi contre Schelling. Heidelberg, 1812, in-8. Contre cet ouvrage : le baron de *Gruithuisens*, Nouvelle Preuve Cosmoaitiologique de l'existence de Dieu, où l'on démontre que M. Fries n'entend rien à la philosophie de notre temps, etc. Landshut, 1812. De plus : la Dissertation sur la Foi et la Révélation dans le Muséum allemand de Schlegel, 1813, p. 217.

Christian *Weiss*, Du Dieu vivant, et de la manière dont l'homme peut arriver à Dieu. Leips. 1812, in-8.

Salat, Explication de quelques-unes des principales difficultés de la philosophie, avec des explications sur le dernier débat entre Jacobi, Schelling et Fred. Schlegel. Landshut, 1812.

Comparaison de la doctrine de Schelling avec d'autres systèmes, contenant (outre les ouvrages déjà cités de *Fries* et de *Klein*) *Bachmann*, De la philosophie d'aujourd'hui, et J. And. *Wendel*, Esquisse et Critique des philosophies de Kant, Fichte et Schelling. Cob. 1810. Considérations sur l'état actuel de la philosophie en Allemagne, et sur la doctrine de Schelling en particulier, etc. Nuremberg, 1813, in-8.

(1) J. Fred. *Krause*, De l'Influence de la Philosophie de Schelling sur les progrès de l'esprit religieux, dans les Archives Philosophiques de Kœnigsberg, 1811, 1ᵉʳ cahier.

Autres systèmes.

§ 404.

Fréd. *Bouterwek*, professeur à Gœttingue, penseur distingué, dont la finesse dégénère trop souvent en une obscure subtilité, malgré la clarté habituelle de son style, s'était d'abord attaché à la philosophie de Kant, dont il avait donné une exposition nouvelle : ensuite il se convainquit que cette philosophie ne pouvait tenir contre le scepticisme, que d'un autre côté l'idéalisme de Fichte était trop exclusif pour satisfaire au besoin de la certitude réelle, qu'enfin la science ne peut se passer de l'absolu, sans lequel il n'y a, selon lui, ni connaissance ni pensée possible ; puisque, dans toutes nos preuves, nous supposons toujours quelque chose de réel, un être, l'absolu, cet x inconnu, qui subsiste, selon Kant, sous tous les phénomènes. Bouterwek se proposa donc, dans

---

Fréd. Gottlieb *Süsskind*, Examen des Doctrines de Schelling sur Dieu, la création du monde, et la liberté, etc. Tubingue, 1812, in-8. Voyez la Réponse de Schelling à Eschenmayer dans le *Allg. Zeitschrift für Deutsche*. 1813, 1er cahier, surtout p. 98.

L. Fréd. Otto *Beaumgarten-Crusius*, De homine Dei sibi conscio. Jen. 1813, in-4. Voyez aussi son v° supplément au livre intit. : La Vie humaine et la Religion.

son *Apodictique*, de réparer l'insuffisance et le vice des philosophies antérieures, auxquelles il reproche de ne chercher nos connaissances et nos croyances que dans des notions de l'entendement et de vides formules, par conséquent de n'arriver jamais à la science vivante fondamentale. La doctrine de cet ouvrage se ramène aux points suivans : Toutes nos sensations et nos pensées ont pour base une existence vraie, par conséquent absolue, n'ayant elle-même de base qu'en soi. Cette existence ne peut être trouvée par la pensée, attendu que toute pensée la présuppose, et que l'être est supérieur à la pensée. En conséquence, ou il faut que toute existence se réduise à un caprice de l'imagination et toute pensée à une chimère, ou qu'il y ait une faculté de connaître absolue, laquelle n'est ni sensation ni pensée, faculté sur laquelle repose l'authenticité de la raison elle-même, et par laquelle nous arrivons directement (*apodictiquement*) à toute existence. — Plus tard, Bouterwek abandonna cette apodictique pour lui en substituer une nouvelle, autrement dite théorie universelle de la vérité et de la science, d'après laquelle, par le principe de *la foi de la raison en elle-même*, on arrive à un système moins hardi de rationalisme transcendental. Selon lui, la philosophie a pour objet principal de résoudre, par la distinction apodictique du réel et de l'apparent, le problème des choses et de la destination de l'homme, autant qu'il est possible à la raison humaine de pénétrer par elle-même dans cette question. C'est donc sur une apodeictique (selon le dernier sens adopté par Bouterwek), que la science philosophique doit être fondée ; la psychologie empirique et la logique, telle qu'on l'entend ordinairement comme science de formes, ne peuvent lui fournir que des notions préliminaires. L'auteur de cette théorie soutient avec Jacobi (§ 406), que toute pensée purement logique est médiate. Toutes nos connaissances immédiates, sans lesquelles on ne peut concevoir de notion discursive que comme médiate, et par conséquent incertaine, reposent sur le lien primitif de la faculté pensante avec le sentiment intérieur dans l'énergie de la vie spirituelle, c'est-à-dire dans l'unité des facultés actives de notre être, tant subjectives qu'objectives. La raison a foi en elle-même en tant que raison pure ; elle croit à la vérité en tant qu'elle y reconnaît, en vertu du lien dont nous venons de parler, son énergie propre et originale, et que dans cette même énergie, elle trouve le germe des idées à l'aide desquelles elle peut s'élever au dessus de la sensibilité, jusqu'à la recherche du principe de toute existence et de toute pensée, ou à l'idée de l'absolu. La vérité, dans le sens métaphysique de ce mot, c'est-à-dire l'accord de nos pensées avec l'essence suprasensible des choses, et leur relation nécessaire avec le principe de tout être et de toute pensée, la vérité est donc immédiatement connue par la raison. La métaphysique à laquelle se rattache la philosophie religieuse (fondée sur le sentiment religieux), est chargée de donner à cette idée la forme scientifique, en enseignant comment, à quel titre, et en quelle mesure, une certaine connaissance de la réalité des choses est possible à l'esprit humain. La philosophie générale pratique rattache la morale et le droit naturel à la partie théorétique. Le droit naturel forme un chapitre spécial de la morale philosophique : on y considère le droit comme une prétention fondée sur la raison, et en vertu de laquelle un être moral aspire, comme tel, à toutes les conditions extérieures qui lui appartiennent, en tout ce qui se rapporte à la vertu de la justice. Bouterwek a essayé aussi de fonder une esthétique sur des principes purement psychologiques, et de constituer cette doctrine dans une certaine indépendance de la philosophie.

Fréd. *Bouterwek*, Aphorismes offerts d'après la doctrine de Kant aux amis de la critique de la raison. Gœtting. 1793, in-8. Paulus Septimius, ou les Derniers secrets du prêtre d'Eleusis. Halle, 1795, II part. in-8. Idée d'une Apodictique universelle. Gœtting. 1799, II part. in-8. Élémens de la Philosophie spéculative. Gœtting. 1800, in-8. Les Époques de la raison, d'après l'idée de l'Apodictique. Gœtting. 1802, in-8. — Introduction à la Philosophie des sciences naturelles. Gœtting. 1803, in-8. Nouveau Museum de philosophie et de littérature, publié par Fréd. Bouterwek. Gœtting. 1803. Esthétique. Leips. 1806, II part. Idées sur la métaphysique du Beau, en quatre traités. Leips. 1807,

in-8. Esthétique, nouvelle édit. refondue. II part. in-8.
Aphorismes pratiques, principes pour un nouveau système des sciences morales. Leips. 1808. Manuel des
connaissances philosophiques du premier degré, contenant : Introduction générale. Psychologie et Logique; ouvrage destiné à remplacer les élémens ci-dessus indiqués.
Gœtting. 1810, in-8. IIe édit. 1820, in-8. Manuel des
sciences philosophiques, exécuté d'après un nouveau
système. II part. Gœtting. 1813, in-8. IIe édit. augm.
Gœtting. 1820, in-8. L'auteur y a entièrement refondu la
partie relative à la philosophie religieuse.

§ 405.

Christophe Godefroi *Bardili* (né à Blaubeuern,
professeur à Stuttgard, mort en 1808), tenta, par
d'autres moyens, de donner l'absolu pour base à la
philosophie. Il prit son point d'appui dans la pensée,
et s'appliqua à faire de la logique la source des connaissances réelles, en d'autres termes à l'élever au
rang de la métaphysique. Avant lui, Hobbes et le
médecin Leidenfrost (dans la *Confessio*, 1793),
avaient considéré toute pensée comme un *calcul* :
mais Bardili fut le premier qui imagina de trouver
dans la pensée en soi, envisagée sous le point de vue
de sa forme, une réalité existante, et même la substance de Dieu. La pensée dans son essence consiste
en ce que, étant une et identique à soi, elle est susceptible de se répéter un nombre infini de fois. C'est
A comme A, dans A, *identité*. La pensée, comme

telle, n'est ni sujet, ni objet, ni relation de l'un à l'autre, mais elle est supérieure à tout sujet et à tout objet, elle est leur commun élément, comme principe des notions et des jugemens de l'esprit; elle est en même temps un *infinitivus determinans* et un *determinatum*. Toutefois ce principe de la pensée ne conçoit encore rien de déterminé, avant l'application de ce principe à quelque chose : cette condition est celle d'une *matière* sur laquelle porte la pensée; et c'est ici une donnée impérieusement exigée par le système. Le caractère de la pensée, comme telle, est l'unité dans le multiple, savoir *l'identité; la diversité, la multiplicité* sont les caractères de la matière. Comme élément primitif et absolu, la pensée n'est point déterminée par la matière : mais plutôt celle-ci est déterminée par la pensée. La matière n'a d'existence que par l'application de la pensée en elle-même et sur elle-même. La pensée déterminée sur une matière, donne; 1° *quelque chose* qui est conçu (B. réalité); 2° un *concept* pur et simple (*non* — B. possibilité). L'accord de la pensée avec la matière constitue la réalité qui n'est en soi qu'une détermination plus expresse du possible. Ainsi, dans la conception de tout objet, la possibilité pure et la réalité font le rôle de *facteurs* arithmétiques. Dans l'objet, l'organisme nous est donné comme $+ b$, mais l'objet lui-même n'a lieu que sous une pensée; conséquemment l'organisme ne peut avoir lieu non plus que sous une pensée. D'où cette formule : $A + C$ placé comme A par A dans $B - B + B$ organisme ; + b¹ plante, + b² animal, + b³ homme. Une pure extension comme extension, (sans substance, sans quelque chose d'étendu), est ensuite constituée comme un *plus* en opposition au — B du possible; ce *plus* est l'élément d'organisation; dans l'organisme se multiplie la forme, et ainsi apparaissent comme d'un coup de baguette des intentions, des causes finales, des monades, les unes sommeillant, d'autres rêvant, d'autres éveillées, (ici on se retrouve au milieu des spéculations leibnitziennes); enfin l'antécédent de toutes les monades, *monas monadum*, Dieu, la possibilité pure, qui se multiplie dans tout, et qui détermine toute pensée, le premier fondement de toute vérité, et par conséquent aussi de la logique. Cette logique *première*, conception pleine d'obscurité et de pures abstractions, qui s'annonça avec un assez grand faste (1), n'a pas obtenu beaucoup d'approbateurs, non plus que le *réalisme ra-*

---

(1) *Bardili*, Esquisse de la Logique première, purgée des erreurs consacrées jusqu'ici dans toutes les logiques, et en particulier dans celle de Kant. 1800, in-8. Doctrine élémentaire de la Philosophie, 1ᵉʳ cahier. Landshut. 1802, 11ᵉ cahier, 1806, in-8. Considérations pour apprécier l'état actuel de la théorie de la raison. Landshut. 1803. C F. Fichte, Réponse à Reinhold, indiquée au § 397. Correspondance de Bardili et de Reinhold. Voyez ci-dessus, § 390. Lettres sur la vérité, Dieu, l'organisme et l'immortalité, (publ. par Reinhold.) Copenhague, 1803, in-8. A une époque antérieure, Bardili s'était fait connaître avan-

tionnel, qu'elle était destinée à établir, et Reinhold, (§ 390), malgré tout l'effort de sa subtile analyse, n'a jamais pu lui donner assez de force pour produire une certaine conviction.

Diverses tentatives du même genre pour découvrir et fonder une philosophie, ont produit vers cette même époque d'autres essais systématiques, les uns trop excentriques et trop obscurs, les autres trop peu approfondis pour qu'ils ayent pu répondre au vœu de la science. Nous citerons d'abord *l'Archimétrie* (1) du suédois Thom. *Thorild*, doctrine curieuse et spirituelle, dans laquelle tout est ramené à la théorie des grandeurs, et où l'on

---

tageusement par les ouvrages suivans : Epoques des principales idées philosophiques, 1re part. Halle, 1788. Sophylus, ou la Morale et la Nature considérées comme les fondemens de la philosophie *Ibid.* 1795. Sur les lois de l'association des idées. *Ibid.* 1796, et sur l'origine de l'idée du libre arbitre (contre Forberg.) Stuttgard, 1796. Lettres sur l'origine de la métaphysique. (Anonyme.) Altona, 1798, in-8.

(1) *Thorild*, Maximum sive Archimetria. Berol. 1799, in-8. Il intitule encore son système : Generalis Critica tanti et totius. Selon lui la base de la connaissance est le sentiment de la nécessité où nous sommes de penser de telle manière et non de telle autre. Il n'y a que de *vrais* objets : toute erreur et tout différend tombent sur le *quantum*. Il avait publié en outre une *Profession de foi philosophique* que nous n'avons jamais trouvée, et qui paraît avoir été supprimée par l'autorité.

retrouve le germe de beaucoup d'idées larges et excentriques qui ont été développées depuis ; en second lieu, *l'Épicritique* de Franç. *Berg*. (1), qui donne comme vrai point de vue de la réalité, la *volonté logique* ; enfin la *philosophie toute pratique* de *Ruckert* et *Weiss* (cf. § 407) (2). Les travaux de J. H. *Abicht* (professeur à Erlangen) (3), n'ont pas

---

(1) *Berg*, Epicritique de la philosophie. Arnstadt et Rudolstadt, 1805, in-8. L'auteur pense que le principe unique de toute erreur en philosophie consiste en ce qu'on ne songe pas à s'entendre sur le point de la question à éclaircir; le premier remède à cet inconvénient serait, selon lui, de donner un *organon* à la philosophie, ainsi que Kant l'avait voulu faire. *L'Epicritique* est la philosophie destinée à accomplir cette œuvre, et elle doit, en se conformant rigoureusement à sa nouvelle méthode, soumettre à l'examen toutes les solutions possibles du problème fondamental, jusqu'à ce qu'elle ait enfin trouvé l'unique solution capable de répondre à toutes les difficultés. Les faits intellectuels, en tant qu'objets de ce problème, sont considérés comme devant être expliqués sous le triple point de vue de l'expérience, de la connaissance, et surtout de la réalité. A une époque antérieure, Berg avait publié son traité intit. : *Sextus* ou De la Connaissance absolue, déjà indiqué au § 403.

(2) Jos. *Rückert*, Le Réalisme, ou Principes d'une philosophie toute pratique. Leips. 1801 — Chr. *Weiss*, Vues relatives à une philosophie toute pratique. *Ibid.* 1801. Manuel de Logique. *Ibid.* 1801, in-8.

(3) *Abicht*, Examen et Critique de la Raison spéculative. Altenbourg, 1799 — 1801, IIe part. in-8. Système de la Philosophie élémentaire, ou Théorie naturelle du Sentiment de la

mieux réussi à former une nouvelle école; ils n'offrent dans leur ensemble qu'un mélange d'idées appartenant à d'autres et plus ou moins modifiées, dont la nouveauté consiste surtout dans une nomenclature particulière.

Philosophie du sentiment et de la croyance.

§. 406.

Au milieu des systèmes critiques et dogmatiques qui se partageaient l'attention du monde philosophique, parut une doctrine toute opposée, et qui se rattachait à l'esprit mystique le plus relevé. Elle fut proposée par un ami de Hamann, (§. 377.), Fred. Henri *Jacobi* (1),

---

connaissance et de la faculté de vouloir. Erlangen, 1798, in-8. Psychol. Anthropologie, 1re division. Erlangen, 1801. Encyclopédie de la philosophie. Francfort, 1802, in-8. Dans ses précédens ouvrages, l'auteur avait successivement adopté les doctrines de Kant, Reinhold et Fichte. Voyez les notes des § 388, 390.

(1) Fr. H. *Jacobi*, né à Dusseldorf en 1743, président de l'Académie des sciences de Munich, depuis 1804, mort le 16 mars 1819.

Voyez en avant du § 338 l'indication de ses écrits sur Spinoza et contre Mendelssohn. Ses autres ouvrages sont intit. : De David Hume et De la Foi, ou L'Idéalisme et le Réalisme. Breslau, 1787, in-8, nouv. édit. Ulm, 1795. Lettre à Fichte. Hambourg, 1799, in-8. Sur l'entreprise

esprit profond et sincère, religieux et éclairé, écrivain ingénieux et animé, ennemi de toute manie systématique et d'un vain formalisme. Son aversion pour la philosophie systématique, lui fit presque prendre en haine l'autorité de la raison en philosophie, convaincu comme il l'était, qu'un dogmatisme conséquent à lui-même, et déterminé à n'admettre de certitude que par voie de démonstration, comme par exemple, celui de Spinoza, ne peut conduire qu'au fatalisme et au panthéisme; et que d'un autre côté, le criticisme entraîné par le préjugé exclusif de la connaissance démonstrative et médiate, retranche d'abord toute notion d'objets suprasensibles, sans pouvoir ensuite rétablir ces notions par les croyances

---

du criticisme de convertir la raison en l'entendement, dans le IIIe cahier des Mémoires de Reinhold sur l'état de la philosophie au quatorzième siècle. Hambourg, 1801 — 3. Quelques lettres contre Schelling publiées à la suite du livre de Kœppen, intit.: La Doctrine de Schelling, ou à quoi se réduit la philosophie du néant absolu. 1807, in-8. Des choses divines. Leips. 1811, in-8. Voyez ci-dessus l'écrit de Schelling en réponse à celui-ci; voyez aussi les articles de Fréd. Schlegel dans son Muséum allemand, années 1812 et 1813. — Œuvres complètes. On y trouve, outre les ouvrages déjà indiqués, les célèbres romans philosophiques de Jacobi. 5 volumes, le IVe est divisé en trois parties. Leips. 1812 — 1822, in-8. Le second volume contient une intéressante introduction à sa philosophie, et le IVe sa correspondance avec Hamann, publiée par Fréd. Roth.

Voyez sur Jacobi les Portraits et Critiques de Schlegel, t. 1.

de la raison pratique. En conséquence, la prétention de Jacobi est de fonder toute connaissance philosophique sur une croyance qu'il considère comme une sorte d'instinct rationel, comme un savoir donné immédiatement par le sentiment, comme une aperception directe et sans preuve de la vérité et des choses suprasensibles, croyance qu'il distingue d'ailleurs nettement de la foi positive. C'est le sentiment qui nous fait connaître le monde extérieur : c'est lui qui nous révèle Dieu, la providence, la liberté, l'immortalité, la moralité, en un mot tout l'ordre suprasensible, en vertu d'un sens intérieur, organe de la vérité, qui plus tard prend le nom de *raison*, ou faculté de connaître la vérité. Cette double révélation d'un monde matériel et d'un monde immatériel, éveille dans l'homme la conscience de sa personnalité, jointe à un sentiment de supériorité sur la nature (liberté) (1). La morale n'a pas non plus d'autre fondement réel selon Jacobi, que le sens interne. — La raison, comme faculté des idées, lesquelles se révèlent d'elles-mêmes dans les profondeurs du sentiment, fournit à la philosophie ses élémens constitutifs; l'entendement

---

(1) Voyez J.-G. *Reiche*, Rationis, quâ Fr. H. Jacobi libertatis notione Dei existentiam evincit, expositio et censura. p. 1. Gotting. 1821, in-8.

comme faculté des notions logiques, lui fournit la forme. C'est ainsi que s'exprime Jacobi dans son dernier ouvrage. Tout en accordant un grand mérite à Kant pour avoir dissipé les chimères de la spéculation, et constitué une philosophie pratique pure, Jacobi s'en sépare formellement en ce qu'il admet comme immédiates, non-seulement des notions pratiques, mais encore des notions théorétiques, en rapport avec des objets réels, suprasensibles; il reproche à la philosophie Kantienne d'effacer la perceptin sensible, ainsi que la perception rationnelle externe; et malgré ces prétentions à une doctrine plus complète, il ne laisse pas de soutenir l'impossibilité d'une science philosophique. — Jacobi avait d'abord exposé d'une manière un peu vague ce principe d'une croyance et d'une révélation intérieure, dont il voulait faire la base de la philosophie. L'obscurité où il avait laissé ce point fondamental, le peu de précision qu'il avait apporté dans la distinction de l'entendement et de la raison, enfin le tour polémique donné la plupart du temps à sa *théorie de théisme, de croyance et de sentiment* opposée aux autres doctrines contemporaines, et développée d'une manière peu suivie et peu systématique; toutes ces causes provoquèrent de nombreux mal-entendus et de graves reproches. Nous ne devons pas moins reconnaître les services réels qu'il a rendus à la philosophie en Allemagne, par l'élégance et l'intérêt de ses écrits.

§ 407.

Nouveaux développemens de la philosophie du sentiment.

La doctrine de Jacobi a trouvé de nombreux partisans, surtout parmi les hommes accoutumés à élever la foi et le sentiment au-dessus des autres dispositions ou exercices de l'âme. Mais le vague que nous avons déjà signalé dans cette philosophie à l'égard des rapports qui existent entre l'entendement et la raison paraît avoir donné lieu à une sorte de schisme entre ceux qui s'attachèrent à la développer. Quelques-uns considérèrent les idées comme des révélations de la divinité, par le moyen de la perception, et ils attribuèrent ces idées à la raison, comme à leur faculté spéciale : ils prétendirent, en outre, que les notions de l'entendement remplissent, par rapport à ces idées, un rôle tout-à-fait négatif, c'est-à-dire que les idées ne sauraient être ni atteintes, ni conçues, ni exprimées à l'aide des notions de l'entendement, qu'elles se manifestent dans le sentiment seul (*Gefülh*); enfin, que la croyance devance et dépasse toute science. D'autres accordèrent davantage aux notions logiques, et firent consister la philosophie dans l'unité de la raison et de l'entendement; unité qui tiendrait sa substance de la raison, et sa forme de l'entendement. Cette dernière opinion fut adoptée par Jacobi lui-même, mais seulement dans ses dernières années.

A la première de ces doctrines appartient Frédéric *Kœppen*, écrivain spirituel, et auteur d'une excellente exposition du système de cette école. A la seconde, nous rapporterons les travaux de Jacques *Salat*. Kœppen, ami et disciple de Jacobi, part de l'idée de la liberté : selon lui, la liberté est une puissance causatrice, qui prend en elle-même sa détermination sans principe, et indépendante de tout rapport; c'est par conséquent la cause première, le fond de toute existence, en un mot, l'être proprement dit. Mais en même temps la liberté est tout-à-fait inconcevable à l'entendement; sa possibilité même ne saurait être nettement envisagée ni sa réalité démontrée; c'est un fait de connaissance et d'action aperçu immédiatement. La nécessité est un ordre établi par la liberté. Dire une liberté illimitée et absolue, c'est dire la puissance divine. La raison est la faculté de reconnaître la liberté. Mais la nature de l'individualité humaine consiste dans le rapport de l'intérieur et de l'extérieur. Par ce rapport, la liberté se trouve limitée dans l'homme. Toute philosophie est par conséquent *dualiste*. C'est à ce dualisme que tient la contradiction éternelle et inévitable de la science. Il suivrait encore de là que la philosophie, rigoureusement parlant, est impossible, et que la prétention scientifique, proprement dite, n'est destinée qu'à retomber vainement sur elle-même. — Les écrits de Kœppen comme ceux de Jacobi, quelque jugement qu'on porte sur le fond de leur doctrine, doivent être rangés parmi les ouvrages qui ont exercé une salutaire influence sur la philosophie de nos jours, en tant qu'ils combattent l'autorité de la philosophie d'école, le dogmatisme aveugle, et qu'on y trouve un développement animé de beaucoup d'idées, les unes originales, les autres empruntées au platonisme. — Ici se placent encore Gaetan *de Weiller*, ami de Jacobi, et Christian *Weiss*, dont les recherches psychologiques méritent d'être remarquées.

Fréd. *Koeppen*, (professeur à Landshut) : De la révélation considérée par rapport à la philosophie de Kant et de Fichte. Hambourg, 1797, IIe édit. 1804. Traités sur l'art de vivre. Hambourg, 1801. La doctrine de Schelling, etc., (voyez au §. 403). OEuvres diverses, 1806. Sur le but de la Philosophie. Munich, 1807, in-8. Guide pour la Logique. Landshut, 1809. Esquisse du Droit naturel. Ibid. 1809. Exposition de la nature de la philosophie. Nuremberg, 1810. (Contre cet ouvrage : Fréd. *Schafberger*, critique de l'ouvrage intitulé : Exposition, etc., avec une théorie proposée par l'auteur sur cette matière. Nuremberg, 1813, in-8.) Philosophie du christianisme. II part. Leips. 1813-1815. Politique d'après les principes de Platon. Leips. 1818. Théorie du droit d'après les principes de Platon. Ibid. 1819. Lettres à un ami sur les livres et le monde. II vol. Ibid. 1820-23.

Weiller, conseiller privé, secrétaire de l'académie des sciences et directeur des écoles publiques à Munich. Voyez, pour plusieurs de ses ouvrages, § 37, et § 304. Introduction à un libre examen de la philosophie. Munich, 1804, in-8. Entendement et raison. Ibid. 1806.

Idées pour l'histoire du développement de la foi religieuse. III vol. Munich, 1808-14. De la vertu comme du premier des arts; développement de quelques points de philosophie morale et de haute psychologie. Munich, 1816, in-4. Observations fondamentales sur la psychologie. Ibid. 1817, in-8. Dissertation (académique) sur la morale considérée comme une dynamique. II vol. Ibid. 1822. A une époque antérieure, Weiller avait publié : De l'humanité dans son état présent et de son avenir. Ibid. 1799. Essai d'un plan de connaissances pour la jeunesse. Ibid. 1800. Essai d'un système complet de l'art de l'éducation. Ibid. 1802-5, II part. in-8.

Christ. *Weiss*, (conseiller d'état et du conseil des écoles publiques, en Prusse, à Mersebourg) : Du Dieu vivant, et des voies par lesquelles l'homme peut arriver à lui. Leips. 1812, in-8. Antérieurement il avait publié des Recherches sur la nature et l'activité de l'âme humaine. Leips. 1811 in-8.

§ 408.

Jac. *Salat*, (professeur à Landshut) : De l'esprit de la philosophie. Munich, 1803, in-8. Raison et entendement. Tubing. 1808, II part. in-8. Des causes du refroidissement des esprits en Allemagne pour la philosophie. Landshut, 1810. D'une belle espérance qui s'annonce en faveur de la philosophie. Ibid. La Philosophie morale. Ibid. 1810. 2ᵉ édit. refondue, II vol. Landshut. 1813—14. La Philosophie de la religion. Ibid. 1811, in-8. Éclaircissement de quelques points importans de philosophie, avec des observations sur le nouveau débat entre Jacobi, Schelling et Fréd. Schlegel. Landshut, 1812, in-8. Du rapport de l'histoire et de la philosophie dans la jurisprudence générale. Sulzbach, 1817. Esquisse de la philosophie de la religion. Sulzbach, 1819, in-8. Socrate, ou de la nouvelle opposition entre le christianisme et la philosophie. Ibid. 1820, in-8. Principes généraux de la philosophie universelle, considérée sous le point de vue de l'amélioration du genre humain. Munich, 1820, in-8. Manuel de Psychologie. Ibid. La science morale, première ou seconde branche de la philosophie. IIIe édit. en partie refondue. Ibid. 1821. La Philosophie de la religion, seconde ou troisième branche de la philosophie. 2e édit. entièrement refondue. Ibid. idem. Essais sur le supernaturalisme et le mysticisme. Sulzbach, 1823, in-8. — On a publié en opposition à quelques-unes de ses doctrines les ouvrages suivans : Sur l'art de payer de mots et de faire illusion; supplément aux écrits philosophiques de M. Salat, et particulièrement à son Socrate. 1821. En réplique à cette satire : Nouvelles réflexions sur l'art, etc. Dédié à M. Salat. Sulzbach, 1821, in-8.

On a, d'après les idées de ce professeur, le traité suivant : Des rapports entre la substance de la philosophie et sa forme. Landshut, 1811, in-8.

Nous indiquerons ici les ouvrages d'un autre écrivain dont les vues se rapprochent aussi de celles de Jacobi, quoiqu'il n'appartienne pas à son école : Christ. Aug. *Clodius*, (professeur à Leipsick). Esquisse de la théorie générale de la religion. Leips. 1818, in-8. De Dieu, dans la nature, dans l'histoire de l'humanité et dans la conscience. II part. Leips. 1818-19, in-8. III° part. ou II° division de la II° part. 1820, in-8.

§ 409.

Scepticisme ou Antidogmatisme de Schulze (Gottlob Ernest, professeur à Gœttingue) : Quelques observations sur la philosophie religieuse de Kant. Kiel, 1795. Sur le but le plus élevé de l'étude de la philosophie. Leips. 1789. Élémens des sciences philosophiques. 1788-90, II vol. in-8. Ænésidème, (voyez au §. 390). Critique de la Philosophie théorétique. Hamb. 1801, II vol. in-8. Les motifs principaux du scepticisme relativement à la connaissance humaine, dans le Museum de Bouterwek. tom. III, 2° cahier. Principes de la Logique générale. Helmstadt, 1802, IV° édit. corr. 1822. Guide pour retrouver les principes du droit civil et du droit pénal. Gœtt. 1813. Voyez contre le scepticisme de Schulze, l'article intitulé : Rapport du scepticisme à la philosophie, etc. dans le journal critique de Schelling et de Hegel. t. 1, 2° cahier.

Schulze a donné en outre : Encyclopédie des sciences philosophiques, à l'usage de ses cours. Gœtt. 1814, III° édit. 1824, in-8; on y trouve une exposition complète de la doctrine actuelle de l'auteur. Anthropologie de l'âme. Gœtt. 1816, in-8. II° édit. 1819. Morale philosophique. Gœtting. 1817, in-8.

§ 410.

Herbart (Jean Fréd. né à Oldenbourg, professeur à Kœnigsberg) : Pédagogique générale, etc. Gœtt. 1806.

et autres ouvrages de Pédagogie, tels que : L'idée de l'abécédaire de Pestalozzi, développé relativement à l'étude des théories scientifiques. Gœtting. 1802 ou 1804. Sur la méthode de Pestalozzi, etc. Brême, 1804.

Ouvrages sur la philosophie : Traité de philosophie générale pratique. Gœtt. 1808, in-8. Questions principales de la Métaphysique. Gœtting. 1808, in-8. Articles sur la Psychologie spéculative, dans les Archives philosophiques de Kœnigsberg. Kœnigsb. 1811-1812. Observations sur les causes qui s'opposent à un rapprochement entre les philosophes sur les premiers principes de la philosophie pratique; dissertation contenue dans les œuvres philosophiques posthumes de Christ. Jacq. Krans. Kœnigsb. 1812, in-8. Theoriæ de attractione elementorum principia metaphysica. sect. I-II. Regiom. 1812, in-8. Manuel pour servir d'introduction à la philosophie. Kœnigsb. 1813, 2ᵉ édit. consid. augm. Ibid. 1821. Manuel de Psychologie. Kœnigsberg et Leips. 1816. Du Mal. Kœnigsb. 1819, in-8. De attentionis mensurâ causisque primariis. Psychologiæ principia statica et mechanica exemplo illustrat. etc. Regiom. 1822, in-4. De la possibilité et de la nécessité d'appliquer les mathématiques à la psychologie. Kœnigsb. 1822, in-8. La Psychologie traitée scientifiquement, et fondée sur l'expérience, la Métaphysique et les Mathématiques. Heidelb. 1824, in-8. Cf. Comparaison du système de Fichte et de celui du prof. Herbart. par Herm. Guill. *de Keiserlink.* Kœnigsberg, 1817, in-8.

À son école appartient Ernest *Stiedenroth*, Théorie de la Science, considérée particulièrement par rapport au scepticisme, etc., Gœtt. 1819, in-8.

§ 411.

Schleiermacher Fréd. (professeur de théologie et prédicateur à Berlin, ci-devant à Halle, né à Breslaw en 1768) : De la religion, discours adressés aux personnes instruites qui la méprisent. D'abord anonyme. Berlin, 1799, III° édit. augm. 1821, in-8. Monologues, présent de nouvelle année, III° édit. Berlin. 1822, in-8.

La foi chrétienne exposée dans son ensemble d'après les principes de l'église évangélique. II. vol. Berlin, 1821; in-8.

Principes d'une critique des divers systèmes de morale publiés jusqu'à ce jour. Berlin. 1803, in-8. Mémoire sur la notion scientifique de la vertu; dans le recueil de l'Académie royale de Berlin 1820, in-4. Nous avons indiqué ailleurs sa traduction de Platon, et les importantes introductions qui accompagnent chaque dialogue.

§ 412.

Systèmes qui appartiennent à l'école critique. — Krug (Guill. Traugott. né en 1770, professeur à Kœnisberg et depuis à Leipsick). Plusieurs de ses ouvrages ont déjà été indiqués. Nous citerons en outre les suivans : Projet d'un nouvel organum de la philosophie. Meissen, 1801, in-8. Sur la méthode en philosophie et sur les systèmes philosophiques, ibid. 1802, in-8. Philosophie fondamentale. Zullichau et Freistadt, 1803, II° édit. corrigée, 1819. Système de philosophie théorétique (Ire partie, Théorie de la pensée. II° p., Théorie de la connaissance ou métaphysique. iii. p., Théorie du goût, ou Esthétique). Kœnisberg, 1816-20, 2ᵉ édit. cor. 1819-23. Système de philosophie pratique; 1ʳᵉ p., Théorie du droit. iiᵉ p., Morale. iiiᵉ, Théorie de la religion. *ibid.* 1817-19, (publié aussi par parties séparées). Aphorismes de la philosophie du droit. 1 vol. Leips. 1800. Ouvrage continué sous ce titre : Dissertation sur le droit naturel. Leips. 1811. Manuel de philosophie, ii. vol. Leips. 1820-21. in-8. 2ᵉ édition. corr. *ibid*, 1822. in-8. Principes pour une nouvelle théorie du sentiment et de la sensibilité. Essai antropologique. 1803, in-8. Dicæopolitique, ou nouvelle restauration des sciences politiques en vertu de la loi de justice. Leips. 1824, in-8. A une époque antérieure appartiennent les ouvrages suivans du même auteur : Lettres sur la perfectibilité de la religion révélée (anonyme). Jéna, 1795-96. Leçons sur l'influence de la philosophie sur la moralité, la religion, et le bien-être de l'humanité; avec une dissertation sur l'idée et les parties de la philosophie. *Ibid.* 1796, in-8. Leçons sur le caractère propre de la philosophie pratique. *Ibid.*, *id*. Divers écrits philosophiques. *Ibid.*, *id*. De la conviction, de ses diverses espèces et de ses divers degrés. *Ibid.* 1797. (anonyme). Fragmens et souvenirs de ma vie philosophique. ii recueils. Berlin 1800-1801, in-8. Autres publications nombreuses.

§ 413.

Fries (Jacques). Outre divers ouvrages déjà indiqués, divers articles dans les *Études*, recueil périodique publié par Daub et Creuzer, et plusieurs écrits relatifs aux mathématiques, aux sciences naturelles et à la politique : Système de la philosophie considérée comme une science évidente. Leips. 1804, in-8. Théorie philosophique du droit, et critique de toute législation positive. Jéna, 1804, in-8. Science, foi et pressentiment. Jéna, 1805. Nouvelle critique de la raison. Heidelberg, 1807, III vol. in-8. Système de logique. *Ibid.* 1811, IIe édit. 1819, in-8. Vues générales de droit politique, 1816. Défense de ma théorie de l'intuition sensible contre les attaques du docteur Ernest Reinhold, Jéna, 1819, in-18, relativement à un article sur son système de logique dans le journ. litt. de Jéna, n. 104. 1819. Reinhold répliqua par l'écrit suivant : Rectification de quelques méprises échappées à M. Fries dans sa défense, etc. contre mes attaques. Leips. 1820, in-8. Manuel de morale universelle. *Ibid.* 1818, in-8. Manuel d'antropologie psychologique. etc. II vol. Jéna, 1820-21, in-8. La philosophie de la nature, partie mathématique, traitée d'après la méthode philosophique. Essai etc. Heidelberg, 1822, in-8. Jules et Evagoras, ou la beauté de l'âme, roman philosophique. II vol. *Ibid.* 1822. Les principes de charité, de foi et d'espérance, ou maximes de morale et de foi. *Ibid.* 1823, in-8. OEuvres polémiques de Fries. t. 1, contenant avec des additions, l'ouvrage sur Reinhold, Fichte et Schelling indiqué au § 397. Halle, 1824, in-8. Système de métaphysique. Manuel à l'usage des écoles. Heidelberg, 1824, in-8.

Un disciple de Fries, Fréd. *Calker*, professeur à Bonn, a publié : Théorie des lois primitives du vrai, du bon et du beau, 1820, in-8. Propédeutique de la philosophie. Ier cahier, contenant la méthodologie de la philosophie. Bonn. 1820. IIe cahier : Système de philosophie en forme de tableaux. *Ibid.* 1820. 4° : Logique et Dialectique avec une esquisse de l'histoire de cette science. Bonn, 1822, in-8.

§ 414.

Quelques développemens de la Théorie de l'Identité.

C. A. *Eschenmayer* (prof. à Tubingue, mort en 1822): La philosophie à son état de transition vers la non-philosophie. Erlangen, 1803. Schelling répondit par son ouvrage intit. : Philosophie et Religion ; voyez ci-dessus. L'Ermite et l'Étranger, dialogue sur la sainteté et sur l'histoire. Erlangen, 1805. Introduction à l'intelligence de la nature et de l'histoire. Erl. 1806, in-8. Eschenmayer à Schelling, sur son article au sujet de la liberté humaine, avec la Réponse de Schelling dans le Journal général des Allemands, etc. Tome I, 1er cahier, n° 38. Psychologie divisée en trois parties comme empirique, pure, et appliquée. Stuttgardt et Tubingue, 1817, in-8, II° édit. 1822, ibid. Philosophie de la Religion, 1re partie, Rationalisme. Tub. 1818, II° partie, Mysticisme, ibid. 1822. Système de Philosophie morale, Stuttg. et Tub. 1818. Droit normal (Droit naturel), ibid. 1819, in 8.

Jac. *Wagner* (professeur à Wurzbourg) : Système de la Philosophie idéale, etc.; voyez §. 403. Programme sur la nature de la Philosophie. Bamberg, 1804, in-8. Journal des Sciences et des Arts, 1er cahier, Leips. 1805. De la Philosophie et de la Médecine. Wurzburg 1805. Théodicée. Bamb. 1810, in-8. Esquisse de la Science politique. Leips. 1805, in-8. Philosophie mathématique. Erlangen, 1811. Voir pour une exposition plus élémentaire : *Buchwald*, Principes de la Théorie des Grandeurs relativement à l'espace et au temps. Erl. 1818, in-8. L'État. Wurzburg, 1815, in-8. La Religion, la Science, l'Art et l'État, considérés dans leurs relations réciproques. Erl. 1819, in-8. Les Sciences éclaircies, article publié dans l'*Isis* de Oken, cah. xi, 1820. Système d'Instruction, ou Méthodologie des Études dans les Écoles. Aarau, 1821, in-8. La doctrine de cet ouvrage se trouve déjà indiquée dans un écrit du même auteur int. : Idées pour une mythologie universelle du monde ancien. Francfort, 1808, dont on peut voir la critique dans l'Isis de Oken, cahier ix, 1819 cahier i, 1820, et particulièrement cahier iv, 1821.

Ch. Christ. Fréd. *Krause* (prof. à Jena et à Gœttingue) : Dissertatio de Philosophiæ et Matheseos notione et earum intimâ conjunctione. Jena, 1802. Esquisse de la Logique historique. Ibid. 1803. Esquisse du Droit naturel, etc., 1re partie. Ibid. 1803. Esquisse d'un Système philos. des Mathématiques. Ibid. 1804. Introduction au Manuel d'Arithmétique, publié en 1812 avec Fischer. Introduction à la Philosophie de la nature (le même ouvrage intitulé : Plan du Système de la Philosophie, 1re partie). Ibid. 1804. Les deux ouvrages suivans peuvent le mieux faire connaître le système de Krause : Système de la Morale, tome I, contenant : Bases scientifiques de la Morale. Leips. 1810. (non achevé). Tableau primitif de l'humanité. Dresde, 1811, iie édit. 1819, in-8. Journal de la vie de l'humanité. Ibid. 1811, in-4. Enfin, Oratio de scientiâ humanâ. Berlin, 1814, in-8.

§ 415.

George Guill. Fréd. *Hegel* (né à Stuttgardt en 1770, prof. à Berlin) : Système de la Science, 1ʳᵉ partie Phénoménologie de l'Esprit. Bamberg et Wurzbourg, 1807, in-8. Science de la Logique, contenant tom. I et II, la Logique objective; tom. III, la Logique subjective, sous ce titre particulier : Science de la Logique subjective, ou Théorie des notions de l'entendement. Nuremberg, 1812-1816, in-8. Encyclopédie des Sciences philosophiques, réduites à leurs principes généraux, etc. Heidelberg, 1817, in-8. Esquisse de la Philosophie du Droit (ou Droit naturel et politique). Berlin, 1821, in-8. Voyez en outre § 403, notes.

§ 416.

Ferdin. Christophe *Weise* (prof. à Heidelberg) : Architectonique de toutes les connaissances humaines d'après leurs nouveaux fondemens, destinée à concilier tous les philosophes. Heidelb. 1812, in-fol. IIIᵉ édit. complète. Heidelb. 1815, in-fol. Exposition comparative des idées pures de la raison, et des notions de l'entendement, etc. *Ibid.* 1816, in-4. Système dogmatique de la philosophie première, tom. 1ᵉʳ. Fondemens scientifiques de la théorie de la religion. *Ibid.* 1820, in-8. Théorie générale du génie. *Ibid.* 1821.

W. *Kern* : Katharonoologie, ou comment une science pure mathématique est possible. Gœttingue, 1812, in-8.

Sinclair : Vérité et Certitude. Francfort, 1811. Essai d'une physique fondée sur la métaphysique. *Ibid.* 1813, in-8.

Ch. L. *Vorpahl* : 1ᵉʳ, 2ᵉ et 3ᵉ Essais pour compléter la philosophie. Berlin, 1811. Philosophie, ou Esquisse d'une construction dynamique de cette science. Berlin, 1818, in-8.

Adalbert *Kayssler* (prof. à Breslau, mort en 1822): Principes de la philosophie théorétique et pratique, à l'usage des cours publics. Breslau et Halle, 1812, in-8. Introduction à l'étude de la philosophie, div. en six leçons. Breslau, 1812. A une époque antérieure : De la Nature et de la Destinée de l'esprit humain. Berl. 1804, etc. Voyez § 38.

David Théod. Aug. *Suabedissen* (prof. à Marbourg.): Considérations sur l'homme. Tom. I et II : Considér. sur la vie spirituelle de l'homme. Kassel, 1815. T. III : Consid. sur la vie corporelle de l'homme. Leips. 1818, in-8. Antérieurement, deux ouvrages couronnés : Résultat des recherches philosophiques sur la nature de la connaissance humaine, depuis Platon jusqu'à Kant. Marbourg, 1805. Et : De la Perception interne. Berl. 1808, in-8. La Philosophie et l'Histoire. Leips. 1821. En outre, plusieurs ouvrages sur la Pédagogie.

C. F. Guill. *Grævell* : L'Homme ; Recherches à l'usage des lecteurs instruits. Berlin, 1815. IIIᵉ édit. 1819, in-8. Le Citoyen ; Nouvelles Recherches sur l'homme. *Ibid.* 1822. Du Mérite du Mysticisme ; Supplément aux lettres d'Ewald, etc. Leips. 1822, in-8. Le Prince ou le Gouvernement, etc. 2 parties. Stuttgardt, 1823.

Fréd. *Linkmaier* : Système dogmatique de la vérité universelle, d'après la saine raison. 1re partie, Ontologie et Cosmologie. IIe édit. Bielefeld, 1821. IIe partie, Anthropologie. 1823.

Arthur *Schopenhauer* : Le Monde considéré comme volonté et comme représentation. Quatre livres avec un supplément contenant la critique de la philosophie de Kant. Leips. 1819, in-8. L'auteur fait consister l'utilité de cette philosophie principalement dans la distinction du phénomène et de la réalité en soi, et dans le caractère de moralité attribué à l'action humaine comme entièrement indépendant des lois du phénomène. Schopenhauer prétend faire un pas au delà de cette doctrine et démontrer que le phénomène est le monde comme représentation, et que la volonté est la réalité en soi. Cet ouvrage avait été précédé de deux traités : Des quatre élémens du principe de la raison suffisante. Rudolstadt, 1813, in-8. De la Vision et des Couleurs, Leips. 1816, in-8; ouvrage combattu par J. G. *Rœtze*, dans un écrit intitulé : Des limites de la volonté humaine réduite à ses propres forces, etc. Leips. 1820, in-8.

J. Erich de *Berger* : Esquisse générale de la science. 1re partie, Analyse de la faculté de connaître. Altona, 1817, in-8. IIe partie, Connaissance philosophique de la nature. IIIe partie, Anthropologie. 1824, in-8. Antérieurement, Exposition philosophique de l'univers, t. 1er, Coup-d'œil général. Altona, 1808, in-8.

J. H. *Tieftrunk*, (prof. à Halle). V. § 388.

Fréd. Ed. *Beneke* : Psychologie expérimentale, élémens de cette science considérée comme base de toute science. Berlin, 1820, in-8. Théorie de la connaissance d'après la conscience de la raison pure. Jena, 1820, in-8. De veris philosophiæ initiis. 1820, in-8. Fondemens d'une physique des mœurs, pour servir de pendant à l'ouvrage de Kant, intitulé : Fondemens de la métaphysique des mœurs, avec un appendix sur la nature de la raison, et les limites de sa connaissance. Berlin et Posen, 1822. Nouveaux fondemens de la métaphysique, Programme; ibid., id. Défense des fondemens de la physique des mœurs. Leips. 1823, in-8. Dissertation sur les bases de la morale, dans le Journal de Morale de Müller et Bohm. Altenburg, 1822. De plus quelques articles de psychologie dans le Journal de Nasse.

Hermann Guill. *Keiserlink* : Projet d'une théorie complète de la philosophie de l'intuition. Heidelb. 1822, in-8. Antérieurement : La métaphysique, esquisse. Ibid. 1818, voyez §. 410.

Gottlob Guill. *Gerlach*, (professeur à Halle) : Élémens de la philosophie fondamentale. Halle, 1816. Élémens de la Logique. Ibid. 1817, IIe édit. revue. 1823. Élémens de la Métaphysique. Ibid. 1817. Élémens de la Théorie de la religion. Ibid. 1818, in-8. (Voyez §. 482). Élémens de la morale philosophique. Ibid. 1820, in-8.

H. C. W. *Sigwart*, (prof. à Tubingue) : Manuel de la philosophie théorétique. Tubing. 1820, et réponse à la critique de cet ouvrage contenue dans le journ. litt. de Jéna. Tubingue, 1821.

Jos. *Hillebrand*, (prof. à Giessen) : Propédeutique de la philosophie; Ire partie, Encyclopédie de cette science, IIe partie, voyez §. 37. Heidelberg, 1819. Esquisse de la Logique, et théorie des connaissances préliminaires de la philosophie. Ibid. 1820, in-8. l'Anthropologie comme science. III parties. Mayence, 1822-23, in-8.

Au sujet de quelques débats assez récens sur les rapports de la raison et de la révélation, de la liberté et de la grâce, nous indiquerons les ouvrages suivans parmi un grand nombre d'autres. L. Aug. *Kœhler*, le Supernaturalisme et le rationalisme dans leur origine, etc. Leips. 1818. Les dissertations de *Schleiermacher*, et de *De Wette*, sur la doctrine de la prédestination ou de l'Élection dans le journal théologique, publié par eux. 1er et IIe cahiers. Berlin, 1819-20. Gust. Théod. *Bockshammer*, Liberté de la volonté humaine. Stuttgardt. 1821, in-8. Voyez en outre, au §. 238.

J. C. A. *Heinroth* : Manuel de l'Anthropologie. Leipsick, 1822.

§ 417.

Angleterre. Thomas *Brown*, (professeur à Edinberg, mort depuis peu d'années). Lectures on the philosophy of human mind (ouvrage contenant un système de philosophie spéculative et pratique).

Dugald *Stewart*, Elements of the philosophy of the human mind. Lond. 1792, in-4. IIe édit. Edinb. 1816, in-8. On a de lui une Histoire abrégée des sciences métaphysiques morales et politiques, composée pour le 1er vol. des supplémens à l'Encyclopédie britannique. Voyez ci-dessus §. 373, notes. — Philosophical Essays. II édit. Edinb. 1816.

John *Craig* : Elements of political science. III vol. Edinb. 1814, in-8.

Jerem. *Bentham*. (né en 1735) : Traité de législation

civile et pénale, précédé des principes généraux de législation, etc. trad. par Dumont. III vol. Paris, 1802, in-8.

§ 418.

FRANCE. Louis Claude *Saint-Martin*, (né à Ambroise en 1743, mort en 1804) : Des erreurs et de la vérité. Lyon, 1775, in-8. Tableau naturel des rapports qui existent entre Dieu, l'homme et l'univers. 1782, II vol. in-8. De l'esprit des choses. 1800, II vol. in-8. etc. (Tous ces ouvrages ont été trad. en allem.)

Jacq. Bernardin de Henri *de Saint-Pierre* : Études de la nature. Paris, 1784. et Harmonies de la nature. Par. 1815. Œuvres. 1820, 16 vol. in-8. Paris.

Degerando : Histoire comparée des systèmes de la philosophie. Voyez §. 37, d).

P. J. G. *Cabanis*, Rapports du physique et du moral de l'homme. Paris, 1802, in-8, (trad. en all. 1804).

Destutt de Tracy : Élémens d'Idéologie. Par. 1801-1804, 2 vol. in-8, 4ᵉ édit. 1824, (trad. ital. avec préface et notes de Compagnoni. Milan, 1817). On a de lui en outre un commentaire sur l'Esprit des lois de Montesquieu. Paris, 1819, in-8.

Laromiguière : Leçons de philosophie, ou essai sur les facultés de l'âme. Paris, 1815-18. 2ᵉ édit. 1820, 2 vol. in-8.

Ch. Vict. de *Bonstetten* : Études de l'homme. Genève et Paris, 1821.

Azaïs : Cours-de philosophie générale, ou explication simple et graduelle de tous les faits de l'ordre physique, de l'ordre physiologique, de l'ordre intellectuel, moral et politique, 8 vol. Paris, 1824, in-8.

Droz : De la philosophie morale ou des différens systèmes sur la science de la vie. Paris, 1823, in-8.

Cl. *Joyaud* : Principes naturels ou notions générales et particulières des forces vivantes et primordiales, etc. 4 v. in-8.

J. A. Fr. *Alix* : Nouv. système de l'univers, (trad. en all. par D. Murhard. Francf. 1817, in-8).

§ 419.

ITALIE. J. B. *Vico*, (né à Naples en 1660, mort en 1744) : De antiquisimâ italorum sapientiâ libb. III. Naples, 1710, in-12. Traduct. ital. de sa Métaphysique par Monti. Milan, 1816. De uno universi juris principio et fine uno. Napl. 1720, in-4. Liber alter qui est de constantiâ jurisprudentis. Ibid. 1721. Son principal ouvrage est intitulé : Principi della scienza nuova d'intorno alla commune natura delle nazioni. Nap. 1725, 2ᵉ édit. 1730, IIIᵉ entièrement refondue. Nap. 1744, in-8; reproduite dans les suivantes; la VIIᵉ pub. par Galotti, Nap. 1817, est une réimpression de la première.

Antoine *Genovese*, (1712-1769).

Ermenegildo *Pino*, Protologia analysin scientiæ sistens ratione primâ exhibitam, vol. 1-3. Mediol. 1803, in-8.

Cæsaris *Baldinotti* Tentaminum metaphysicorum libb. III. Patav. 1817, in-8.

Gaetano *Filangieri*, né à Naples en 1752, mort en 1788: La scienza della legislazione, 8 vol. Nap. 1780, in-8, nombr. édit.

Cesare Bonesado, marchese di *Beccaria*, (morten 1793): Dei delitti et delle pene. Nap. 1764, in-8.

Appiano *Buonafede*, V. § 54 c).

Pasquale *Galuppi* : Saggio filosofico sulla critica della conoscenza. Napoli, 1819, in-8, 2 vol., ouvrage conçu dans les principes de Kant. Une traduction de Kant par Sacchi est annoncée comme devant paraître à Pavie.

Giov. Batt. *Talia*: Saggio di Estetica. Venezia, 1822, in-8.

Hollande, Danemarck et Suède. V. pour les Hollandais partisans de la philosophie critique, ci-dessus § 388.

Dar. *Wyttenbach*, (mort en 1820). V. § 388, notes vers la fin. En outre : Præcepta philosophiæ Logicæ, avec des applications aux auteurs classiques. Plusieurs éditions entre autres celles d'Eberhard. Halle, 1784, et de Maass, 1820, in-8.

Franc. *Hemsterhuis*, (né en 1720, mort en 1790): Plusieurs dialogues, entre autres : Sophyle ou de la philosophie, en franç. ; Aristée ou de la Divinité. Recueillis dans ses œuvres philosophiques. Paris, 1792, in-8. — En allem. 3 vol. Leips. 1782-97. — II° édit. de Paris, 1809, in-8, 2 vol.

Pologne. *Transylvanie*, etc. Sigism. *Carlowsky*: Logique. Kaschau, 1819.

Joh. *Rozgony*, Aphorismi psychologiæ rationalis perpetuâ philosophiæ criticæ ratione habitâ. St.-Patak, 1819, in-8.

J. E. *Jankowsky*, (prof. à Cracovie): Logique en langue polonaise, 1822. V. les annonces littér. de Gœttingue, 1822, n° 265, où l'on trouve un aperçu des services rendus à la philosophie par des Polonais.

J. *Goluchowsky*, (partisan de la doctrine de Schelling) : La philosophie dans son rapport avec la vie des nations, etc. Erlangen, 1822, in-8 (all.).

Russie. Essais philosophiques sur l'homme, ses principaux rapports et sa destinée, etc., publiés par L. H. *de Jacob*. Halle, 1818, 2 vol. nouv. édit. augmentée. Pétersbourg, 1822, (en français).

CONCLUSION.

§. 420.

Tant de tentatives diverses et contradictoires, hasardées dans ces derniers temps par l'esprit philosophique, ont pu rendre suspecte la philosophie elle-même, et faire désespérer de la solution du problème rationel qui consiste à trouver un système de certitude, fondé sur des principes. La méthode critique, attachée surtout à fixer la mesure et les limites de la connaissance, loin de pouvoir contenir l'essor hardi de l'esprit de spéculation et désarmer le scepticisme, n'a servi elle-même qu'à leur fournir de nouveaux matériaux, un attrait plus vif et un caractère plus imposant. Toutefois ces nombreux essais doivent soutenir l'espérance de voir tôt ou tard la raison arriver enfin à la connaissance de soi-même, déterminer la sphère qui lui appartient, développer de plus en plus la vraie méthode du philosophique, et s'instruire par l'expérience du passé, à éviter les écueils où elle a souvent échoué. Un temps viendra où les diverses manières de philosopher, qui aujourd'hui semblent n'être que des aberrations, seront reconnues comme des conditions nécessaires de la vraie culture de la raison et de la véritable sagesse.

FIN.

TABLE CHRONOLOGIQUE

DE

L'HISTOIRE DE LA PHILOSOPHIE

DEPUIS THALÈS.

Avant J.-C.	De Rome.	Olympiades.	
640	114	35,1	Thalès n. selon Apollodore.
630	116	35,3	Solon n.
629	125	38	Thalès n. selon Meiners.
611	143	42,2	Anaximandre n.
608	146	43,1	Pythagore n. selon Larcher.
598	156	45,3	Solon donne ses lois. Phérécyde, n. vers le même temps.
597	157	45,4	Thalès prédit une éclipse.
584	170	49	Pythagoras n. selon Meiners.
561	193	55,1	Solon m.
557	197	56	Anaximène fl.
548	206	58,1	Thalès m.
547	207	58,2	Anaximandre m.
543	211	57,2	Thalès m. Phérécide m.
540	214	60	Pythagore fonde une école à Crotone.
536	218	61	Xénophane à Élée.
504	250	69	Pythagore m. — Parmenide fl. selon quelques-uns.
500	254	70,1	Anaxagore et Philolaüs n. — Héraclite et Leucippe fl. Anaximène m.
496	258	71,1	Ocellus Lucanus fl.
494	260	71,3	Démocrite n.

Avant J.-C.	De Rome.	Olympiades.	
490	264	72,3	Bataille de Marathon.
489	265	72,4	Pythagore m. selon quelques-uns.
480	274	75,1	Bataille de Salamine.
472	282	77	Diogène d'Apollonie fl.
470	284	77,3	Démocrite n. selon Thrasylle.
469	285	77,4	Socrate n. Parmenide fl.
460	284	80	Parmenide vient d'Élée à Athènes avec Zénon.
			Archelaus fl. — Démocrite n. selon Apollodore.
			Empédocle fl. selon quelques-uns.
456	298	81	Anaxagore vient à Ath.
450	304	82,3	Xénophon n.
444	310	84	Melissus.
			Gorgias écrit son traité περὶ φύσεως.
442	312	86	Protagoras, Prodicus fl.
432	322	87,1	Commencement de la guerre du Péloponèse.
431	323	87,2	Anaxagore est accusé.
430	324	87,3	Platon n. selon Corsini.
429	325	87,4	Platon n. selon Dodwell. Périclès m.
428	326	88,1	Anaxagore m.
427	327	88,2	Gorgias envoyé à Athènes. Diagoras fl.
414	340	91,3	Diogène de Sinope n.
407	347	93,2	Démocrite m. selon Eusèbe.
404	350	94,1	Fin de la guerre du Péloponèse.
400	354	95,1	Socrate m. ses disciples se retirent à Mégare. Euclide fl.
389	365	97,4	Premier voyage de Platon à Syracuse.
384	370	99,1	Aristote n. Pyrrhon n.
380	374	100	Antisthène et Aristippe fl.
		102	Aristote va à Athènes.
			Eudoxe le pythagoricien fl.
364	390	104,1	Deuxième voy. de Platon à Syracuse.

CHRONOLOGIQUE. 359

Avant J.-C.	De Rome.	Olympiades.	
361	393	104,4	Troisième voyage de Platon à Syracuse.
360	394	105	Xénophon m.
356	398	106	Alexandre n.
348	406	108,1	Platon m. Speusippe lui succède.
347	407	108,2	Aristote s'attache à Hermias.
343	411	109,2	Aristote précepteur d'Alexandre.
340	414	110,1	Diogène et Cratès, cyniques. Pyrrhon et Anaxarque fl. Zénon de Citium n.
339	415	110,2	Speusippe m. Xénocrate commence à enseigner.
337	417	110,4	Bataille de Chéronée. Épicure n.
336	418	111,1	Philippe, roi de Macédoine m. Alex. lui succède.
335	419	111,2	Aristote ouvre son école au Lycée.
324	430	114,1	Diogène, le cynique, m.
323	431	114,2	Alexandre-le-Grand m. Ptoléméc, fils de Lagus, en Égypte.
322	432	114,3	Aristote m. Théophraste lui succède.
320	434	115	Demetrius de Phalère, et Dicearchus de Messine fl.
316	438	116,1	Arcesilas n. (ou plus tard).
314	440	116,3	Xénocrate m. Polémon lui succède.
313	441	116,4	Théophraste devient célèbre. Cratès.
305	449	118,3	Épicure ouvre son école à Athènes.
300	454	120,1	Stilpon et Théodore l'athée fl. Zénon fonde une école à Athènes. Diodore et Philon.
288	466	123,1	Pyrrhon m.
286	468	123,3	Théophraste m. Pyrrhon m. vers ce temps. Straton lui succède.
285	469	123,4	Ptolémée Philadelphe, roi d'Égypte.
280	474	125,1	Chrysippe n.

Avant J-C.	De Rome.	Olympiades.	
272	482	126,4	Timon fl.
270	484	127,2	Épicure m.
269	485	127,3	Straton m. Lycon lui succède.
264	490	128,3	Zénon le stoïque m. (ou plus tard). Cléanthe lui succède.
260	484	130	Persée. Ariston de Chios. Herillus fl.
241	513	134,1	Arcésilaüs m. (ou plus tard).
217	537	141,3	Carnéade n.
212	542	143	Zénon de Tarse fl.
208	546	144	Chrysippe m. selon Ménage. Diogène de Babylone.
185	569	148,4	Panætius n. (selon d'autres plus tard).
155	599	156,3	Ambassade des Athéniens à Rome. (Critolaüs, Carnéade, le stoïcien, et Diogène de Babylone).
146	608	158,3	La Grèce et Carthage soumises à Rome. Antipater de Tarse.
142	612	159,3	La Macédoine, province romaine.
135	619	161,2	Posidonius n.
129	625	162,4	Carnéade m. Clitomaque lui succède.
115	639		Panætius accompagne Scipion l'Africain à Alexandrie.
107 ou 106	647	167,2	Cicéron n.
		170	Clitomaque m. Philon lui succède. Posidonius fl.
84	666	171,1	Sylla prend Athènes. Philon fuit à Rome. Antiochus.
86	667	171,2	Lucrèce n., selon d'autres plus tôt. Posid. m.
69	685	178	Antiochus m.
63	691	172,2	La Judée province romaine.

CHRONOLOGIQUE.

Avant J.-C.	De Rome.	Olympiades.	
50		182,2	Posidonius m. Jason lui succède.
			Lucrèce m.
48		183,1	Cratippe, le péripatéticien, fl.
44 ou 43	711	184,2	Cicéron m.
30	724	187,3	L'Égypte province romaine.
27	727	188,2	Auguste empereur. Philon le Juif n.

Années après J.-C.	Empereurs romains.	
1	Auguste.	Naissance de J.-C.
2		Sénèque, le philosophe, n.
		Sextius, le pythagoricien.
		Nicolas de Damas et Xénarchus fl.
		Athénodore, le stoïcien.
14	Tibère.	
15		Sotion.
33		Mort de J.-C.
34		Philon, le juif, fl.
37	Caligula.	Flav. Josephe n.
41	Claude.	
50		Plutarque de Chéroné n.
54	Néron.	
65		Sénèque m.
66		Cornutus et Musonius, exilés.
69	Gal. Othon.	
	Vitellius.	Apllonius de Thyane fl.
70	Vespasien.	Euphratès d'Égypte.
79	Tit. Vespas.	
81		Musonius Rufus, rappelé de l'exil.

Années après J.-C.	Empereurs romains.	
82	Domitien.	Domitien bannit de Rome les philosophes et les mathématiciens.
89		
		Justin, le martyr, n.
		Épictète fl.
90		Apollonius de Thyane m.
95		
97	Nerva.	Plutarque fl.
99	Trajan.	Tacite.
		Gnostiques.
118	Adrien.	Secundus d'Athènes. Plutarque m.
120		
122		Euphratès m.
131		Galien n. Phavorinus. Basilides, le gnostique.
134		Arrien fl.
138		Le rabbin Akibha m.
139	Antonin-le-Pieux.	Calvisius Taurus. Apollonius, le stoïcien.
		Basilides, le stoïcien.
160		Apuleius.
161	M.-Aurèle-Antonin.	Alcinoüs. Numenius.
165		Pérégrinus, le cynique, et Justin, le martyr, m.
		Lucien.
170		Athénagore et Tatien. Atticus, le platonicien.
		Bardesanes.
180	Commode.	Maxime de Tyr. Mort d'Antonin.
		Irénée. Le rabbin Juda, le Talmud.
185		Origène n.

CHRONOLOGIQUE.

Années après J.-C.	Empereurs romains.	
193	Pertinax. Salvius	Ammonius Saccas fonde une école.
	Julien. Septime-Sévère.	Clément d'Alexandrie. Alexandre d'Aphrodise. Galien m.
200		Plotin n. Philostrate.
205		
212	Caracalla.	Clément d'Alexandrie m.
218	Macrin.	Tertullien m.
220	Anton. - Héliogabale.	
222	Alexand.-Sévère.	
232		Plotin, disciple d'Ammonius.
233		Porphyre. Ulpien.
235	Maximin.	
238	Gordien.	
239	Gordien fils	
242		Plotin voyage en Perse.
243		Plotin vient à Rome.
244	Philippe.	
246		Amélius, disciple de Plotin.
250	Trajan - Décius.	
252	Tribonien. Gallus et Vibius Hostilianus.	
252		Longin fl.
253	Æmilius Valérien.	Origène m.
269	Flavius Claude.	

Années après J.-C.	Empereurs romains.	
270	Aurélien.	Plotin m.
275		Longin mis à mort.
276	Flav. Tacite.	
277	Aurel. Probus.	Manichéens,
282	Aurelius Carus.	
284	Dioclétien.	Arnobe.
304	Constant. et Maximien.	Porphyre m.
306	Constantin-le-Grand.	
321	Constantin Chrétien.	Jamblique fl. Lactance fl.
326		Arnobe m.
330		Lactance m.
333		Jamblique m. Thémistius.
337	Constant et Constance.	
340		Eusèbe évêque de Cæsarée m.
354		Augustin n.
355		Thémistius enseigne à Constantinople.
360	Claud. Julien.	Sallustius.
363	Jovien.	
364	Valentinien et Valens.	
379	Théodose-le-Grand.	Eunape.
380		Némésius fl
384		Didyme à Alexandrie. S. Jérome fl.
391		Grégoire de Naziance m.

CHRONOLOGIQUE.

Années après J.-C.	Empereurs romains.	
394		Grégoire de Nicée.
395	Arcadius et Honorius.	Division de l'emp. rom.
398		S. Ambroise m.
400		Némésius m.
401		Plutarque, fils de Nestor fl.
	(*Empereurs grecs.*)	
402	Arcadius.	
408	Théodose II.	
409		Macrobe, Pélage.
410		Synésius.
412		Proclus n.
415		Mort d'Hypatia.
418		Pélage condamné.
430		S. Augustin.
		Plutarque. m.
434		Syrianus fl.
450	Marcien.	Hiérocles, Olympiodore fl. Syrianus m.
457	Léon I.	
470		Claudien de Messine fl. Boèce n.
474	Léon II.	Marcien Capella fl.
	Zénon l'Isaurien.	
476	Fin de l'emp. d'Occident.	
480		Salvien, Cassiodore n.
485		Proclus m. Ammonius, fils d'Hermias. Hiérocles.
487		Énée de Gaza fl.
490		Marinus m.
491	Anastase.	Isidore succède à Marinus.
518	Justin I.	

Années après J.-C.	Empereurs romains.	
526		Boèce décapité.
527	Justinien.	
529		Les écoles des philosophes fermées à Athènes.
533		Damascius revient de la Perse avec les Platoniciens.
		Philopon fl.
539		Cassiodore s'enferme dans un cloître.
549		Damascius et Simplicius fl.
563	Justinien II.	
575	Tibère II.	Cassiodore m.
582	Maurice.	
602	Phocas.	
604		Grégoire-le-Grand.
610	Heraclius.	
622		Fuite de Mahomet.
636		Isidore de Séville m.
641	Const. III et IV.	
	Constant II.	
668	Const. V.	
673		Bède-le-Vénérable n.
685	Justin II.	
694	Léonce.	
698	Tibère III.	
711	Philippicus.	
713	Anastase II.	
716	Théodose III.	
717	Léon III l'Isaurien.	
735		Bède m.
736		Alcuin n.

Années après J.-C.	Empereurs romains.	
741	Const. VI.	
753	(Almanzor-Khalife).	
754		Jean de Damas m.
776		Rhaban-Maurus n.
796	Irène.	
	(*Empereurs d'Allemag.*)	
800	Charlemagne.	
	(Abroun al Raschid).	Alkendi fl.
804		Alcuin m.
814	Louis-le-Pieux.	
840	Lothaire.	
855	Louis II.	
856		Rhaban m.
875	Charles-le-Chauve.	J. Scot Erigène vient en France.
877	Louis III.	
879		Alfred-le-Grand en Angleterre.
880	Charles-le-Gros.	
886		Erigène m.
887	Arnolphe.	
891		Photius m.
899	Louis IV.	
912	Conrard.	
919	Henri-l'Oiseleur.	
917	Othon-le-Grand.	
954		Alfarabi m.
974	Othon II.	

Années après J.-C.	Empereurs romains.	
980		Avicenne n.
987	Othon III.	
999		Gerbert-Sylvestre II, pape.
1002	Henri II.	
1003		Sylvestre II m.
1020		Mich. Const. Psellus n.
1025	Conrad II.	
1034		Anselme n.
1036		Avicenne m.
1039	Henri III.	
1042		Lanfranc entre au couvent du Bec.
1055		Hildebert de Lavardin n.
1056	Henri IV.	
1060		Anselme, prieur à Bec.
1072		P. Damien m. Alghazel, n.
1079		Abailard n.
1080		Bérenger de Tours m.
1089		Lanfranc, archevêque de Cantorbéry m.
1091		Bernard de Clairvaux m.
1092		L'hérésie de Roscellin condamnée à Soissons.
1096		Hugues de St.-Victor n.
1100		Psellus m. (ou plus tard). Eustache de Nicée.
1107	Henri V.	
1109		Anselme, archevêque de Cantorbéry m.
1114		Alain de Ryssel n.
1117		Anselme de Laon m.
1118		Abailard enseigne à Paris.
1120		Abailard, moine de St.-Denis. Guillaume de Champeaux, évêque de Châlons m.

Années après J.-C.	Empereurs romains.	
1126	Lothaire.	
1127		Alghazel m. à Bagdad.
1134		Hildebert m.
1138	Conrard III.	
1139		Moïse Maimonide n.
1140		Hugues de St.-Victor m.
1141		Gilbert de la Porée, évêque de Poitiers.
1142		Abailard m.
1146		Assemblées ecclésiastiques, à Paris et à Rheims, contre Gilbert de la Porée.
1150		Lombard écrit ses sentences. Guill. de Conches m. Rob. Pulleyn m.
1153	Fréd.-Barberousse.	Bernard de Clairvaux m.
1154		Gilbert de la Porée m.
1164		P. Lombard et Hugues d'Amiens m.
1173		Richard de St.-Victor et Robert de Melun m.
1180		Jean de Salisbury m. Walter de St.-Victor.
1190	Henri VI.	Thophail m.
1193		Albert-le-Grand n., selon quelques-uns.
1198	Othon IV.	
1203		Alain de Ryssel m.
1205		Moïse Maimonide et Pierre de Poitiers m. Albert-le-Gr. n., selon d'autres.
1206		Pierre de Poitiers et Averroès m.

Années après J.-C.	Empereurs romains.	
1209		David de Dinant, Amalric de Chartres m.
1214		Roger Bacon n.
1217		Averroès m., selon d'autres. Mich. Scot à Tolède.
1218	Frédéric II.	
1221		Bonaventure n.
1224		Thomas d'Aquin n.
1234		Raymond Lulle n.
1236		Alb.-le-Gr., docteur en théologie à Paris.
1245		Alexandre de Hales m.
1247		Thomas d'Aquin va à Paris. Aegidius Colonna n.
1248		Guill. d'Auvergne, évêque de Paris m. Thomas d'Aquin commence à enseigner d'après P. Lombard.
1250		Pierre d'Abano n.
1251	Conrard IV.	
1252		Fondation de la Sorbonne.
1253		Robert Grosse-Tête m.
1254		Nicéphore Blemmydas fl.
1256		Thom. d'Aquin, docteur de théol.
1264		Vincent de Beauvais m.
1273	Rodolphe I.	
1274		Thomas d'Aquin m. Bonaventure m.
1275		J. Duns Scot et Walter Burleigh n.

CHRONOLOGIQUE.

Années après J.-C.	Empereurs romains.	
1277		Jean XXI (Petr. Hisp.) m.
1280	Adolphe de Nassau.	Albert-le-Gr. m.
1292		Roger Bacon m., selon Wood.
1293		Henri de Gand m.
1294	Albert I.	Rog. Bac. m., selon quelques-
1298		uns.
1300		Richard de Middleton m.
1308	Henri VII.	J. Duns Scot m.
1309		
1310		Georges Pachymère m., vers ce temps.
1314	Louis V.	
1315		Raymond Lulle m.
		Franç. Mayronis introduit l'actus sorbonicus.
1316		Aegid. Colonna m.
		Pierre d'Abano m.
1322		Occam résiste au pape.
1323		Hervay (Hervaeus Natalis) m.
1325		Franç. Mayronis m.
1330		Occam se retire auprès de l'emp. Louis.
1332		Guill. Durand de Saint-Pourçain m.
		Théodore Metochyta m.
1337		Walter Burleigh m.
1343		Occam m.
1346	Charles IV.	
1347		Occam m., selon d'autres.
1349		Thomas de Bradwardyne et Robert Holkot m.
1350		Pierre d'Ailly n.

Années après J.-C.	Empereurs romains.	
1357		Thomas de Strasbourg m.
1358		J. Buridan vit encore.
		Grégoire de Rimini m.
1361		J. Tauler m.
1363		J. Gerson m.
1374		Pétrarque m.
1379	Venceslas.	
1382		Nic. Oramus ou Oresmius m.
1388		Thomas à Kempis n.
1395		Bessarion et Georges de Trébisonde n.
1396		Marsile d'Inghen m.
1397		Henri de Hesse m.
1400	Robert.	
1401		Nicolas Cusanus n.
1408		Laur. Valla m.
1410	Sigismond.	Mathieu de Cracovie m.
1415		Emmanuel Chrysoloras m.
1419		J. Wessel Gansfort n.
1425		P. d'Ailly m.
1429		J. Gerson. m.
1430		Théodore de Gaza en Italie.
1435		Marsile Ficin n.
1436		Raymond de Sebonde enseigne à Toulouse.
1438	Albert II.	Georg. Gemisth. Plethon et Bessarion vont à Florence.
1440	Frédéric III.	Invention de l'imprimerie. Fondation de l'Académie platonicienne à Florence.
		Nicolas de Clémange m.
1443		Rodolphe Agricola n.
1453	Prise de Constant.	

Années après J.-C.	Empereurs romains.	
1455	Nicolas V.	Reuchlin n.
1457		Laur. Valla m.
1462		P. Pomponat n.
1463		Jean Pic de la Mirandole n.
1464		J. Scholarius Gennadius et Nicolas Cusanus m.
		Cosme de Médicis et Pie II m.
		Erasme n.
1467		Thomas à Kempis m.
1471		Bessarion m.
1472		Persécution des nominalistes à Paris.
1473		Augustin. Niphus n.
1478		Théodore de Gaza m.
1480		Thomas Morus n.
1481		Franç. Philelphe m.
1483		Paul Jove n.
1484		Júl. Cæs. Scaliger n.
1485		Rodolphe Agricola m.
1486		J. Argyropulus et Georg. de Trébisonde m., selon quelques-uns.
		Agrippa de Nettesheim n.
		J. Wessel m.
1489		Laurent de Médicis m. Louis Vivès n.
1492		
1493	Maximil. I.	Découverte de l'Amérique.
		Hermolaus Barbarus m. Théophraste Paracelse n.
1494		J. Pic de la Mirandole et Ange Politien m.
1495		Gabr. Biel m.
1497		Melanchton n.
1499		Marsile Ficin m.

Années après J.-C.	Empereurs romains.	
1500		Dominique de Flandres m.
1501		Jérôme Cardan n.
1508		Bernardino Telesio n.
1509		Andr. Cœsalpini n.
1512		Alex. Achillini m.
1515		Pierre la Ramée n. Machiavel fl.
1517	Commencement de la réformation.	
1519		
1520	Ch^{les}.-Quint.	
1522		J. Reuchlin m.
1525		P. Pomponat m. Fr. Zorzi fl.
1527		Nic. Machiavel m.
1529		Fr. Patrizzi n.
1532		Ant. Zimara m. Jac. Zabarellan.
1533		J.-Fr. Pic de la Mirandole, tué. Nic. Léonicus m. Val. Weïgel et Montaigne n.
1535		H. Cornel. Agrippa m. Thom. Morus décapité.
1536		Erasme m. Fr. Zorzi m.
1537		Jac. Faber m.
1540		Marius Nizolius et L. Vivès m. Institut des jésuites.
1541		Theophr. Paracelse m. Charron n.
1543		Copernic m.
1546		Augutin, Niphus m.
1547		Jac. Sadolet m. Nic. Taurellus et Juste Lipse n.
1552		Paul Jove m. Ces. Cremoninin.

Années après J.-C.	Empereurs romains.	
1555		Sim. Porta m.
1558	Ferdinand I.	
1560		Phil. Melanchton m.
1561		François Bacon n.
1562		Ant. Talon m. Fr. Sanchez n.
1564	Maximil. II.	
1568		Thomas Campanella n.
1569		
1572		P. la Ramée m. Dan. Sennert n. J. Sepulveda m.
1574		Robert Fludd n.
1575		Jacq. Bœhm n.
1576	Rodolp^{he}. II.	Jer. Cardan m.
1577		J.-B. Van Helmont n.
1578		Berigard n.
1580		Giordano Bruno quitte l'Italie.
1581		Herbert de Cherbury n.
1583		Grotius n.
1586		Jacq. Schegk m. Luc. Vanini et Le Vayer n.
1588		Bernard. Telesio m. Th. Hobbes n. Val. Weigel m.
1589		Jac. Zabarella m.
1592		Mich. de Montaigne m. Gassendi, Berigard et Comenius n.
1596		René Descartes n. J. Bodin. m.
1597		Fr. Patrizzi m.
1600		Giord. Bruno brûlé.
1603		P. Charron et André Cæsalpini m.
1604		Fr. Picolomini m.
1606		Nic. Taurellus et Juste Lipse m.

Années après J.-C.	Empereurs romains.	
1614	Mathias.	Mart. Schook n. Fr. Suarez m. Fr. Merc. Van Helmont n.
1619	Ferd^inand. II.	L. Vanini brûlé.
1621		J. Barclay m.
1623		Blaise Pascal n.
1624		Jac. Bœhm. m.
1625		Clauberg, Geulinx et Wittich. n.
1626		Fr. Bacon m.
1628		Rud. Goclenius m.
1630		Huet n. Ces. Cremonini m.
1632		Fr. Sanchez m.
		Benoît Spinosa, J. Locke, Silv. Régis, Sam. Puffendorf et Rich. Cumberland n.
1634		P. Becker n.
1637	Ferd^inand. III.	Dan. Sennert et Rob. Fludd. m.
1638		Nic. Malebranche. n.
1639		Th. Campanella m.
1642		Galilée m. Newton n.
1644		J.-Bapt. Van Helmont m.
1645		Grotius m.
1646		Leibnitz et Poiret n.
1647		Bayle n.
1648		Herbert de Cherbury et Mersenne m.
1649		Scioppius m.
1650		Descartes m.
1651		Guill. de Tschirnhausen n.
1654		J. Selden m.
1655		Gassendi m. Chr. Thomasius n.
1657	Léopold I.	
1659		Adr. Heerebord m. Wollaston n.
1662		Bl. Pascal m.
1663		Bérigard m.

CHRONOLOGIQUE. 397

Années après J.-C.	Empereurs romains.	
1665		J. Clauberg et Mart. Schock m.
1666		J. de Silhon m.
1669		Geulinx et J. Cocceius m.
1670		Sorbière m.
1671		Coménius m. Ant. comte de Shaftesbury n.
1672		Levayer m.
1675		Sam. Clarke n.
1676		M. V. Kronland et Voetius m.
1677		Ben. Spinosa m. Th. Gale. Fr. Glisson, et Harrington m.
1679		Chr. Wolf n. Jer. Hirnhaym et Hobbes m.
1680		Jos. Glanvill et Larochefoucault m.
1684		Berkeley n. Jac. Thomasius m.
1685		Lamb. Velthuysen m.
1687		Henr. Morus et Wittich m.
1688		Cudworth et Parker m.
1694		Ant. Arnauld et Sam. Puffendorf. m.
		Fr. Hutcheson et Voltaire n.
1695		Nicole m.
1698		Balthas. Becker et J. Pordage m.
1699		Fr. Merc. Van Helmont m.
1704		J. Locke et Bossuet m.
1705	Joseph I.	J. Ray m.
1706		Bayle m.
1707		Silvain Régis m.
1708		Tschirnhausen et Jacquelot m.
1711		Hume n.
1712		Crusius et Rousseau n.
1713	Charles VI.	Ant. comte de Shaftesbury m.

Années après J.-C.	Empereurs romains.	
1715	–	Malebranche m. Condillac et Helvetius n. Gellert n.
1716		Leibnitz m.
1718		M. Aug. Fardella, m.
1719		P. Poiret et Rich. Cumberland m.
1720		Bonnet n.
1721		Huet m.
1722		Boulainvilliers m.
1723		Ad. Smith. n.
1724		Wollaston m. Kant n.
1727		Newton m.
1728		Chr. Thomasius et Thümmig. m.
1729		Sam. Clarke, Collins, Gundling et Fr. Buddeus m. And. Rüdiger m.
1731		J. Priestley n. Mandeville m.
1733		W. Derham m.
1735		Leclerc m.
1736	Charles VII.	
1740	Fréd^{éric}. II, r. de P^{russe}.	
1742		Garve n.
1743		Jacobi n.
1744		Jean-Baptiste Vico et Joachin Lange m. Platner n.
1745	François I.	
1747		Fr. Hutcheson m.
1748		Crouzaz et Burlamaqui m.
1750		Bilfinger m.
1751		La Métrie m.

CHRONOLOGIQUE. 379

Années après J.-C.	Empereurs romains.	
1752		Hansch m.
1754		Berkeley et Christ. Wolf m.
1755		Montesquieu m.
1756		
1757		David Hartley m.
1758		Ch. Reinhold n.
1759		Maupertuis m.
1762		Alex. Baumgarten m. Fichte n.
1765	Joseph II.	Herm.-Sam. Reimarus m.
1766		Thomas Abbt et Gottsched m.
1769		Gellert m.
1770		Winckler, d'Argens et Formey m.
1771		Helvétius m.
1772		J.-Ulr. Cramer m.
1774		Quesnay m.
1775		Crusius et Walsch m. Schelling n.
1776		Hume m.
1777		Meyer et Lambert m.
1778		Voltaire et Rousseau m.
1779		Sulzer m.
1780		Condillac et Batteux m.
1781		Ernesti et Lessing m.
1782		Henri Home et Iselin m.
1783		D'Alembert m.
1784		Diderot m.
1785		Baumeister et Mably m.
1786		Mendelssohn m.
1788		Hamann et Filangieri m.
1789	Révolution française.	
1790	Léopold II.	Ad. Smith, Fr. Hemsterhuys, Basedow m.

Années après J.-C.	Empereurs romains.	
1791		Rich. Price, Daries et Nettelbladt m.
1792	François II.	
1793		Bonnet, Moritz, Beccaria et Condorcet m.
1796		Th. Reid m.
1798		Garve m.
1800		Sal. Maimon m.
1801		Heidenreich et Irving m.
1802		Engel m.
1803		J. Beattie et Herder m.
1804		Kant, Jos. Priestley et Saint-Martin m.
1806		Tiedemann m.
1808		Bardili m.
1809		J.-A. Eberhart, Steinbart et Th. Payne m.
1812		K. Chr.-E. Schmid m.
1813		Jo.-A.-H. Ulrich m.
1814		Fichte m.
1816		Fergusson m.
1817		De Dalberg m.
1818		Platner et Campe m.
1819		Jacobi et Solger m.
1820		Wyttenbach et Klein m.
1821		Feder et Buhle m.
1822		Eschenmayer m.
1823		Reinhold et Maass m.

FIN DE LA TABLE CHRONOLOGIQUE.

TABLE ALPHABÉTIQUE

DES

PHILOSOPHES, HISTORIENS DE LA PHILOSOPHIE, CRITIQUES, ÉCOLES ET DOCTRINES, MENTIONNÉS DANS CE MANUEL.

(Nota. Le chiffre romain indique le tome ; le chiffre arabe la page.)

A.

Abailard, I, 348.
Abano (P. d'), I, 381.
Abbt, II, 178.
Abicht, I, 35, II, 252, 268, 291, 329.
Abou-Bekr, I, 360.
Académie, l'ancienne, I, 174.
    —   la moyenne, I, 225.
    —   platonicienne, à Florence, II, 15.
Achenwalt, II, 171.
Achillini, voyez Alexandre.
Acontius, II, 10.
Adam (Conrad), I, 68.
Adrastus, I, 253.
Ædesia, I, 305.
Ædesius, I, 300.

Æneas de Gaza, I, 301, 314.
Ænésidème, I, 259.
   Id.,   voyez Schulze.
Æschine, le socratique, I, 141.
Agnelli, I, 164.
Agricola (Rodolphe), II, 9.
Agrippa, le sceptique, I, 262.
Agrippa de Nettesheim, II, 10, 18.
Ailli (P. d'), I, 386.
Akibha, I, 275.
Alanus ab insulis (de Ryssel), I, 351.
Albert-le-Grand, I, 366.
Alberti (Valentin), II, 76, 96.
Albinus, I, 256.
Alcinous, I. 256.
Alcméon, I, 99.
Alcuin, I, 334, 339.
Alefeld (J.-L.), I, 128.
Alembert (d'), II, 214.
Alexandre Achillini, II, 27.
   —   Ægæus, I, 252.
   —   d'Aphrodise, I, 253.
   —   de Hales (Alesius), I, 365.
Alexandrins, voyez Néoplatoniciens.
Alexandristes, II, 24.
Alexinus, I, 155.
Alkendi (Al Kendi), I, 359.
Alfarabi (Al Farabi), I, 359.
Algazel (Al Gazali), I, 360.
Alison, II, 207.
Alix, II, 352.
Amafanius, I, 244.
Amalric de Chartres, I, 352.
Amelius (Gentilianus), I, 296.

Ammonius, Saccas, I, 282.
— d'Alexandrie (le péripatéticien), I, 253.
— fils d'Hermias, I, 305.
Anaxagoras, I, 118.
Anaxarque d'Abdère, I, 117.
Anaxilaus, I, 255.
Anaximandre, I, 87.
Anaximène, I, 89.
Ancillon, I, 35, 184, II, 93, 160.
Andreæ (Ant.), I, 377.
— (Valent.), II, 22.
Andala (Ruard), II, 101.
Anderson, I, 33.
Andronicus, I, 252.
Anéponymus, I, 181, 354.
Anniceris, I, 150.
Anquetil, I, 58, 65.
Anselme de Cantorbéry, I, 344.
Anselme de Laon, I, 343.
Antiochus, l'académicien, I, 230.
Antipater de Sidon ou de Tarse, I, 212, 229.
Antisthène, I, 142, 143.
Antonin (Marc-Aurèle), I, 249, 251.
Apathie, I, 157.
Apollodore, I, 208.
Apollonius de Tyane, I, 254.
Apono, voyez Abano.
Aporétiques, I, 152.
Apulée, I, 257.
Aquilianus (Scipio), I, 83.
Arabes, I, 355. Sectes de la philosophie arabe, I, 362.
Arcésilas, I, 158, 226.
Archélaus de Milet, I, 122.
Archytas de Tarente, I, 100.

Arété, I, 147.
Argens (d'), II, 147.
Argyropulus, II, 6.
Aristée de Crotone, I, 99.
Aristéas, I, 270.
Aristippe, l'ancien, I, 142, 147.
Aristippe Métrodidactus, I, 147.
Ariston de Céos, I, 196.
— — de Chio, I, 211.
Aristobule, le péripatéticien, I, 270.
Aristote, I, 158, 176, sqq.
Aristotéliciens, voyez Péripapéticiens.
Aristoxène, I, 195.
Arnauld (Ant.), II, 98, 114.
Arnobe, I, 311.
Arnold de Villa-Nova, I, 381.
Arrhénius (J.), I, 151.
Arrien, I, 249.
Arzberger, I, 76.
Asclépiade, I, 306.
Asclépigénie, I, 305.
Asclépiodote, I, 306.
Assaria (secte d'), I, 363.
Ast (Fr.), I, 31; 81, 159, II, 315.
Athénagoras, I, 313.
Athénée, I, 83.
Athénodore de Tarse, I, 247.
Atomes, doctrine atomistique, I, 113, II, 70.
Atticus (Tit. Pom.), I, 244.
Atticus, le platonicien, I, 281.
Aufschlager, I, 137.
Augustin (S.), I, 310, 314, 322.
Augustinus Niphus, II, 26.
Autricuria (Nic. de), I, 389.

Averroès, I, 361.
Averroïstes, II, 24.
Avicenne, I, 359.
Axiothea, I, 174.
Azaïs, II, 352.

B.

Baader, II, 248, 313.
Bachmann, I, 2, 14, 32, 43, 180, II, 318.
Bacon (Franç.), II, 36, 54, 59.
Bacon (Roger), I, 379.
Baier (J. D.), I, 72.
— (J.) II, 87.
Bailly, II, 150.
Bake, I, 212.
Baldinotti, II, 352.
Baltus, I, 312, 320.
Barbarus (Hermol.), II, 9.
Barbeyrac, I, 37, 320, II, 74.
Barclay (J.), II, 62.
Bardésanes, I, 277.
Bardili, I, 38, II, 269, 325.
Barkhusius, I, 146.
Barthélemy, I, 73.
Basedow, II, 218.
Basilides, l'épicurien, I, 208.
— Le stoïcien, I, 247.
— Le gnostique, I, 277.
Basso, I, 183, II, 32.
Batteux, I, 38, 120, 146, 201, 208.
Baumeister, II, 163, 191.
Baumgarten (Alex.-Gottlieb.), II, 167, 177, 192.

Baumgarten-Crusius (L. F. O.), I, 329, 346.
Bayle, I, 25, II, 90, 144, 165.
Beattie, II, 201.
Beausobre, I, 278.
Beccaria, II, 353.
Beck (Chr.-Dan.), I, 235.
Beck (Jac.-Sig.), II, 251, 262, 268, 271.
Becker (Balth.), II, 99, 100.
Bède le Vénérable, I, 327.
Béenius, I, 223.
Bellermann, I, 270.
Bendavid (Laz.), I, 71, II, 251.
Bendtsen, I, 222.
Bénéke, II, 348.
Bentham, II, 350.
Bentley, I, 90.
Berchetti, I, 33.
Bérenger de Tours, I, 342, 343.
Berg, II, 329.
Berger (Emman.), I, 36.
Berger (J. E. de) I, 348.
Bergier, II, 212.
Bérigard ou Beauregard (Cl.-G. de), II, 30, 70.
Berkeley, II, 128, 137.
Bernard de Clairvaux (S.), I, 350.
Bernardi, I, 159.
Berni (Fr.), I, 97.
Beroalde, II, 6.
Bérosus, I, 66.
Bessarion, II, 8.
Béyer, I, 249.
Bias, voyez Sages.
Biel (Gabriel), I, 387.

Bielke, I, 36, 206.
Bilfinger, I, 63, II, 160, 167, 189.
Binder, I, 338.
Bion de Borysthénis, I, 149.
Blemmydas (Nicéphore), I, 181, 354.
Blessig, I, 33.
Bodersen, I, 151.
Bodin (J.), II, 35.
Bodmer, II, 213.
Boeckh, I, 95, 142, 161, 170.
Bockshammer, II, 350.
Boehm (Jac.), II, 86, 119.
Boehme, II, 293.
Boehmer, I, 246.
Boëce (Anicius-Manl.-Torq.-Severinus Boëthius), I, 314, 326.
Boethius (Dan.) I, 2, 19, 132, 235.
Boëtie (Ét. La), II, 49.
Boileau (Giles), I, 249.
Bonamy, I, 123.
Bonaventure (Saint), I, 369.
Bonitz (J.), I, 109.
Bonnet, II, 209.
Bonstetten, II, 351.
Born, II, 252.
Bosch, II, 262.
Bossuet, II, 142.
Boulainvilliers, II, 114.
Bouterwek, I, 84, 268, 280, II, 244, 253, 319. 321.
Burke, II, 207.
Burlamaqui, II, 217.
Bursius, I, 242.
Bradwardine, voyez Thomas.
Brandis, I, 2, 102.

Bredenburg, II, 112.
Bremer, I, 198.
Briegleb, I, 241.
Bromley, II, 119.
Brown (l'évêque), II, 128.
Brown (Thom.), II, 350.
Brucker, I, 25, 27, 29, 30, 38, 94, 104, 151, 164, 196, 217, 338, II, 39.
Brumbey, I, 132.
Bruno (Giordano), II, 30, 39.
Bryson ou Dryson, I, 157.
Bucher, I, 242.
Buchner, I, 35, 211, II, 318.
Buchwald, II, 345.
Buddeus (J.-Fr.), I, 27, 38, 71, 77, 92, 97, 209, 219, 250, 250, II, 182.
Buhle, I, 29, 32, 34, 38, 84, 102, 176, 178, 189, 306, 356, II, 12, 18, 39.
Bulfinger, voyez Bilfinger.
Buonafede, I, 29, 32, II, 353.
Buridan, I, 386.
Burigny, I, 35, 247, 254, 302.
Burleigh (Burlaeus), I, 378, 385.
Busching, I, 31.
Buttmann (Phil.), I, 71, 122.
Buttstedt, I, 164.

C.

Cabanis, II, 351.
Cabbale, cabbalistes, I, 273, II, 11, 18.
Césalpini (Andr.), II, 27.

Cajétan (Thom. de Vio.), I, 373.
Calker, II, 343.
Calliclès, I, 126, 129.
Calliphon, I, 229.
Camérarius, II, 29.
Camme, I, 133.
Campanella, II, 30, 65, 79.
Campe, II, 224.
Canaye (de), I, 86, 87.
Canz, II, 190.
Capella (Marcien), I, 326.
Capito, I, 246.
Cardan (Jérôme), II, 23, 35.
Carlowsky, II, 353.
Carnéade, I, 228.
Carpzovius, I, 63, 211.
Carpocrate, I, 277.
Carus (Fr.-Aug.), I, 2, 14, 22, 30, 34, 118.
Cassiodore, I, 327.
Cassmann, II, 31.
Cassius (C.), I, 244.
Catius, I, 244.
Cébès de Thèbes, I, 142.
Cellier, I, 320.
Celsius (Olaus), I, 356.
Celsus, I, 245.
Cerdon, gnostique, I, 277.
Cérinthus, gnostique, I, 277.
Chæremon, I, 247.
Chaldéens, I, 67.
Champeaux (Guill. de), I, 348.
Charleton, I, 203.
Charpentier, I, 132, 180, 181, 183, II, 32.

Charron, II, 49.
Chilon, voyez Sages.
Chinois, I, 62.
Chiocci, II, 38.
Chrysanthe, I, 300.
Chrysippe, I, 211.
Cicéron, I, 32, 241.
Clarck (Sam.), II, 135, 165.
— (Jean), II, 136.
Clauberg (J.), II, 98.
Claudien, I, 300.
Claudius (Matth.), II, 105, 226.
Clausen, I, 313.
Cléanthe, I, 211, 218, 200.
Clémangis, voyez Nicolas.
Clément d'Alexandrie (S.), II, 310, 313.
Clerc (J. le), II, 129, 146.
Clerselier (Cl. de), II, 97.
Cleveshal, I, 37.
Clinomaque, I, 157.
Clitomaque, I, 229.
Clodius (Ch.), II, 338.
Cludius, I, 211.
Cocceius (J.), II, 101, 171.
Collier, II, 137.
Collins (Ant.), II, 135.
Colotès, I, 207.
Colonna (Egidio), I, 377.
Coménius (Amos), II, 87.
Conches (Guill. de), I, 350.
Condillac, II, 208.
Condorcet, II, 214.
Confucius, I, 63, 64.

Conring, I, 338.
Conring, I, 176.
Contarini (Gasp.), II, 26.
Conz, I, 40, 245, 248.
Cooper (J.-Gilb.), I, 132.
Cornutus, I, 247.
Cousin (Vict.), I, 302.
Coutures (de), 201.
Cotta (J.-Fréd.), I, 39.
Coward, II, 134.
Craig, II, 350
Cramer (J.-A.), I, 312, 338.
Cramer (J.-Ulr.), II, 190.
Cramer (L.-Dankegott.), II, 12.
Crantor, I, 175.
Crassot, I, 177.
Cratès, d'Athènes (académicien), I, 145.
— de Thèbes (cynique), 145.
Cratippe, I, 252.
Crellius, I, 143, 249.
Crémonini, II, 27.
Crescens, I, 251.
Cresollius (L.), 125.
Creuzer (Fr.), I, 38, 56, 69, 73, 76, 302.
Critias, I, 109.
Criton, I, 140.
Critolaus, I, 196.
Croix (de Sainte), I, 279.
Crousaz, I, 151, II, 147, 166, 180, 182.
Crusius (Ch.-Aug.), II, 180, 183.
Cudworth, I, 28, II, 116.
Cufaeler, II, 114.
Cumberland (Rich.), II, 81, 132.

Cuper (Fr.), II, 111.
Cyniques, Cynisme, I, 143, 245.
Cyrénaïque (École), I, 146.
Czolbe, I, 248.

D.

Dacier, I, 91.
Dalberg, II, 229.
Damascius, I, 306.
Damianus (Petr.), I, 343.
Dammann, I, 163.
Daniel (Gabriel), II, 96.
David de Dinant, I, 352.
Darjes, I, 34, II, 178, 180.
Degerando, I, 30, II, 351.
Delbrück, I, 133, 159, 192; II, 260.
Démétrius de Phalère, I, 196.
Démocrite, I, 115.
Demonax, I, 251.
Denys l'Aréopagite, I, 328.
Derham, II, 137.
Descartes, II, 54, 89.
Deslandes, I, 19.
Destutt-Tracy, II, 351.
Déterminisme, voyez Leibnitz.
Dexippe, I, 300.
Diagoras de Melos, I, 117, 129.
Dicéarque, I, 195.
Diderot, I, 248, II, 214.
Dietelmajer, I, 280.
Dietz, II, 251.
Diez (Fr. de), II, 104.

Dion (Chrysostôme), I, 247.
Diodore Cronus (le mégarique), I, 155.
Diodore de Tyr (péripatéticien), I, 196.
Diogène d'Apollonie, I, 89, 121.
— De Babylone (stoïcien), I, 212.
— De Laerte, I, 82, 245.
— De Tarse, I, 208.
— De Séleucie, I, 208.
— De Sinope (le cynique), I, 145.
Diomène de Smyrne, I, 117.
Dionysius (épicurien), I, 208.
Dodwell, I, 72, 91, 195.
Doederlin, I, 86.
Dornfeld, I, 220.
Dorothée, I, 210.
Dominique de Flandre, I, 373.
Dow (Alex.), I, 58.
Dresig, I, 135.
Drewes, I, 40.
Droz, II, 352.
Dryson, voyez Bryson.
Duker, I, 76.
Duns Scot, I, 374.
Durand (Guill.), I, 379.
Dürr, I, 76, 177.

E.

Eberhard, I, 13, 31, 162, 307; II, 219, 246.
Eberstein, I, 35, 339, II, 24.
Ecphante, I, 99.
Eclectiques, voyez Alexandrins.

— En Allemagne, II, 217.
Egyptiens, I, 68.
Eisenmenger, I, 274.
Eléates, I, 101.
Elée (école d'), I, 101.
Elis (école d'), I, 157.
Empédocle, I, 122.
Empirisme, I, 259.
— Français, II, 207.
— Anglais, II, 59.
Encyclopédistes, II, 214.
Engel, I, 168, II, 224.
England, I, 37.
Ephectiques, I, 152.
Epicharme, I, 99.
Epictète, I, 247, 250.
Epicure, I, 158, 197.
Epiménide, I, 76.
Erasme, II, 10.
Erétrie (école d'), I, 157.
Erigène (J. Scot), I, 340.
Eristiques (école éristique), I, 154.
Ernesti, I, 30, II, 191.
Eschenbach, II, 138.
Eschenburg, II, 225.
Eschenmayer, II, 316, 344.
Esope, I, 76.
Esséniens, I, 270.
Etienne (Henr.), I, 83.
Evander, I, 227.
Eubulides, I, 155.
Eubulus, I, 260.
Euclide de Mégare, I, 142, 154.

Eudemus de Rhodes, I, 195.
Evhémère de Messène, I, 149.
Eunape, I, 82, 300.
Euphantus, I, 157, 247.
Euphranor, I, 260.
Eusèbe, I, 300.
Eustathe, I, 300.
Eustrate, I, 354.
Euthydème, I, 129.
Euxénus, I, 254.
Ewald, I, 307.
Ewerbeck, I, 36.

F.

Faber (Le Fèvre), II, 10.
Fabricius, II, 31.
Fabricius (J. Alb.), I, 34, 209, 271, 338.
Faehse, I, 164.
Farabi, voyez Alfarabi.
Fardella, II, 115.
Faustus (J.), I, 206.
Favorinus, I, 258, 262.
Feder, II, 222, 246.
Fénélon, I, 33.
Ferguson, II, 205.
Ferrariis (Hier. de), I, 377.
Feuerbach, II, 257.
Feuerlin, I, 137.
Feustking, I, 287.
Fichte (Emman.), I, 280.
Fichte (J. Gottlieb), II, 269, 273.

Ficin, I, 159, 169, II, 15.
Filangiéri, II, 353.
Fischer, I, 223.
Fischhaber, II, 293.
Flatt, I, 86.
Fludd (Rob.), II, 85.
Flugge, I, 39, II, 244.
Fo, I, 64.
Folioth (Rob.), I, 350.
Fontenelle, II, 112, 150.
Forberg, II, 291.
Forellus, I, 209.
Forge (L. de la), II, 97.
Formey, I, 31, 151, II, 147.
Foucher (Sim.), I, 149, 225, II, 114, 120, 165.
Fourmont, I, 149.
Fraguier, I, 76, 140.
Francke, I, 36, II, 105.
Franciscus Venetus, voyez Zorzi.
Franzheim, I, 39.
Freigius, II, 31.
Fremling, I, 138, 241.
Freytag, II, 71.
Fries, I, 28, II, 253, 257, 260, 268, 293, 342.
Frischlin, II, 32.
Fülleborn, I, 15, 20, 28, 34, 84, 104, 179, 189, 190, 279;
II, 39, 63.

G.

Gadolin, I, 76.
Gale (Théophile), II, 116.
Galien (Claudius-Galenus), I, 82, 258, 267.
Galuppi (Pascal), II, 353.

Garnier, I, 133, 162.
Garve, I, 15, 40, 192, 193, II, 221, 224, 247.
Gassendi, I, 177, 198. II, 71, 96.
Gataker, I, 209, II, 33.
Gatterer, I, 69.
Gaudentius, I, 33, 180.
Gaunilon, I, 344.
Gebauer, I, 37.
Gedike, I, 32, 243.
Geer (de), I, 173.
Gellert, II, 223.
Gelpke, I, 248.
Gender, I, 114.
Gennadius, II, 8.
Génovèse, II, 352.
Gentilianus, I, 296.
Gentilis (Alb.), II, 74.
George de Trébisonde, I, 180, II, 8.
George Venetus, voyez Zorzi.
Gérard (Alex.), II, 207.
Gérard de Vries, voyez Vries.
Gerbert (pape, Sylvestre II), I, 342.
Gerhard, II, 170.
Gerlach, I, 225, 286, II, 244, 349.
Gerson, I, 389.
Gerstenberg, II, 247.
Gervaise, I, 326.
Gesner (J. Math), I, 133.
Geulinx (Arnold), II, 99.
Gilbert de la Porée (Porretanus), I, 350.
Gillies (J.), I, 193.
Glafey, I, 37.
Glanvill, II, 120.

Glisson, II, 157.
Gloeckner, I, 258.
Gnose, Gnostiques, I, 268, 276.
Goclénius, I, 159. II, 31.
Goering, I, 141.
Goerenz, I, 161.
Goerres, I, 56, II, 313.
Goetthals, voyez Henri.
Gorgias, I, 126, 127.
Gotleber, I, 170.
Gottsched, II, 191.
Goess, I, 2, 33, 86.
Goluchowsky, II, 354.
Govea (Ant.), II, 32.
Graefe (Fr. Chpl.), I, 156.
Graff, I, 139.
Grand (Ant. le), I, 223, II, 90, 98.
Gravesande (S.), II, 129, 130.
Graevell, II, 347.
Grégoire de Rimini (Ariminiensis), I, 387.
Grecs, I, 73.
— en Italie, I, 239.
Grimaldi, I, 145.
Grimm (Fr. Chr.), I, 230.
Grohmann, I, 2, II, 258.
Gros (C. H.), II, 258.
Grossetête (Rob.), I, 366.
Grotefend, I, 172.
Grotius (Hugo), I, 39, II, 73.
Guignes (de), I, 58, 63.
Guilbert de la Porée, voyez Gilbert.
Guillaume d'Auvergne, I, 366.
Gundling, I, 36, 104, II, 170.
Günther, I, 154.

Gurlitt, I, 25, 31.
Gymnosophistes, I, 61.

H.

Hacker, I, 133.
Hagedorn, I, 212.
Hager, I, 154.
Hahn, I, 277.
Halbkart, I, 75.
Hamann, II, 226, 245.
Hamberger, I, 91.
Hansch, II, 167.
Harless (Gottlieb Christoph.), I, 86.
Harrington, II, 80.
Hartley, II, 195.
Hartmann, I, 73, II, 173.
Havenréuter, II, 27.
Hébenstreit, I, 298.
Hébreux, voyez Juifs.
Hédoniques, Hédonisme, I, 148.
Hérebord, II, 101.
Hégel, II, 316, 346.
Hégésias, Hégésiaques, I, 150.
Hégésinus, I, 227.
Hégias, I, 36.
Heller, I, 132.
Heineccius, I, 30, II, 171.
Heinius, II, 229.
Heinrich, I, 76.
Heinroth, II, 350.
Heinsius, I, 152, 209, II, 34.
Héliodore, I, 305.
Helmont (J. Bapt. Van), II, 34.

— (Franç. Marc), II, 84.
Hélvétius, II, 211, 212.
Hémert, II, 262.
Hemming (Nic.), II, 74.
Hemsen, I, 118.
Hemsterhuys, II, 353.
Henke, I, 162.
Henri de Goethals ou de Gand, (Gandavensis), I, 374.
— de Hesse, I, 387.
— de Oyta, I, 387.
Henrici, I, 37.
Heraiscus, I, 305.
Héraclide de Pont, I, 175, 195.
— d'Ephèse, I, 260.
Héraclite, I, 109.
Herbart, I, 242, II, 319, 339.
Herbert de Cherbury, II, 82.
Herder, II, 165, 225, 226, 247.
Hérennius, I, 282.
Hérillus, I, 211.
Héring, I, 246.
Hermachus, I, 208.
Hermétiques (ouvrages), I, 269.
Hermias (néoplatonicien), I, 301.
Hermolaus, voyez Barbarus.
Hermotime, I, 119.
Hervey (Hervæus Natalis); I, 378.
Herzog, I, 255.
Hésiode, I, 75.
Heumann, I, 69, 77, 224, 249, II, 39, 262.
Heusinger, II, 260, 261, 292.
Heydenreich, I, 32, II, 40, 59, 105, 250, 259.
Heyne, I, 73, 75, 76, 77, 88, 110, 128, 235.

Hiéroclès, I, 301.
Hiéronyme, I, 196.
Hildebrand, I, 31.
Hiller, I, 300.
Hildebert de Tours, I, 345.
Hildebrand, II, 349.
Hill, I, 198.
Hindostan, voyez Indiens.
Hipparchia, I, 146.
Hippasus, I, 99.
Hippias, I, 126, 129.
Hippon de Rhegium, I, 99.
Hirnhaym (Jér.), II, 121.
Hissmann, I, 27, 40.
Hobbes, II, 76, 96.
Hody, I, 270.
Hoehne, II, 261.
Hœpfner, II, 178.
Hœrsted, I, 170.
Hœrstel, I, 169.
Hofbauer, II, 254, 260.
Hoffmann, I, 247, II, 29.
Holbach (d'), II, 212.
Holcot (Rob.), I, 387.
Holland, II, 212.
Hollmann, II, 182.
Holwel, I, 58.
Home, II, 205.
Homère, I, 75.
Hoogulieez, I, 149.
Hoppe, I, 219.
Horace, I, 244.
Horn, I, 30.

Huet, I, 28, II, 90, 96, 143.
Hufeland, I, 40.
Hugues d'Amiens, I, 351.
— De St.-Victor, I, 350.
Hullmann, I, 62.
Hulsemann, I, 241.
Hume, II, 195.
Hutcheson, II, 139.
Hutten (Ulrich de), II, 10.
Huttner, I, 162.
Hyde, I, 64.
Hypatia, I, 305.

I. — J.

Jablonsky, I, 68.
Jacob (L.-H.), II, 252, 259.
Jacobi, I, 51, II, 40, 104, 197, 226, 246, 292, 319, 330.
Jacques d'Edesse, I, 329.
Jacquelot, II, 93, 111, 146.
Jamblique, I, 297.
Jankowsky, II, 353.
Janus (J.-G.), I, 162.
Jariges, II, 104.
Javelli, I, 172.
Ibbecken, I, 135.
Ickstadt, II, 190.
Idéalisme, voyez Kant, Fichte, etc.
Idées de Platon, I, 164.
Identité (système de l'), II, 294.
Jean XXI (Petrus-Hispanus), I, 373.
Jean Damascène, I, 329.

Jean de Salisbury, I, 352.
Jean Philopon, I, 329.
Ienisch, II, 244.
Jérusalem, I, 71.
Indiens (Philos. des), I, 57.
Jochai (Siméon-Ben), I, 275.
Jocher, I, 143.
Jones (William), I, 59.
Ioniens (Philos. ionnienne), I, 86, II, 70.
Jonsius, I, 27.
Josephe, I, 272.
Jourdain, I, 353.
Jove (Paul), II, 26.
Joyaud, II, 352.
Irhovius, I, 97.
Irira, I, 274.
Irwing, II, 224.
Isidore de Gaza, I, 305.
— De Séville, I, 327.
Iselin, II, 226.
Israélites, voyez Juifs.
Italique (Ecole), I, 92.
Itsch, I, 59.
Juifs, I, 71, 268, 270.
Julien (l'empereur), I, 300.
Justi, I, 138, II, 160.
Justin (le martyr), I, 310, 312.

K.

Kaehler, II, 350.
Kaestner, II, 153.
Kant (Emm.), II, 163, 203.

Kayserlingk, II, 340, 349.
Kayssler, I, 32, II, 347.
Kemp (Van der), I, 104.
Kempis, voyez Thomas.
Kern, I, 201, 217, 346.
Kettner, I, 134.
Keil, I, 279, 313.
Kiéser, II, 315.
Kiésewetter, II, 253, 255.
Kiesling, I, 90.
Kindervater, I, 151.
King (l'évêque), II, 136.
Kinker, II, 262.
Kipping, I, 36.
Kircher, I, 68.
Klaproth, I, 62.
Klein, I, 317.
Kleuker, I, 274.
Klose, I, 255.
Koch, (Dict.), I, 96.
Koeppen, I, 173.
Knutzen, II, 192.
Koehler, I, 250, II, 153, 177.
Koenig, I, 138.
Koeppen, I, 307, II, 335, 336.
Kraft, I, 163.
Krause, II, 317, 345.
Kress, I, 220.
Kriegk, I, 125.
Kronland (Marcus Marci de), II, 85.
Kronmayer, I, 206.
Krug, I, 28, 32, 190, 193, 211, 216, 220, II, 253, 259, 295, 341.

Kuhnhardt, I, 147, 171, 249.
Kuster, I, 90.

L.

Labeon, I, 246.
Lactance, I, 311.
Lacydes, I, 227.
Lambert (J.-H.), II, 194.
Lamétrie, II, 210.
Lamy, II, 104, 165.
Lanfranc, I, 343.
Lange (Guill.) I, 263.
— (J. Joach.) II, 174, 179.
Langheinrich, I, 152.
Lao-Kiun, I, 64.
Laromiguière, II, 351.
Larrey (J.-S. de), I, 77.
Lasthénie, I, 174.
Lastikow, I, 36.
Launoy, I, 197, 253, 279, 338, II, 23.
Law (Théod. L.) II, 111.
Law (Guill.), II, 142.
Ledermuller, I, 280.
Lée (H.), II, 128.
Legrand, voyez Grand.
Leibnitz, I, 25, 63, 173, II, 89, 115, 146, 150, 165.
Lentulus (Cyriacus), II, 96.
Léo, II, 244.
Léonicus (Thomæus), II, 27.
Léonteus, I, 207.
Léontium, I, 208.
Less, I, 138.
Lessing, II, 225.

Lewald, I, 276.
Leucippe, I, 113.
Levézow, I, 235.
Lilie, I, 167, 219.
Linkmaier, II, 348.
Lipse (Juste), I, 209, 215, II, 33.
Lloyd, I, 91.
Locke, II, 115, 122.
Lodtmann, I, 30.
Lombard (P.), I, 350.
Longin, I, 282.
Longobard, I, 63.
Loos, II, 21.
Lossius, I, 139, II, 222.
Lotter, II, 36.
Lucien de Samosate, I, 146, 238, 244.
Lucrèce (Tit. Lucr. Carus), I, 244.
Ludovici, I, 37, 212, II, 150, 166, 173.
Lulle (Raymond), I, 380.
Luther, II, 28.
Luzac, I, 133.
Lycée, I, 178.
Lycon, I, 196.
Lynden (Van.), I, 212.

M.

Maas, I, 41, II, 255, 260.
Mably, II, 215.
Machiavel, II, 35.
Macrobe, I, 83, 301.

Magnenus, I, 114, II, 30, 71.
Mahne (G.-L.), I, 195.
Major, I, 379.
Maimon, I, 190, 274, II, 250, 264.
Malchus, voyez Porphyre.
Malebranche, II, 99, 112.
Mandeville, II, 141.
Manès, I, 278.
Mannert, I, 94.
Mapp, I, 97.
Marc-Aurèle, voyez Antonin.
Marcien, voyez Capella.
Marcion, gnostique, I, 277.
Marcus Marci, voyez Kronland.
Marheinecke, I, 308, 324.
Marinus, I, 301, 305.
Marthe (de sainte), I, 327.
Marsile Ficin, II, 15.
Marsile d'Inghen, I, 385.
Marta, II, 37.
Martin (saint), II, 86, 351.
Martini, II, 32.
Marx, I, 162.
Mathieu de Cracovie, I, 387.
Maupertuis, II, 208.
Maxime d'Éphèse, I, 300.
— de Tyr, I, 257.
Mayer, I, 59.
Mayronis, I, 378.
Mazzonius, I, 180.
Médabberins, I, 363.
Mégariques, I, 154.
Méhmel, II, 291.

Meier (G.-F.), II, 192.
Meiners, I, 31, 32, 33, 37, 38, 65, 69, 90, 100, 132, 138, 167, 170, 206, 218, 223, 241, 250, 279, 346, II, 15, 221, 226, 247.
Meisner, II, 173.
Meister, I, 37, 40, 246, II, 178.
Melanchthon, II, 10, 28.
Melissus, I, 106.
Mellin, II, 251.
Mencius ou Memtsu, I, 64.
Ménandre, le gnostique, I, 277.
Mendelssohn, I, 171; II, 104, 219, 246.
Ménédème d'Érétrie, I, 142, 157.
— le cynique, I, 146.
Ménippe, I, 146.
Menz (Fr.), I, 133, 139, 143, 145, 146.
Mercuria (J. de), I, 389.
Métroclès, I, 146.
Métrodore de Chio, I, 117.
— de Lampsaque, l'épicurien, I, 207.
— un autre, I, 207.
Métrie, voyez Lamétrie.
Meyer (L.), II, 97, 111.
Michaelis, I, 71, 94, 276, 320.
Mirabeau, II, 217.
Mirandole, voyez Pic.
Mnésarque, I, 99.
Moderatus, I, 255.
Mohnike, 211.
Monadologie, II, 157.
Monimus, I, 146.
Monlorius, I, 379.
Montaigne, I, 391, II, 48.

Montesquieu, II, 207.
Morainvilliers, I, 160.
Morus (Thomas), II, 79.
Morus (Henri), II, 117.
Morgenstern, I, 159, 173.
Moritz (Ch. Phil.), I, 69, 274, II, 224.
Mosaïque (philosophie), II, 11.
Mosheim, I, 254, 312.
Mourgues, I, 96.
Moyse, voyez Juifs.
Moyse-Maimonides, I, 363.
Müller (Jacq. Fr.), II, 179.
Müller (J. H.), I, 87.
Müller (J. Sam.), I, 135.
Münch, I, 151.
Münscher, I, 308.
Muratori, II, 143.
Muschen, I, 145.
Musée, I, 75.
Musonius Rufus, I, 247.
Mylius (M. L. Théop.), I, 137.
Mysticisme cabalistique, II, 83.

N.

Nactigall, I, 135, 138.
Nahmmacher, I, 242.
Nares, I, 138.
Nasse, II, 315.
Nast, I, 161.

Nausiphanes de Téos, I, 117.
Nauze (de la), I, 274.
Néander, I, 276, 300, 310.
Néeb, I, 219, II, 244, 252.
Némésius, I, 314.
Nessus ou Nessas de Chio, I, 117.
Netterblatt, II, 178, 191.
Néoplatonisme, I, 176.
Néoplatoniciens, I, 256.
Newton (Isaac), 130, 165.
Nicolas Cusanus, II, 13.
— De Clémangis, I, 390.
— De Damas, I, 252.
— Oramus, voyez Oramus.
Nicole, II, 98.
Nicomaque, I, 255.
Niemayer, I, 223, II, 261.
Niethammer, II, 291.
Niphus (Aug.), II, 26.
Nitsch, II, 262.
Nizolius, II, 10.
Noël (P. Fr.), I, 62.
Nominalisme, I, 387.
Nominalistes, I, 347.
Nores (de), I, 242.
Norris (J.), II, 128.
Numénius, I, 273.
Nunnésius, I, 177, 179.
Nüschler, I, 248.
Nüsslein, II, 319.

O.

Occam, I, 382.
Ocellus Lucanus, I, 99.
Occasionalisme, I, 99.
Oelrich, I, 169, 279.
Oelsner, I, 356.
Ogilvie, I, 169.
Oken (L.), II, 313.
Oldenbourg, II, 110.
Oldendorp, II, 74.
Olearius (Gotth.), I, 109, 138, 279.
Olympiodore, I, 301.
Omeisius, I, 172, 201.
Onésicrite, I, 146.
Oporinus (J.), I, 39.
Opsonville, I, 57.
Oramus ou Oresmius (Nic.), I, 387.
Orellius, I, 90.
Origène (le phil. chrétien), I, 82, 312.
Origène (le phil. payen), I, 282.
Orphée, I, 75.
Ortloff, I, 27, 246.
Oswald, II, 202.
Otto, I, 246.

P.

Pachymère (Georg.), I, 354.
Pallas, I, 62.

Panætius, I, 212, 218.
Paracelse Théophraste, II, 20.
Parker I, 160, II, 111, 118.
Parménide, I, 104.
Pascal (Blaise), II, 98.
Patrizzi (Patritius), I, 64, 176, II, 30, 38.
Paulus (G. G.), I, 135.
Paulus (H. E. G.), I, 74.
Paw (de), I, 63, 69, 73.
Payne (Thom.), II, 206.
Pères de l'Église, I, 307.
Pérégrinus Protée, I, 251.
Périander, voyez les Sages.
Périonius, II, 32.
Péripatéticiens, I, 178, 251, II, 28.
Persée, I, 210.
Pettavel, I, 171.
Peyron (Améd.), I, 122.
Pfaffrad, II, 31.
Pierre d'Ailly (de Alliaco), I, 386.
— d'Apono ou d'Abano, I, 381.
— de Poitiers (Pictaviensis), I, 351.
Pierre Lombard, voyez Lombard.
Phédon, I, 142, 157.
Phèdre, I, 208.
Phéniciens, I, 72.
Phérécyde, I, 87.
Philon, l'Académicien, I, 156, 230.
— le Juif, I, 271.
— le Mégarique ou le Dialecticien, I, 156.
Philodème, I, 208.
Philolaus, I, 100.
Philopon, I, 329.

Philostrate, I, 82.
Photius, I, 329.
Pic de la Mirandole (J.), II, 16.
— (J.-Franc.), II, 17.
Piccart, I, 177.
Piccolomini, II, 27.
Pierre (Bernardin de Saint-), II, 351.
Pino, II, 352.
Pittacus, voyez Sages.
Platner, I, 28, 202, II, 163, 220, 224, 247.
Platon, I, 140, 158, 160.
Platt, II, 246.
Plessing, I, 33, 69, 164, 176.
Pletho (G. Gemisthus), I, 180, II, 7.
Pline (C. Secundus), I, 244.
Plotin, I, 267, 279, 282, 283.
Plouquet, I, 86, 114, 25, 204, 263, II, 160, 193.
Plutarque, d'Athènes, I, 301.
— de Chéronée, 82, 256.
Pococke, I, 300.
Poelitz, II, 258.
Poiret, (P.), II, 100, 111, 119.
Polémon, I, 175.
Politien, II, 9.
Polus, I, 126, 129.
Polyen de Lampsaque, I, 207.
Polystrate, I, 208.
Polz, I, 36, 38.
Pomponat, II, 25.
Pordage, (Jac.), II, 86, 119.
Porphyre, I, 283, 296.
Port-Royal, II, 98.
Porta (Simon), II, 26.

Posidonius d'Apamée, autrement de Rhodes, I, 212.
Potamon, I, 258.
Potier, I, 59.
Premontval, II, 229.
Price, II, 204.
Priestley, I, 39, II, 202.
Priscus, I, 300.
Proclus, I, 169, 301.
Proculiens, I, 246.
Proculus, I, 246.
Prodicus de Céos, I, 126, 128.
Protagoras, I, 126, 127.
Psellus (Mich.), I, 181, 353.
Ptolémée de Cyrène, I, 260.
Puffendorf, II, 148.
Pulleyn (Robert), I, 350.
Putter, II, 171.
Pyrrhon, I, 142, 151.
Pythagore, I, 92.
Pythagoriciens, I, 90, 253.

Q.

Quadius, I, 223.
Quesnay, II, 217.
Quevedo (Fr. de), I, 209.

R.

Rabanus, voyez Rhabanus.
Rambach, I, 150.

Ramistes, II, 31.
Ramsay (de), I, 118.
Ramus, I, 177, 183, 189, II, 30, 35.
Rapin, I, 180.
Ray (J.), II, 137.
Raymond de Sebonde, I, 391.
Reche, I, 250.
Régis (Sylv.), II, 97.
Reiche, II, 332.
Reid, II, 200.
Reimann, I, 38.
Reimarus, II, 193, 246.
Reinbeck, II, 189.
Reinhard, I. 30, 36, 217, II, 163.
Reinhold (Ch.-L.), I, 2, 35, 167, II, 250, 265, 291, 292.
Renaudot, I, 357.
Restaurant, I, 204.
Reuchlin, II, 18.
Reusch, II, 190.
Reuthen (de), I, 117.
Rhabanus Maurus, I, 340.
Rhode, I, 56, 65, 76, 97.
Richard de Middleton (de Mediavilla), I, 374.
— de Saint-Victor, I, 351.
Richter (Charles-L.), I, 135, 143, 211.
Riebov ou Ribbov, II, 190.
Riisbrigh (Borge), I, 9.
Ritter, I, 20, 86, 87, 132, 161, II, 106.
Rittershusius, I, 90.
Rixner, II, 21, 38, 317.
Rochefoucault (Fr. de la), II, 141.
Roel, II, 101.
Roessler, I, 282, 308, 316.

Roetenbeck, I, 117, 182, 197.
Romains, I, 253.
Robert Folioth de Melun, I, 350.
— Grossetête, voyez Grosse-tête.
— Holcot, voyez Holcot.
— Pulleyn, voyez Pulleyn.
Robinet, II, 163, 216.
Rohault, II, 97.
Rondel, I, 198.
Roscellin, I, 346.
Rossal, I, 249.
Roth, I, 75, 97, 279, 316.
Rousseau (J.-J.), II, 215.
Rozgony, II, 553.
Rubeis (de Rossi.), I, 370.
Rudiger, II, 180, 181.
Ruckert, II, 329.
Rufus Musonius, I, 247.
Ryssell, I, 34.

S.

Sabéisme, I, 69.
Sabinus, Sabiniens, I, 246.
Sacchi, I, 33.
Sadolet, II, 10.
Sages (les sept), I, 77.
Salaberti, I, 382.
Salat, II, 335, 337.
Salmasius (Saumaise), II, 34.
Salluste, I, 300.
Salomon, I, 71.

Salzmann, I, 38.
Sanchoniaton, I, 72.
Sanchez (Sanctius), II, 88.
Saturninus (le sceptique), I, 267, 277.
— Le gnostique, I, 277.
Scaliger (Jul.-Cés.), II, 26.
Sceptiques, I, 152, 233, 259, II, 47, 88, 142, 339.
Schad, II, 291, 317.
Schæfer, I, 91.
Schafberger, II, 336.
Schaller, I, 31.
Scharrock (Rob.), II, 81.
Schaumann, II, 251.
Schaumburg, I, 246.
Schaarschmidt, I, 138.
Schegk, II, 32.
Schelhorn, II, 15.
Schelling (Fréd.-Guill.--Jos. de), I, 73, II, 291, 293, 294.
Schelling (Ch.-E.), II, 315.
Schelver, II, 314.
Scherbius, II, 32.
Schierschmidt, II, 191.
Schilling, II, 29.
Schilter, I, 98.
Schlégel (Fr.), I, 59, 81, 101.
Schlégel (Fréd. et Aug.-Guill.), II, 312.
Schleiermacher, I, 87, 110, 121, 141, II, 341, 350.
Schloezer, I, 67.
Schlosser, I, 138, 193, 196, 348.
Schmauss, I, 37.
Schmalz, II, 257.
Schmid (Ch.-Chr.-E.), I, 40, 248, 307, 308, II, 250, 259, 293.

Schmidt-Phiseldeck, II, 252.
Schmidt (J.-Ch.), II, 320.
Schneider, I, 98, 179.
Scholastique, I, 331.
— Ses périodes, I, 335.
Schoock (Mart.), II, 96, 120.
Schopenhauer, II, 244, 348.
Schoppe (Scioppius), I, 219, II, 33.
Schroeck, I, 338.
Schrœder, I, 91.
Schubert, II, 314.
Schulz (J.), I, 164, II, 221, 250.
Schulze (S.-E.), I, 217.
— (Gottlob.-E.), I, 163, II, 123, 247, 268, 339.
— (J.-Dan.), I, 76.
Schwab, I, 35, 156, 211, 247.
Schwarz, I, 206, II, 261.
Schwendner, I, 249.
Science (doctrine de la), voyez Fichte.
Scioppius, voyez Schoppe.
Scribonius (Guill.-Ad.), II, 31.
Scot (J.-Duns), I, 374.
— Erigène, I, 340.
— Michel, I, 366.
Séarch, II, 203.
Secundus, I, 255.
Selden (J.), II, 75.
Sénèque, I, 247, 250.
Sennert, II, 71.
Sépulvéda, II, 26.
Sévérien, I, 306.
Sevin, I, I, 149, 212, 247, 252.
Sextius (Quint.), pythagoricien, I, 254.

Sextus (Quintus), stoïcien, I, 250
Sextus Empiricus, I, 263.
Shaftesbury, II, 135.
Siber, I, 248, II, 21.
Sibert, I, 241.
Sievers, I, 139.
Sigwart, II, 106, 160, 349.
Silhon, II, 120.
Siméon Ben Jochai, I, 276.
Simon, l'Athénien, I, 142.
Simon, le Mage, I, 277.
— De Tournay (Tornacensis), I, 352.
Simonide de Céos, I, 76.
Simplicius, I, 253, 306.
Sinclair, II, 347.
Sinner, I, 58.
Sleidan (J.), I, 172.
Smith, II, 206.
Snell, I, 31, II, 251, 260.
Socher, I, 31, 159.
Sofis, Ssufis, Ssufisme, I, 358.
Socrate, I, 133.
Socratiques, I, 139, 141, 143.
Solander, I, 357.
Solger (Guill.-Fréd.), II, 316.
Sonntag, I, 97, 218.
Sophistes, I, 125.
Sophistique, I, 130.
Sopater, I, 300.
Sorbière, I, 198, II, 72, 120.
Sosipatra, I, 305.
Sotion, I, 254.
Souverain, I, 312.

Spalding, I, 101, 154.
Sperling, II, 71.
Speusippe, I, 175.
Spinoza, II, 99, 102.
Sprengel, I, 258, II, 21.
Stahl, I, 271.
Stanley, I, 28, 64, 67.
Staeudlin, I, 34, 37, 170, 320. II, 244.
Stark, I, 58.
Stattler, II, 249.
Steffens, II, 313.
Steinbart, II, 219.
Stellini, I, 40.
Stewart (Dugald), II, 356.
Stiedenroth, II, 340.
Stilpon, I, 153, 156.
Stobée, I, 82, 309, 329.
Stoïciens, I, 158, 209, 245.
Stoïcisme, II, 32.
Stolberg, I, 169.
Stolle, I, 36.
Strahler, II, 179.
Straton, I, 195.
Stroth, I, 68.
Struve, I, 39.
Sturz, I, 75, 87, 122.
Suarez (Fr.), II, 34.
Suabédissen, I, 35, 215, II, 347.
Sulzer, II, 218.
Synésius, I, 313.
Syrianus, I, 253, 301.
Système de la nature, II, 212.

T.

Talæus (Talon), II, 31.
Talia, II, 353.
Tartaretus, I, 379.
Tatien de Syrie, I, 313.
Tauler, I, 389.
Taurellus (Nic.), II, 29, 35.
Taurus (Calvisius), I, 257.
Téleauges, I, 99.
Téléclès, I, 227.
Télésio (Bernardino), II, 30, 36.
Teller, I, 71.
Tennemann, I, 2, 29, 139, 159, 171, 259, II, 123.
Tertre (le P. Du), II, 114.
Tertullien, I, 311.
Terzi, I, 34, 35.
Tétens, II, 222, 223.
Thalès, I, 86.
Thanner, II, 317.
Thémista, I, 207.
Thémistius de Paphlagonie, I, 253, 301.
Théon, I, 256.
Théodore de Gaza, II, 8.
Théodore Métochita, I, 354.
— le Cyrénaïque, I, 148.
Théophraste d'Eresus, I, 194.
— Paracelse, II, 20.
Thienemann, I, 117.
Tholuck, I, 358.
Thomas à kempis, I, 390.

Thomas-d'Aquin, I, 370.
— de Bradwardine, I, 385.
— de Strasbourg, I, 385.
— de Vio (Cajétan), I, 373.
Thomasius (Jac.), I, 25, 27, 35, 38, 218, 338, 346.
Thomasius (Christ.), I, 37, II, 168.
Thomistes, I, 373.
Thomson (Jac.), I, 263.
Thophail, I, 360.
Thorbecke, I, 151, 225.
Thorild, II, 328.
Thrasylle, I, 258.
Thrasymaque, le sophiste, I, 126, 129.
Thummig, II, 189.
Thibétains, I, 62.
Tiedemann, I, 25, 35, 84, 90, 103, 107, 123, 169, 170, 209, 357, II, 224, 247.
Tieftrunk, II, 252, 259, 348.
Timée de Locres, I, 99.
Timocrate, I, 207.
Timon de Phliunte (Sceptique), I, 151, 153.
Tittel, II, 246.
Tritheim, II, 19.
Troxler, II, 314.
Tribbechovius, I, 338.
Tschirnhausen, II, 167.
Tychsen, I, 65, 134.

U.

Uhle, I, 138.
Ulpien, I, 306.

Ulrichs (J. Aug. Henri), II , 222 , 229.
Upmark , I , 110.

V.

Valerianus (J.) , I , 177.
Valkenaer , I , 271.
Valentinus , I , 277.
Valla (Laurent) , II , 9.
Valois , II , 96.
Vanini (Lucilio) , II , 26 , 35.
Vater , I , 190.
Vattel , II , 166.
Vayer (Lamothe-le) , II , 88.
Vélasquez , I , 373.
Velleius (C.) , I , 244.
Velthuysen , II , 81.
Vico (J. B.) , II , 352.
Victorinus , I , 327.
Vierthaler , I , 139.
Villanova , I , 381.
Villers , II , 261.
Villemandy , I , 177 , II , 147.
Vincent de Beauvais , I , 366.
Visbeck , II , 268.
Vivès (L.) , I , 337. II , 10.
Voetius (Gisbert) , II , 96.
Vogel , I , 6.
Volder , II , 99.
Voltaire , II , 130 , 208 , 212.
Vossius I , 34.
Vorpahl , II , 347.
Vries (Ger. de) , I , 120 , II , 96 , 101.

W.

Wachler, I, 76.
Wachlin, I, 35.
Wachter, II, 111.
Wagner, I, 56, 76, 160, II, 316, 344.
Walch, I, 34, 125, 154, 190, 251, 276, 308, II, 182.
Walther, I, 71, 101, 249, II, 315.
Warburton, I, 71.
Ward, I, 59.
Warnekros, I, 198.
Wéber, II, 315.
Wegscheider, I, 245.
Weickmann, I, 171.
Weigel, I, 94, II, 22.
Weiller, I, 31, II, 358.
Weinrich, I, 72, 176.
Weishaupt, II, 246.
Weise (Ferd. Christ.), II, 346.
Weiss (Christian), I, 15, 51, II, 329, 336.
Weistriz, I, 91.
Werdenhagen, II, 29.
Werdermann, I, 39. II, 163.
Wernsdorf, I, 305.
Wesel (Jos. Burchard), II, 163.
Wessel, I, 390.
Westphal, I, 246.
Wette (de), II, 350.
Wieland, I, 145, 147.
Wier (J.), II, 20.
Wiggers, I, 133, 324.
Willich, II, 262.

Wilkins, I, 57.
Winckler (Benoît), II, 74.
Winckler (Jos. Henri), II, 191.
Windheim,, I 27, 171.
Windishmann, I, 169, II, 314.
Winzer, I, 283.
Wittich, II, 101, 111.
Wolf (J. Christ.), I, 82.
Wolf (Christian), I, 63, 167, 171.
Wolfard, II, 163.
Wollaston, II, 133.
Wucherer, I, 169.
Wyttenbach, I, 39, 242, II, 353.

X.

Xénarque, I, 252.
Xéniades, I, 109.
Xénocrate, I, 175.
Xénophane, I, 103.
Xénophon, I, 141.

Z.

Zabarella, II, 27.
Zachariæ, II, 257.
Zéender, I, 34.
Zend-Avesta, I, 64.
Zénon d'Élée, I, 107.
— l'Épicurien, I, 208.
— le Stoïcien (de Cittium), I, 157, 209.

— (de Tarse) stoïcien, I, 211.
Zénodote, le néoplatonicien, I, 305.
Zentgrave, I, 173, II, 75.
Ziegler, I, 345.
Zimara, II, 27.
Zimmer, II, 318.
Zimmermann, I, 20, 117, 198.
Zinzerling, I, 91.
Zorn, I, 371.
Zoroastre, I, 65, 66, 269.
Zorzi, II, 18.

FIN DE LA TABLE ALPHABÉTIQUE.

www.ingramcontent.com/pod-product-compliance
Lightning Source LLC
Chambersburg PA
CBHW052229230426
43666CB00034B/2263